חדריו

Ḥadarav

His Inner Chambers

MAGGID

OROT

Rabbi Abraham Isaac Hakohen Kook

HADARAV

HIS INNER CHAMBERS

THE STEFANSKY EDITION

EDITED BY

Ran Sarid

TRANSLATED AND ANNOTATED BY

Bezalel Naor

Orot
Maggid Books

Ḥadarav: His Inner Chambers
First Maggid Edition, 2024

Maggid Books
An imprint of Koren Publishers Jerusalem Ltd.

POB 8531, New Milford, CT 06776-8531, USA
& POB 4044, Jerusalem 9104001, Israel
www.korenpub.com

Translation and footnotes © Bezalel Naor, 2024
Hebrew text © Ran Sarid, 1998

Cover photo courtesy of Beit Harav Kook

The publication of this book was made possible
through the generous support of *The Jewish Book Trust*.

ISBN 978-1-59264-653-1, *hardcover*

Printed and bound in the United States

לעילוי נשמת האישה החשובה

מרת שרה סטפנסקי ע"ה

אשת הרב אליעזר שליט"א
בת הרב חיים אורי זצ"ל
למשפחת ליפשיץ
נו"נ לבעל האריה דבי עילאי
ולמעלה בקודש

שמן תורק שמה
רואה בטוב עינה
הוי גולה לתורה במסירות קיימה.

שמחת החיים מהותה
רוח נשברה החזיקה
הוי מקבל את כל אדם לימודה.

שמרה לפיה כל ימיה
רכב על דבר אמת בלבבה
השתתפה בשמחת וצרת זולתה.

שלשלת קודש גידלה
רצון בעלה עשתה
הוי מי יתן תמורתה.

נפטרה לשמי מרומים
בשנת ע"ד לחייה
ביום כ"ב כסלו תשע"ח לפ"ק
תנצב"ה

Dedicated by her children Estee & David
and grandchildren
Ariella, Chaim Uri, Elianna Meirav & Leora Lola Stefansky

Contents

Translator's Preface

Rav Kook passed to his eternal reward on the third of Ellul, 5695 (1935). In the vacuum left by his passing, the following month of Tishri, his son-in-law, Rabbi Shalom Nathan Ra'anan-Kook, spoke on Shemini 'Atseret at the traditional Third Meal. (In Erets Yisrael, Shemini 'Atseret is Simḥat Torah, the conclusion of the annual cycle of Torah reading.) Earlier in the day, the final portion of the Torah, *Ve-Zot ha-Berakhah*, was read. The last eight verses discuss the death of Moses.

The *halakhah* states: "The [last] eight verses of the Torah, a *yaḥid* (individual) reads them" (Bava Batra 15a). The great Ashkenazic authority Rabbi Mordechai ben Hillel Hakohen interprets *"yaḥid"* to mean a *talmid ḥakham*, a Torah sage.[1]

The question arises, why must these eight verses be read only by a *talmid ḥakham*?

"Reb Nosson" (as Rav Kook's son-in-law was known) explained that there is cognitive dissonance when it comes to Simḥat Torah. On the one hand, we are celebrating the joyous occasion of completing the Torah. On the other hand, we are confronted with the starkest tragedy: the death of Moses. Most of us would be overwhelmed by this situation, overcome

---

1. His opinion is cited by Rabbi Moses Isserles in his gloss to *Shulḥan 'Arukh, Oraḥ Ḥayyim*, chapter 669.

by emotion at the loss of our great teacher. Only that rare individual, the *talmid ḥakham*, possesses the enormous intellect capable of absorbing the brutal assault to the senses.[2]

As I write these lines, our nation is in the midst of a war that commenced on the "Eighth Day," Simḥat Torah, 5784 (2023) with the surprise attack by the terror organization Hamas upon Israel's southern communities. The sheer quantity of our dead and the barbarism by which they were murdered has conjured up images of the Holocaust. Not to speak of the thousands of wounded and hundreds of hostages taken captive to Gaza.

To come to terms with this tragedy of unprecedented proportions, we must all of us, individually and collectively, rise to the challenge and become that *"yaḥid,"* that rare human fortified with unusual intellectual prowess. And equally, if not more important, we must be a *"yaḥid"* in the sense of a nation united.

And having assumed the role of *Ḥatan Torah* (Master of Torah), may we yet merit the coming role of *Ḥatan Bereshit* (Master of *Bereshit*), mastering a new beginning.

~

I should like to express my gratitude to Ran Sarid for allowing his marvelous collection, *Ḥadarav*, to be translated into English; to my dear friend, David Stefansky, for making this and many other projects possible, as he brings *orot*, lights to the world; and to my esteemed colleague, Rabbi Elisha Paul, for acting as a facilitator.

I also convey my sincere thanks to the publisher of Koren, Matthew Miller; to the editorial staff, Rabbi Reuven Ziegler, Rabbi David Silverstein, and Ita Olesker; to the copyeditor, Tzvi Goldstein; to the Hebrew proofreader, Avichai Gamdani; to the English proofreader, Debbie Ismailoff; and to the typesetter, Taly Hahn.

You all have the blessing of the *Kohen*, Rav Kook, of blessed memory.

Bezalel Naor
Second Day of Rosh Ḥodesh Ḥeshvan, 5784

---

2. Reb Nosson referenced *Kuzari* III, 5. See Rabbi Shalom Nathan Ra'anan, *Be-Shemen Ra'anan*, vol. 1 (1990), pp. 221–223.

עַל הָעֲרִיכָה

The Editorial Process

"Father, of blessed memory, would write down notes from time to time. He never wrote things systematically in the form of a book." So attests the Rav's son, Rav Tsevi Yehudah Hakohen, of blessed memory, in the introduction to his talk regarding the personal writings of the Rav. The entire Torah of the Rav was written as a personal diary. Day in and day out, when the Rav was seized by his lofty intellectual visions, he would sit down and express them briefly in his notebook. So was his wont, whenever his feelings prompted him to emerge from the hidden to the revealed – whether it be in his home at night, or during his travels. The Rav left behind him tens of journals chock full of his holy notes. From them, his spiritual heirs selected paragraphs and unified them into books, each book on a specific topic.

However, despite the fact that in all the writings of the Rav his personal character is discernible, and essentially, his entire Torah is a personal diary, [revealing] a figure that embraces the world with a universalism and a love for all, nevertheless, there is something special about those paragraphs in which the Rav expresses his experiences in an openly personal manner.

So writes his son, Rav Tsevi Yehudah:

These are things of a special type, a light-ray from above. Sometimes, even bewildering and strange… A special type of analysis that is not to be found elsewhere, except in [the writings of] Rabbi Naḥman of Breslov. Self-revelatory things, even very great things.

In the continuation of his talk, [Rav Tsevi Yehudah] relates the effect these paragraphs had upon him:

There were times when Father, of blessed memory, was in Jaffa and could not spend time with me. Occasionally, I would sit with the hidden writings and delight in them.

In explaining the editorial process of this book – a collection of chapters in which the soul of the Rav sings – we wish to preface a general remark. Hand in hand with the need of arranging the entries topically was the desire to preserve, as much as possible, their personal flavor. Therefore, the entries were generally not broken down into paragraphs. By the same token, the titles of the chapters were taken from the Rav's own lexicon. Furthermore, it was important for us to stress that the Rav did not write the entries consecutively. (One might have received this impression from the order of our presentation.) For this reason, there were added ornaments (i.e., printer's devices) dividing between one entry and another. So too, there was appended a list of sources to enable the reader to consult the original context of the entry.

The contents of the book are constructed as a continuum. The guiding principle is the journey from the interior to the exterior; from the inner world of the soul to the ways in which it expresses itself in the life of the individual and the collective. In order to better explain the logic behind the arrangement, we shall divide the chapters of the book into four parts.

The first part contains three chapters that deal with the inner soul-world of the Rav. The chapter "From My Inner Chambers" is an inner demand to return to his soulful essence and to act only upon its revelations. The second chapter, "Thirst for the Living God," deals with the hidden content of the soul – its longing for its godly source. The third chapter, "The Pains of the Soul When It Is Revealed," expresses the pains of the soul when confronted with the chains of the world – mental and physical – that prevent [the soul] from living in the expanse of its divine longing. [The chapter] ends with a great call to allow the soul to expand to all life's affairs.

The second part includes the fourth and fifth chapters, which already deal with the way in which the soul's song is actualized. The chapter "I Want to Tell a Word" describes the devolution of the soul's thought until it is expressed in the letters of speech. The chapter "A Singer of the Infinite Song" analyzes the birth pangs of creation that the Rav endures in [the process of] the (soul's) thoughts' descent until their embodiment in writing.

The third part of the book is the "middle branch of the *menorah*," and contains many chapters. It deals with the soul's own relation to all the expanses of the holy, the Torah, and the commandment. The chapter "The Wellspring of the Holy" describes the delights of the soul as it flows from the wellspring of holiness that is in the Torah and the commandments and out of that to all life's manifestations. Out of this divine inspiration (*ru'aḥ ha-kodesh*) there is revealed to man's eyes the vision of divine unity that pervades all existence – especially the rarefied world of souls. These visions are described at length in the chapter "I Listened and I Heard." Its climax is the sparkling of the level of prophecy.

The next two chapters deal with the soul's analysis as it engages in Torah study. The chapter "To Know All the Mystery of Your Secret" includes the paragraphs in which the Rav describes his essential connection to the esoteric portion of the Torah and how the soul ascends to a mystical discipline that transcends ordinary study habits. The following chapter, "Great Is My Aspiration to Connect," details this mystical level, which brings [the Rav] to unite within him different worlds, and the soul's pain upon entering into classification and particulars. The conclusion of the chapter speaks of the realization that only by immersion in the particulars of Torah will [the Rav's] soul merit to delight in the Lord.

From here, we pass to the chapter, "To Serve the Lord," in which the Rav descends to the details – not only in terms of intellectual study, but also in terms of perfecting the will and the character traits. The chapter "To Return to Him" is on the one hand, a continuation of the previous chapter, while on the other hand, a summary of the entire process of connecting to the holy. Here the Rav describes how the soul returns to its exalted level even through the weaknesses and the failures of life. The chapter which concludes this process is, "The Joy of the Land of Israel," in which are included the entries the Rav wrote in the Diaspora about his longing to return to the Land of Israel. Only in the Land can the soul fully connect to the holy.

The fourth and final part describes the connection of the Rav's soul to all of humanity and [the soul's] influence upon them. The chapter "Great Is My Love" speaks of his love for, and connection to, all the creations in general, and to the Children of Israel and Torah scholars in particular. The chapter "Listen to Me, My People!" pertains particularly to the Rav's love for his people, bearers of holiness in the world. There is a deep analysis of the level of the soul of Israel which transcends all the classifications of sacred and secular; by the power of its great soul [the people] is redeemed. The last chapter, "The Birth Pangs of Redemption," deals with the redemption of Israel from the perspective of the Rav's mighty aspiration to bare within the process of the national renascence, the renascence of the holy, and his aspiration to the complete connection of the soul and the holy to the natural world and all life's expanses.

Ran Sarid

"The King brought me to His [inner] chambers."
Song of Songs 1:4

"Just as the Holy One, blessed be He, has chambers upon chambers in His Torah, so each and every Torah sage has chambers upon chambers in his Torah."
Eliyahu Rabbah 7

"I need only to be attuned to the essential attention, to listen to the secret conversation of the creation in its innermost chambers. I shall hear and my soul will come alive."
Rav Kook

מִתּוֹךְ חַדְרֵי הַפְּנִימִיִּים

מִתּוֹכִי, מִתּוֹךְ מַעֲיָנַי, הִנְנִי צָרִיךְ תָּמִיד לָקַחַת אֶת הָאוֹצָרוֹת הַגְּנוּזִים. תָּמִיד אֲנִי קָשׁוּר בְּאוֹתוֹ הַצַּעַר הַקָּדוֹשׁ שֶׁל דְּרִישַׁת הַשְּׁלֵמוּת הָעֶלְיוֹנָה, וְזוֹ אֵינָהּ מִתְמַלֵּאת וְאֵינָהּ צְרִיכָה לְהִתְמַלְּאוֹת. כִּי זֹאת הִיא תְּכוּנַת הָעֲרִיגָה הַנִּצְחִית, שֶׁיְּסוֹדָהּ הוּא הַצִּמָּאוֹן הָאֱלֹהִי, אֲשֶׁר כָּל דָּבָר אַחֵר שֶׁבָּעוֹלָם לֹא יְרַוֶּה אוֹתוֹ, כִּי־אִם הַמְבַקֵּשׁ לְבַדּוֹ, הַצִּמָּאוֹן לְבַדּוֹ, שֶׁיֵּחָשֵׂף תָּמִיד יוֹתֵר וְיוֹתֵר, וְיִכַּר תָּמִיד יוֹתֵר וְיוֹתֵר, הוּא בְּעַצְמוֹ הוּא מִתְהַפֵּךְ לְמָקוֹר כָּל עֹנֶג, לִמְכוֹן כָּל הָעֲדָנִים הָרוּחָנִיִּים, לְזִיו שַׁדַּי.

~

אֲנִי צָרִיךְ לְדַבֵּר הַרְבֵּה אוֹדוֹת עַצְמִי. עִנְיָנֵי עַצְמִיּוּתִי מְכֻרָחִים לְהִתְבָּרֵר לִי הַרְבֵּה מְאֹד. בַּהֲבָנָתִי אֶת עַצְמִי אָבִין אֶת הַכֹּל, אֶת הָעוֹלָם וְאֶת הַחַיִּים, עַד הַגָּעַת הַבִּינָה לִמְקוֹר הַחַיִּים.

~

הִנְנִי מְחַפֵּשׂ תָּמִיד מַה שֶּׁבְּתוֹךְ נִשְׁמָתִי. וְהָעֻבְדוּת הַחִיצוֹנָה הִיא מַסִּיעָה אֶת הַדֵּעָה מֵהַחִפּוּשׂ הַפְּנִימִי, לְבַקֵּשׁ לַשָּׁוְא בִּקְצֵה הָאָרֶץ אֶת אֲשֶׁר לֹא יִמָּצֵא בְּמַעֲמַקֵּי נַפְשִׁי.

~

From My Inner Chambers

From my midst, from my wellsprings, I need always to take the hidden treasures. I am forever bound to the holy pain of the quest for the higher wholeness, and this is not fulfilled, nor must it be fulfilled. For this is the condition of eternal longing, whose foundation is the thirst for the divine. No other thing in the world can quench it – only that which is sought, the thirst itself that is increasingly exposed, increasingly recognized. That itself turns into the source of all joy, the basis of all the spiritual delights, the splendor of *Shaddai*.

❦

I must speak much about myself. The matters of my essence must be made very clear to me. By understanding myself, I shall understand all, the world and life, until the understanding reaches to the source of life.

❦

I forever search that which is within my soul. The outer servitude distracts from the inner search, to seek in vain at the end of the earth that which is not to be found in the depths of the soul.

❦

אֵיךְ אֹמַר דְּבָרִים לַאֲחֵרִים, אִם לֹא אֹמַר דָּבָר לְנַפְשִׁי? אֵיךְ אֶשָּׂא דֵעַ עַל הָעוֹלָם
הָרוּחָנִי וְהַחָמְרִי, אִם אֵלֶּה הָאוֹצָרוֹת הַכְּמוּסִים בְּקִרְבִּי לֹא אֲבַקֵּשׁ לָהֶם מִפְתֵּחַ?
"שְׂאוּ שְׁעָרִים רָאשֵׁיכֶם" אוֹמֵר אֶל חֲדָרֵי נַפְשִׁי, אֶל לִבִּי וְאֶל כִּלְיוֹתַי.

~

נַפְשִׁי שׁוֹאֶפֶת לִהְיוֹת חוֹדֶרֶת בְּתוֹךְ חֲדָרֶיהָ הַפְּנִימִיִּים. כָּל מַה שֶׁהִנְנִי מִתְאַמֵּץ
לְדַלּוֹת מֵאוֹר הַתּוֹרָה וּמֵאוֹר הָעוֹלָם, הִנְנִי מוֹצֵא שֶׁכָּל הַשָּׁרָשִׁים שֶׁל הַמְבֻקָּשִׁים
הַטְּהוֹרִים, מֻכְרָחִים הֵם לִהְיוֹת נִמְצָאִים בְּמַעֲמַקֵּי הַנֶּפֶשׁ עַצְמָהּ, שֶׁאוֹרָהּ הוּא
נָטוּל מֵאוֹר הַתּוֹרָה וְזִיו הָעוֹלָם. אִם אֲנִי שָׁב מִתּוֹךְ הַתּוֹרָה וּמִתּוֹךְ הָעוֹלָם אֶל
נַפְשִׁי פְּנִימָה, אָז אוֹסִיף חַיִּים, לְהִכָּנֵס אֶל חַדְרֵי הַתּוֹרָה וְאֶל חַדְרֵי גִּנְזֵי הָעוֹלָם.
וְכָל גִּלּוּי בָּהִיר מְשֻׁלָּשׁ הוּא בְּעֶרְכּוֹ – נַפְשִׁי, תּוֹרָתִי וְעוֹלָמִי. "תַּעַן לְשׁוֹנִי אִמְרָתֶךָ,
כִּי כָל־מִצְוֹתֶיךָ צֶּדֶק".

~

אֵינִי צָרִיךְ לְהַזְנִיחַ אֶת תְּבִיעָתִי הַפְּנִימִית, לִסְקֹר עַל הַכֹּל מֵרוּחִי הָעַצְמִי. וְעִם־זֶה
יֵשׁ שֶׁהִנְנִי קָרוּא לְהִתְחַזֵּק וּלְהַרְחִיב אֶת הַשְׁקָפוֹתַי הָרוּחָנִיּוֹת וְהַמַּעֲשִׂיּוֹת, עַל־פִּי
אוֹתָהּ הַקְּלִיטָה הַבָּאָה מִבַּחוּץ, עַל־יְדֵי רְעוּת, עֵרוּב בֵּין הַבְּרִיּוֹת, קְרִיאָה בִּסְפָרִים,
וְיֶתֶר נִסְיוֹנוֹת הַחַיִּים. וְאַחַר־כָּךְ חוֹזֵר הַכֹּל לְהִתְמַזֵּג בְּרוּחִי הָעַצְמִי וְהִנְנִי שָׁב
לְהִסְתַּכְּלוּתִי הַפְּנִימִית.

~

אֲנִי מְשַׁעְבֵּד אֶת עַצְמִי לְלִמּוּדִים, לְמַעֲשִׂים, לַחֲבֵרָתִיּוֹת, לְחוֹבוֹת שׁוֹנִים וּמְשֻׁנִּים,
עַד שֶׁאֵין שׁוּם רַעְיוֹן נִגְמָר וְנִגְמָל. הַהֶאָרוֹת הָעֶלְיוֹנוֹת נוֹשְׁרוֹת כְּמוֹ צִיצִים נוֹפְלִים
אַחֲרֵי הֵרָאוֹתָם, טֶרֶם בָּא תּוֹר הַגָּמְלָם, עַל־יְדֵי רוּחַ סְעָרָה. כְּבָר הִגִּיעָה הַשָּׁעָה

---

1. Psalms 24:7.

4

How can I say things to others, if I don't say a thing to my soul? How can I opine on the spiritual and material world, if I do not seek a key to the treasures in my midst? "Gates, lift up your heads,"[1] I shall say to the chambers of my soul, to my heart, and to my kidneys.

～

My soul aspires to penetrate its inner chambers. I discover that whatever I strive to raise up from the light of the Torah and from the light of the world – the roots of the pure objectives must be found in the depths of the soul itself, whose light is derived from the light of the Torah and the splendor of the world. If I return inwardly from the midst of the Torah and from the midst of the world to my soul, then I will add life to enter into the chambers of the Torah and the hidden chambers of the world. And every clear revelation is threefold: of soul, of Torah, and of world.

"Let my tongue sing (*ta'an*) of Your word, for all your commandments are righteousness."[2]

～

I need not neglect my inner demand to survey all from my essential spirit. And yet, it sometimes happens that I am called to be fortified and to broaden my spiritual and practical perspectives based on that [which is] received from without, through friendship, mingling with people, reading books, and life's other experiences. And after, all returns to be integrated in my essential spirit, and I return to my inner look.

～

I subjugate myself to studies, to deeds, to socializing, to diverse duties – until no idea is ever completed. The supernal illuminations drop like buds that fall after their appearance before they reach maturity, [blown about] by a storm wind. The hour has already arrived to

2. Ibid., 119:172. Rav Kook hints to the Hebrew word "*ta'an*" being the initials of *Torah*, *'olam* (world), *nefesh* (soul).

לִשְׁבֹּר אֶת הַכְּבָלִים שֶׁיְּדֵי עַצְמִי שָׂמוּ אוֹתָם עַל כָּל אֶבְרֵי נִשְׁמָתִי, עַל כָּל חֶלְקֵי רוּחִי וְנַפְשִׁי. לֹא לִי לְהַבִּיט עַל מַעֲצוֹרִים חִיצוֹנִיִּים. הַיְשׁוּעָה קְבוּעָה הִיא בַּלֵּב פְּנִימָה. מַעֲיָן הָאֹשֶׁר שׁוֹפֵעַ וְנוֹזֵל הוּא בְּאֵין־הֶרֶף. חֶסֶד ד' מָלֵא עוֹלָם. הִנְנִי צָרִיךְ רַק לַעֲמֹד עַל הַהַקְשָׁבָה הָעַצְמִית, לְהַאֲזִין אֶת סוֹד הַשִּׂיחַ שֶׁל הַיְצִירָה בְּחַדְרֵי חֲדָרֶיהָ, אֶשְׁמַע וּתְחִי נַפְשִׁי.

❧

הֲיִתָּכֵן שֶׁלֹּא אֶמְצָא אֶת אֲשֶׁר אֲנִי מְבַקֵּשׁ, בְּעֵת אֲשֶׁר בַּקָּשָׁתִי הִיא נוֹבַעַת מִמַּעֲמַקֵּי הָאֱמֶת?! וּמָה אָנֹכִי מְבַקֵּשׁ אִם לֹא אֶת עַצְמִי, אֶת עַצְמִיּוּתִי הָאֲמִתִּית, לֹא אֶת לְבוּשֵׁי הַחָמְרִיִּים אוֹ הָרוּחָנִיִּים. כָּל אֵלֶּה קִנְיָנִים הֵם, יָבוֹאוּ וִישַׁמְּשׁוּ אֶת הָעֶצֶם. אֲבָל אִם הָעֶצֶם, עַצְמִיּוּתִי, מִמֶּנִּי וָהָלְאָה, מַה יּוֹעִילוּ כָּל הַמַּכְשִׁירִים? וְזֹאת הִיא נְקֻדַּת הַכֹּבֶד שֶׁל הַמִּשְׁאָל הַפְּנִימִי, הַטָּעוּן גְּבוּרָה אֲמִתִּית כְּדֵי לַעֲמֹד עָלָיו בְּחָזְקָה. וְהַהִשְׁתַּדְּלוּת הַתְּדִירִית לִמְצֹא אֶת עַצְמִיּוּתִי, הִיא גַם־כֵּן הַשֹּׁרֶשׁ בְּיַחַשׂ לִמְצִיאוּתָהּ שֶׁל הָאֻמָּה כֻּלָּהּ וְשֶׁל הָאֱנוֹשִׁיּוּת בְּמוּבָנָהּ הָרָחָב, וְשֶׁל הַהֲוָיָה כֻלָּהּ, בְּתוֹכִיּוּתָהּ וְהַרְחָבָתָהּ. וְזֶהוּ הַשַּׁעַר לַד'; לִמְצֹא אֶת הַמְבֻקָּשׁ הַנִּצְחִי, הֲלֹא הוּא אֵל עוֹלָם, מְקוֹר כָּל הַמְבֻקָּשִׁים כֻּלָּם, אֲשֶׁר אֵלָיו כָּל נֶפֶשׁ תְּאַוֶּה, וּמִבַּלְעָדוֹ אֵין מַה לְּבַקֵּשׁ. וְהִנֵּה זֹאת הִיא הַתְּכוּנָה הַיּוֹתֵר טְהוֹרָה וּתְמִימָה, הַמְטָרֶדֶת אֶת הָרוּחַ וְהַמְעַכֶּבֶת אֶת כָּל הַנְּטִיּוֹת הַנַּפְשִׁיּוֹת הַפְּנִימִיּוֹת, שֶׁלֹּא יוּכְלוּ לִמְצֹא מְסִלָּתָן, כָּל־זְמַן שֶׁאֵין הַמַּעֲמָד הַיְסוֹדִי שֶׁל הַמְבֻקָּשׁ הָעַצְמִי מְבֻסָּס עַל הַיְסוֹד הַנַּפְשִׁי שֶׁל כָּל תְּנוּעוֹת הַחַיִּים כֻּלָּן. וּלְשֵׁם כָּךְ בּוֹא יָבוֹא כָּל הֲמוֹן הַתַּלְמוּד, כָּל הָעֲסָקָנוּת הַמֻּשְׂכֶּלֶת, וְכָל הַהִתְעוֹרְרוּת הַנַּפְשִׁית בְּרִבְבוֹת תְּנוּעוֹתֶיהָ, בַּחַיִּים, בָּאָדָם וּבָעוֹלָם. "אַשְׁרֵי כָּל־חוֹכֵי לוֹ".

❧

---

3. In the Hebrew, there occur the three levels of Kabbalistic psychology (in descending order): *neshamah*, *ru'aḥ*, and *nefesh*.

6

break the chains that my own hands have imposed upon every limb of my soul, upon every part of my spirit.[3] I must not pay heed to the outer obstacles. Salvation is fixed inwardly in the heart. The fount of happiness flows uninterruptedly. The world is full of the Lord's lovingkindness. I need only to be attuned to the essential attention, to listen to the secret conversation of the creation in its innermost chambers. I shall hear and my soul will come alive.

~

Is it possible that I shall not find that which I seek, when my quest flows from the depths of truth?! And what do I seek if not myself, my true essence – not my material or spiritual garments. All these are acquisitions; let them come and serve the essence. But if the essence, my essence, is beyond me, of what avail are all the gadgets? And this is the point of gravity of the inner desire, which requires true courage in order to demand it. This constant striving to find my essence is also the root in relation to the existence of the entire nation and of broad humanity, and of all existence, in its inwardness and expansiveness. And this is the gate to the Lord: to find the eternal objective, which is to say, the Eternal God, the source of all objectives, Whom every soul desires, and outside of Whom there is nothing to seek.

And behold, this is the purest, simplest characteristic that occupies the spirit and prevents the inner inclinations of the soul from finding their path, as long as the essential objective is not based on the soulful foundation of all life's movements. And towards this end comes all the study, all the educated activism, and all the myriad movements of the soul in life, in humanity, and in the world.

"Happy are all those who await Him."[4]

~

---

4. Isaiah 30:18.

אֵין הָאָדָם קוֹנֶה שׁוּם מַעֲלָה, כִּי־אִם מִתּוֹכִיּוּתוֹ, מֵעַצְמוּתוֹ הַמַּהוּתִית הַפְּנִימִית, וְלֹא מִמַּה שֶׁבָּא לוֹ מִבַּחוּץ, כִּי הַמִּקְרִים אֵינָם מוֹלִידִים אֶת הָאֹשֶׁר הָאֲמִתִּי. אֲבָל הֲלֹא הַתּוֹרָה וְהַמִּצְווֹת הֵן עַצְמִיּוּת הָאֹשֶׁר, וְהֵם בָּאִים לָאָדָם מִחוּצָה לוֹ? אָמְנָם כַּאֲשֶׁר נִתְבּוֹנֵן נִמְצָא, שֶׁכָּל אֶחָד מַשִּׂיג מֵהַתּוֹרָה וְהַמִּצְווֹת, רַק מַה שֶּׁצָּפוּן בִּפְנִימִיּוּתוֹ. וְלֹא עוֹד אֶלָּא שֶׁבִּכְלָלוּת הַדָּבָר, הָאָדָם מַקִּיף אֶת כָּל הַהֲוָיָה, וַהֲרֵי הַתּוֹרָה וְהַמִּצְווֹת, שֶׁהֵן הֵן עַצְמִיּוּתָן שֶׁל חֻקֵּי הַהֲוָיָה, כְּלוּלוֹת הֵן בּוֹ, וּכְשֶׁהוּא מִתְדַּבֵּק בָּהֶן, הֲרֵי הוּא מִתְדַּבֵּק בְּעַצְמִיּוּתוֹ. וּכְשֶׁבָּא הָאָדָם עַל־יָדָם לְהַדְּבֵקוּת הָאֱלֹהִית, הֲרֵי הוּא בְּוַדַּאי מוֹצֵא אֶת עַצְמוּתוֹ, כִּי כָל עַצְמִיּוּתֵנוּ הִיא רַק בִּמְקוֹר הֲוָיָתֵנוּ – בֵּאלֹהִים, מְקוֹר כָּל הַיֵּשׁ, שֶׁהִנְנוּ נִמְצָאִים בֶּאֱמֶת בְּהַמַּהוּתִיּוּת הָאֲמִתִּית רַק בּוֹ, וּמִחוּץ לוֹ הִנְנוּ רַק קְלוּטֵי הַמִּקְרִיּוּת. "נַפְשִׁי אִוִּיתִךָ בַּלַּיְלָה אַף־רוּחִי בְקִרְבִּי אֲשַׁחֲרֶךָּ".

One does not acquire any excellence other than from one's midst, from one's inner essence – not from the external, for accidents do not produce true happiness. But the Torah and the commandments are the essence of happiness, and do they not come to one from outside? However, when we examine, we find that one apprehends of the Torah and the commandments only that which is hidden in one's interior. Furthermore, in general, man encompasses all of existence, and the Torah and the commandments – which are the very essence of the laws of existence – are included in man; so by cleaving to [the Torah and the commandments], he is actually cleaving to himself. And when through them, one comes to cleave to God, then one certainly finds one's essence, for our entire essence is only in the source of our being – in God, the source of all that is. In truth, we are found essentially only in Him; outside of Him, we are but absorptions of accidents.

"My soul, I desired You by night; even my spirit in my midst, I sought You."[5]

---

5. Ibid., 26:9.

צִמָּאוֹן לְאֵל חַי

אֵשׁ קֹדֶשׁ הַיּוֹקֶדֶת בִּלְבָבִי, תְּשׁוּקָתִי הַבּוֹעֶרֶת בְּאֵין־הֶפְסֵק בִּפְנִימִיּוּתָהּ לְאֵל חַי, צְרִיכָה לִהְיוֹת מְכֶּרֶת מִמֶּנּוּ לְכִשְׁרוֹן גָּדוֹל וְאַדִּיר. וְהִנְנִי מְחֻיָּב לְכַבֵּד הָאֲרָה קְדוֹשָׁה זוֹ, הַמּוֹפִיעָה תָּמִיד עָלַי, וְהוֹלֶכֶת וּמִתְגַּבֶּרֶת לְעִתִּים, הַכֹּל לְפִי רֹב הַמַּעֲשֶׂה וְהַתַּלְמוּד, וּלְפִי רֹב הָעֲמָקַת הַמַּחֲשָׁבָה, שִׁחְרוּר הַדַּעַת, וּבְרִיאוּת הַגּוּף, וְשִׂמְחַת הַלֵּב הַתְּלוּיָה בְּכָל אֵלֶּה.

۽

מִי יוּכַל לְהַכִּיר אוֹתִי? מִי יוֹדֵעַ הִתְלַהֲבוּת לְבָבִי, הַבּוֹעֵר בֶּאֱמֶת בְּאֵשׁ אַהֲבַת ד' הָעֶלְיוֹנָה? כָּלְתָה לְךָ נַפְשִׁי, לִבִּי וּבְשָׂרִי יְרַנְּנוּ לְאֵל חַי. מִי זֶה יוּכַל לְהַשִּׂיג שֶׁאֵינִי יָכוֹל לְהִתְעַנֵּג בְּשׁוּם דָּבָר מֻגְבָּל, מִפְּנֵי גֹדֶל תְּשׁוּקָתִי לְחֶמְדַּת עוֹלָמִים שֶׁל רֹחַב אֵין־סוֹף, שַׁחֲלַת אַהֲבָה אָנִי? וְלֹא דַי שֶׁאֵין אֲחֵרִים מַכִּירִים אוֹתִי, גַּם אֲנִי בְּעַצְמִי אֵינִי מַכִּיר אֶת עַצְמִי. כַּמָּה אֲנִי צָרִיךְ לִלְחֹם נֶגֶד עַצְמִי, לְהַחֲזִיק בֶּאֱמוּנָה פְּנִימִית בִּגְדֻלַּת נִשְׁמָתִי! וּגְדֻלָּה זוֹ אֵין לָהּ שַׁיָּכוּת לְהַמַּעֲשִׂים, הִיא גְּדוֹלָה מִצַּד עַצְמָהּ, מִצַּד

---

1.   Cf. Psalms 84:3.

10

Thirst for the Living God

The holy fire that burns in my heart, my desire for the Living God that burns incessantly inwardly, needs to be recognized as a great and mighty talent. And I am obliged to honor this holy illumination that constantly appears to me, and sometimes waxes stronger, based on deeds and study, and based on depth of thought, liberation of consciousness, and bodily health – and the gladness of heart that depends on all of these.

❧

Who can recognize me? Who knows the flame of my heart, truly burning with the fire of the supernal love of the Lord? My soul pines for You; "My heart and my flesh shall sing to the Living God."[1] Who can comprehend that I am unable to take interest in any finite thing because of my great desire for the delight of worlds, the infinite expanse; "that I am lovesick"?[2]

It is not enough that others do not recognize me; I myself do not recognize myself. How much I must fight against myself in order to hold to the inner belief in the greatness of my soul! And this greatness is not related to deeds; [the soul] is great in and of itself, its gift. [The

---

2. Song of Songs 5:8.

סְגֻלָּתָהּ, הִיא חָפְשִׁית עֶלְיוֹנָה, וְכָל הַלִּמּוּדִים וְהַמִּצְווֹת אֵינָם כִּי-אִם מַסְבִּירִים לָהּ קְצָת אֶת עֶרְכָּהּ.

~

נַפְשִׁי כְּמֵהָה לְאוֹר עֶלְיוֹן, לְאוֹר אֵין-סוֹף, לְאוֹר אֱלֹהִים אֱמֶת, אֱלֹהֵי חַיַּי, אֱלֹהִים חַיִּים, חֵי הָעוֹלָמִים. וְהַכְּמֵהוֹן אוֹכֵל אֶת כֹּחִי הַחָמְרִי וְהָרוּחָנִי, כִּי אֵין לִי כִּשְׁרוֹן וְלֹא הֲכָנָה רְאוּיָה, אֵיךְ לְסַפֵּק אֶת הַמִּלּוּי שֶׁל הַכְּמֵהוֹן הַגָּדוֹל הַזֶּה. וְהִנְנִי מָלֵא הִתְנַפְּלוֹת לִפְנֵי מֶלֶךְ עוֹלָמִים, הַפּוֹתֵחַ אֶת יָדוֹ וּמַשְׂבִּיעַ לְכָל חַי רָצוֹן. הַשְׂבִּיעַ נָא רְצוֹנִי וְהַשְׂבִּיעֵנִי בְּאוֹר יִפְעָתֶךָ, וּמַלֵּא אֶת צִמְאוֹנִי לְאוֹרֶךָ, הָאֵר פָּנֶיךָ וְנִוָּשֵׁעָה.

~

וְכִי רֵיק הוּא הַצַּעַר הַגָּדוֹל עַל שֶׁאֵין אֲנִי רַשַּׁאי לַהֲגוֹת אֶת הַשֵּׁם בְּאוֹתִיּוֹתָיו?! וְכִי לֹא אֵשׁ קֹדֶשׁ הִיא, הַצּוֹרֶבֶת וְיוֹקֶדֶת בַּנְּשָׁמָה, הַמּוֹרָה עַל עֹמֶק הַגַּעֲגוּעִים הַטְּמִירִים שֶׁבָּהּ, לְאוֹר אֱלֹהִים אֱמֶת, אֱלֹהֵי יִשְׂרָאֵל, אֲשֶׁר רַק בַּשֵּׁם הַקָּדוֹשׁ, הַנִּכְתָּב, הוּא מֵאִיר בְּאוֹר יְקָרוֹת שֶׁל אֲמִתַּת הֲוָיָתוֹ? כָּל הַשֵּׁמוֹת הַקְּדוֹשִׁים כְּלָלִיִּים הֵם, מְשָׂג הָאֱלֹהוּת שֶׁיָּכוֹל כָּל אֲשֶׁר שֵׂכֶל בְּמֹחוֹ וְרֶגֶשׁ בִּלְבָבוֹ לְבַטֵּא וְלִשְׁאֹף לוֹ, לְהִשְׁתּוֹקֵק אֵלָיו וּלְהִתְקַשֵּׁר בְּעִנְיָנוֹ. אֲבָל מִי כְּעַמְּךָ יִשְׂרָאֵל גּוֹי אֶחָד בָּאָרֶץ, הַקָּשׁוּר בַּאֲמִתַּת הָאֱלֹהוּת, הַמִּתְגַּלָּה רַק בְּדֶרֶךְ הַנֵּס וְהַפֶּלֶא, בְּדֶרֶךְ הָאֱמֶת הַמֻּחְלָטָה שֶׁל רוּחַ הַקֹּדֶשׁ הָעֶלְיוֹן, שֶׁל אַסְפַּקְלַרְיָא הַמְּאִירָה. וְזֶה שְׁמִי לְעֹלָם כְּתִיב. אִי-אֶפְשָׁר לָנוּ לְבַטֵּא בְּתוֹךְ הַתֵּבֵל הַחֲשׁוּכָה, כָּל-זְמַן שֶׁלֹּא הוֹפִיעַ אוֹר יִשְׂרָאֵל בִּמְכוֹן קָדְשׁוֹ, בְּבֵית חַיָּיו,

---

3. Cf. Psalms 145:16.

4. Psalms 80:20.

5. Mishna Sanhedrin 10:1; Sanhedrin 90a.

6. I Chronicles 17:21. Rav Kook held that the Tetragrammaton (YHVH) is reserved for the nation of Israel; the other nations must make use of non-essential names of the divinity. See Rabbi Joseph Gikatilia, *Sha'arei Orah*, ed. Yosef Ben-Shlomo (Jerusalem: Bialik Institute, 1970), Gate Five (pp. 199, 203–205).

soul] is free, and all the learning and commandments only explain to her a bit of her value.

～

My soul longs for the light above, for the infinite light, for the light of the True God, the God of my life, the Living God, the life of the worlds. And the longing consumes my material and spiritual strength, for I do not have the talent and the proper preparation to satisfy this great longing. And I hereby fall before the King of Worlds, Who "opens His hand and satisfies every living thing."[3] Please satisfy my will and satiate me with the light of Your appearance, and fill my thirst for Your light.

"Shine Your face and we shall be saved."[4]

～

Is it an empty thing, the great pain that I am not permitted to pronounce the Name with its letters?![5] Is it not a holy fire that sears the soul, that is indicative of the depth of the hidden nostalgia for the light of the God of Truth, the God of Israel, Whose true revelation illumines only in the holy name as it is written? All the holy names are general, the conception of the divinity anyone with intellect in the brain and feeling in the heart can pronounce and aspire to, desire and be connected to. But, "Who is like Your people Israel, one nation on the earth?"[6] connected to the truth of the divinity, that is revealed only by way of the miraculous and the wondrous; by way of the absolute truth of the supernal holy spirit, of the "shining speculum."[7] And it is written, "This is My name forever."[8] It is impossible for us to pronounce [the Name] in the midst of the dark landscape, as long as the light of Israel has not appeared in its holy foundation, in the home of its life, in its eternal Temple. And the thirst of truth burns; the desire of the essential pronunciation is great.

---

7. Yevamot 49b.
8. Exodus 3:15. The Rabbis (Pesaḥim 50a) re-vocalized the word "forever" (*le-'olam*) to read "to hide" (*le-'alem*), from whence they derived that the Name must not be read as it is written.

בְּמִקְדַּשׁ עוֹלָמִים. וְצִמָאוֹן הָאֱמֶת בּוֹעֵר, תְּשׁוּקַת הַבִּטּוּי הָעַצְמִי גְּדוֹלָה הִיא. "נֶאֱלַמְתִּי דוּמִיָּה, הֶחֱשֵׁיתִי מִטּוֹב וּכְאֵבִי נֶעְכָּר."[9]

❧

אֲנִי מָלֵא אַהֲבָה לֵאלֹהִים. אֲנִי יוֹדֵעַ שֶׁמַּה שֶׁאֲנִי מְבַקֵּשׁ, מַה שֶׁאֲנִי אוֹהֵב, אֵינֶנּוּ נִקְרָא בְּשׁוּם שֵׁם. אֵיךְ יִקָּרֵא בְּשֵׁם מַה שֶׁהוּא יוֹתֵר מִן הַכֹּל, יוֹתֵר מִן הַטּוֹב, יוֹתֵר מִן הַמַּהוּת, יוֹתֵר מִן הַהֲוָיָה?! וַאֲנִי אוֹהֵב, וַאֲנִי אוֹמֵר: אֲנִי אוֹהֵב אֶת הָאֱלֹהִים. שׁוֹכֵן הוּא אוֹר אֵין־סוֹף בְּהַבִּטּוּי שֶׁל הַשֵּׁם, בַּבִּטּוּי שֶׁל הָאֱלֹהִים, וּבְכָל הַשֵּׁמוֹת וְהַכִּנּוּיִים שֶׁלְּבַב הָאָדָם הוֹרֶה וְהוֹגֶה בְּהִנָּשֵׂא נִשְׁמָתוֹ לְמַעְלָה לְמַעְלָה. אֵינִי יָכוֹל לְהַשְׂבִּיעַ אֶת נִשְׁמָתִי בְּאוֹתָהּ הָאַהֲבָה הַבָּאָה מִקִּשְׁרֵי הַהִגָּיוֹן, מֵחִפּוּשׂ אוֹר אֵל שֶׁעַל־יְדֵי הָעוֹלָם, שֶׁעַל־יְדֵי הַהֲוָיָה הַחוֹדֶרֶת לְתוֹךְ הָעֵינַיִם. נוֹלְדִים לָנוּ בְּנִשְׁמוֹתֵינוּ אוֹרוֹת אֱלֹהִיִּים, אֱלֹהִים רַבִּים לְהַשְׁקָפַת רוּחֵנוּ, אֵל אֶחָד אֱמֶת, וְלִפְנֵי אֶחָד, בְּעֹמֶק אֲמִתּוֹ. אֱלֹהִים מִתְגַּלֶּה, שׁוֹלֵט בָּנוּ, כּוֹבֵשׁ אֶת כָּל רוּחֵנוּ, רוּחַ כָּל הַיְקוּם. כָּל מָקוֹם שֶׁיֵּשׁ רַעְיוֹן, רֶגֶשׁ, מַחֲשָׁבָה וְרָצוֹן, כָּל מָקוֹם שֶׁיֵּשׁ חַיִּים אֲצִילִיִּים, רוּחָנִיִּים, מוֹלֵךְ אוֹר אֱלֹהִי, מוֹשֵׁל, כּוֹבֵשׁ, מִתְנוֹצֵץ, מִתְהַדֵּר, מְהֻדָּר וּמְפֹאָר, מְחֻיֶּה, מְרוֹמֵם, הַכֹּל מִתּוֹךְ הַבְּהִירוּת שֶׁל אוֹר הַהֲוָיָה, מוֹלֵךְ וָמֵת. הַמַּמְלָכָה קְצוּבָה כָּל־זְמַן שֶׁהִיא בָּאָה מִתּוֹךְ הָעוֹלָם, מִתּוֹךְ הַהֲוָיָה. לִפְעָמִים מִתְגַּבֵּר הָאוֹר, רוֹצֶה הַחֵפֶץ בְּאוֹר יוֹתֵר עָדִין, יוֹתֵר פְּנִימִי, יוֹתֵר אֱמֶת, שֶׁהוּא לְעַצְמוֹ יוֹתֵר עַזִּיז בְּתָכְנוֹ תֹכְיוּתוֹ, מוֹפִיעַ הָאוֹר עַל הַכֵּלִי, הַמַּחֲשָׁבָה עַל הַהֲוָיָה. אֵין הַמַּעֲמָד יָכוֹל לְהִתְקַיֵּם, אֵין הַתֹּכֶן הוֹלֵם, מִשְׁתַּבְּרִים הַכֵּלִים, מֵתִים הַמְּלָכִים, מֵתִים הָאֵלִים, נִשְׁמָתָם מִסְתַּלֶּקֶת, מַרְקִיעָה לַשְּׁחָקִים, הַגּוּפִים יוֹרְדִים לְעָלְמָא דִּפְרוּדָא, הַהֲוָיָה מִתְיַצֶּבֶת עֲרֻמָּה, בּוֹדְדָה, עֲרָמָה, קְרוּעָה, פְּוּוּרָה. בְּקִרְבָּהּ כָּנוּס,

---

9. Psalms 39:3.

10. *Sefer Yetsirah* 1:2.

11. Rav Kook alludes to the myth of the Death of the Kings contained in the *Idra* section of the *Zohar*. (This, in turn, is based on a Kabbalistic interpretation of the genealogy of the Kings of Edom in Genesis 36:31–39.) For a detailed analysis of this *pensée* of Rav Kook, see Bezalel Naor, "Rav Kook's Shattered Vessels and Their Repair," in Bezalel Naor, *Navigating Worlds: Collected Essays* (New York: Orot/Kodesh, 2021), pp. 411–428.

"I was struck speechless; I was silenced from [saying] good; and my pain was suppressed."[9]

～

I am full of love for God. I know that what I seek, what I love, is not called by any name. How can that which is more than all, more than the good, more than the essence, more than existence, be called by a name?! And I love. And I say, I love God.

The light of *Ein Sof* resides in the expression of the name, in the expression of "God," and in all the names and epithets that the heart of man conceives and utters as his soul lifts higher and higher.

I cannot satisfy my soul with that love that comes from the knots of logic, from searching the light of God through the world, through existence, that penetrates into the eyes.

There are born in our souls godly lights, many gods in the vision of our spirit; one true God, "and before one"[10] in the depth of its truth.

God is revealed, controls us, conquers our entire spirit, the spirit of all existence. Wherever there is an idea, a feeling, a thought, a will; wherever there is exalted spiritual life – there a godly light reigns (*molekh*), rules, conquers, sparkles, is beautiful, beautifies and glorifies, enlivens, uplifts – all through the clarity of the light of existence. [The godly light] reigns and dies (*molekh va-met*). The kingdom is limited as long as it comes from the midst of the world, from the midst of existence.[11]

Sometimes the light is overpowering. The will desires a light that is more refined, more inward, more truth in itself, more mighty in the content of its inwardness. The light appears upon the vessel, the thought upon existence. The situation cannot endure, the content does not fit. The vessels shatter, the kings die, the gods die. Their soul departs, taking flight to the heavens. The bodies descend to the World of Separation. Existence stands naked, lonely, torn, scattered.

In [existence's] interior, there is hidden an eternal desire for a supernal light. In the broken vessels, eternal lovingkindness has deposited

גָּנַוּ וְטָמִיר, חֵשֶׁק עוֹלָמִים לָאוֹר עֶלְיוֹן. חֶסֶד עוֹלָמִים הִנִּיחַ בַּכֵּלִים הַנִּשְׁבָּרִים אֶת
אוֹרוֹ, אֶת נִיצוֹצוֹתָיו. בְּכָל תְּנוּעָה, בְּכָל תֹּכֶן חַיִּים, בְּכָל מַהוּת יֵשׁ, יֵשׁ נִיצוֹץ, נִיצוֹץ
שֶׁל נִיצוֹץ, דַּק, וְדַק מִכָּל דַּק, הָאוֹר הַפְּנִימִי, אוֹר אֱלֹהִים עֶלְיוֹן, בּוֹנֶה וּמְיַסֵּד, מְקַבֵּץ
נְפוּרִים, מְתַקֵּן עוֹלְמֵי־עַד, מְסַדֵּר וּמְחַבֵּר. מִתְגַּלָּה מַלְכוּת עוֹלָמִים מֵאוֹר אֵין־סוֹף
שֶׁבְּתוֹכִיּוּת הַנְּשָׁמָה, מֵהָאֱלֹהִים אֶל הָעוֹלָם, אוֹר חָדָשׁ נוֹלָד, אוֹר זִיו הֲדַר פְּנֵי אֵל.

*

הָאֲזֵנַח אֶת מְקוֹר הָאַהֲבָה וּמַעְיַן הַתַּעֲנוּגִים שֶׁאֵין לָהֶם קֵץ?! הַאֶתְרַחֵק מֵאוֹתוֹ
הַמָּקוֹר, הַמִּתְעַלֶּה מִכָּל יֵשׁ וּמִכָּל אַיִן, מִכָּל אֶפֶס וּמִכָּל תֹּהוּ, מֵעֹצֶם זִיווֹ וְשִׂגּוּבוֹ?!
וַאֲנִי צָמֵא תָמִיד לָאוֹרוֹ, וְחִכּוֹ מַמְתַּקִּים הֲלֹא תָמִיד מְרֻוֶּה צְמָאוֹנִי, בְּהוֹסָפַת כִּמָּהוֹן
וְהַגְדָּלַת צִמָּאוֹן, מְרוֹמֵם וּמְעַדֵּן, יַחַד עִם דְּכָאוּתוֹ הָעֲדִינָה אֲשֶׁר תִּתְמוֹגֵג בָּהּ נַפְשִׁי
בְּקִרְבִּי. לִי רָזִי, וְרָזִי אוֹרִי, וְאוֹרִי עַמִּי, אוֹצַר חַיַּי. רָם וְנִשָּׂא שׁוֹכֵן עַד, עֲדֵי־עַד הִנְנִי
מָלֵא עֹז בְּהוֹד מִלּוּי הֲוָיָתְךָ סֶלָה – אֲשֶׁר וָנַחַת וִישׁוּעַת עוֹלָמִים. וְעֵינַי פְּקוּחָה אֶל
כָּל דַּכָּא. "וְאֶת־עַם עָנִי תּוֹשִׁיעַ" – הוֹד הַתְּשׁוּבָה וְרֹז הָעֲבוֹדָה וְהַחָכְמָה הַצְּפוּנָה,
שֶׁשְּׁעָרֶיהָ הוֹלְכִים וְנִפְתָּחִים, לְהַזִּיל פְּלָגִים רַבִּים, "בַּרְחֹבוֹת פַּלְגֵי־מָיִם".

*

צָמְאָה נַפְשִׁי לָד. אָמְנָם לִפְעָמִים מִטַּל הַצָּמָאוֹן בַּגְּלוּת שֶׁל הַדִּמְיוֹן הַמְעֹרָב בְּסִיגִים,
וְצוֹעֵק הוּא לִגְאֻלָּה, לְהַעֲלוֹתוֹ לִמְכוֹנוֹ, לְמַדְרֵגַת הַשֵּׂכֶל הַטָּהוֹר, בִּידִיעָה בְּרוּרָה, עַד

---

12. Cf. Genesis 32:31.
13. Hebrew, *ḥiko mamtakim* (Song of Songs 5:16).
14. Cf. Isaiah 24:16.

its light, its sparks. In every movement, in every life form, in every "is," there is a spark, a spark of a spark, finer than fine.

The inner light, the supernal light of God, builds and founds, gathers in the dispersed, repairs worlds without end, arranges and pieces together. There is revealed an eternal kingdom, from the light of *Ein Sof* that is in the inwardness of the soul, from God to the world. A new light is born, the splendorous light of the beauty of the Face of God (*Penei El*).[12]

⌇

Should I neglect the source of love and the fountain of pleasures that are without end? Should I distance myself from that source that transcends all being and all nothingness, every nullity and every void on account of the power of its splendor and its exaltedness? And I am forever thirsting for His light; His sweet taste[13] forever quenches my thirst, by increasing longing and intensifying thirst, uplifting and refining – together with the delicate depression that my soul inwardly takes pleasure in.

My mystery is mine,[14] and my mystery is my light, and my light is my people – the treasure of my life.

[God,] Mighty and exalted, residing forever and ever, I am full of strength by the majesty of the plenum of Your existence, *Selah*. Happiness and satisfaction and eternal salvation. And my eye is open to all who are oppressed. "And a poor people You will save."[15]

The majesty of return (*teshuvah*), and the mystery of [divine] service, and the hidden wisdom, whose gates are increasingly opened, to gush forth many waves, "in the streets, waves of water."[16]

⌇

My soul thirsts for the Lord. But sometimes the thirst is placed in the exile of imagination mixed with impurities, and cries for redemption, to raise it up to its foundation, to the level of pure intellect, with clear

---

15. II Samuel 22:28.
16. Proverbs 5:16.

אֲשֶׁר יִהְיֶה לְכֹחַ מַעֲשַׂי מִתְקָן לִהְיוֹת פּוֹעֵל יְשׁוּעוֹת בְּקֶרֶב הָאָרֶץ.

~

מַה זֶּה תִּזְעַק עָלַי, לִבִּי, הִנְנִי מָלֵא צִמְאָה לְאֵל חַי, אֵשׁ יוֹקֶדֶת בְּקִרְבִּי. הָבָה לִי אֵשׁ אֹכְלָה! אֵשׁ בּוֹ אֲרַוֶּה צְמָאִי, הָעֲמַק מִתְּהוֹם וְנִשָּׂא מֵהָרֲרֵי אֵל.

~

צָמֵאתִי, צָמֵאתִי לֵאלֹהַי, כְּאַיָּל עַל אֲפִיקִים. הוֹי, מִי יְמַלֵּל כְּאֵבִי, מִי יִהְיֶה כִּנּוֹר לְשִׁירֵי יְגוֹנִי, מִי יַשְׁמִיעַ קוֹל מְרִירוּתִי, צַעַר בִּטּוּיִי, הָרָחָב מֵרַחֲבֵי כָל יָמִים? צָמֵאתִי לָאֱמֶת. לֹא לְהַשָּׂגַת הָאֱמֶת, הֲרֵי אֲנִי רוֹכֵב עַל שְׁחָקֶיהָ! הֲרֵינִי כְלִי בְּתוֹךְ הָאֱמֶת מְבֻלָּע! הֲרֵי אֲנִי כְלִי מַכְאָב מִצַּעַר הַבִּטּוּי – אֵיךְ זֶה אֲבַטֵּא אֶת הָאֱמֶת הַגְּדוֹלָה הַמְּלֵאָה אֶת כָּל לְבָבִי? מִי יִגְלֶה לָרַבִּים, לָעוֹלָמִים, לַבְּרוּאִים, לִמְלֹא-כֹל, לְגוֹי וְאָדָם יַחַד, אֶת הַזִּיקִים מְלֵאֵי אוֹצְרוֹת אוֹר וָחֹם, שֶׁהֵם אֲצוּרִים בְּנִשְׁמָתִי פְּנִימָה? רוֹאֶה אֲנִי אוֹתָם, שַׁלְהֲבוֹת עוֹלוֹת, בּוֹקְעוֹת שְׁמֵי-שְׁמֵי-שָׁמַיִם, וּמִי יָחוּשׁ, מִי יְמַלֵּל עֹצֶם? וַאֲנִי אֵינִי גִבּוֹר אֵל, כְּאַחַד הַגִּבּוֹרִים אֲשֶׁר מְלֹא עוֹלָמִים מָצְאוּ בְתוֹכָם פְּנִימָה – יָדַע הָעוֹלָם אֶת עָשְׁרָם אוֹ לֹא יָדַע – הַכֹּל לָהֶם אַחַת. אֵלֶּה עֶדְרֵי הַצֹּאן הַהוֹלְכִים עַל שְׁתֵּי רַגְלַיִם, מַה יּוֹעִילוּ אִם יֵדְעוּ מִגֹּבַהּ אִישׁ, וּמַה יַּזִּיקוּ בְּלֹא יָדְעָם? הִנְנִי קָשׁוּר עִם הָעוֹלָם, הַחַיִּים. הָאֲנָשִׁים הֵנָּה חֲבֵרַי, חֲלָקִים רַבִּים מִנִּשְׁמָתִי עִמָּם מְשֻׁלָּבֶת, וּבַמֶּה זֶה אוּכַל לְהָאִירָם מֵאוֹרִי? כָּל אֲשֶׁר אֲדַבֵּר אֵינוֹ אֶלָּא מְכַסֶּה אֶת זָהֳרִי, מֵעִיב אֶת אוֹרִי. גָּדוֹל צַעֲרִי וְגָדוֹל מַכְאוֹבִי. הוֹי אֵלִי, עֶזְרָה הֱיֵה בְצָרָתִי, הַמְצֵא לִי מַעַרְכֵי לָשׁוֹן, תְּנָה לִי שָׂפָה וְנִיב שְׂפָתַיִם, אֲסַפֵּר בְּמַקְהֵלוֹת אֲמִתָּי, אֲמִתְּךָ אֱלֹהָי.

17. Psalms 74:12.
18. Ibid., 36:7.
19. Ibid., 42:4.
20. Hebrew, *ma'arkhei lashon*. Cf. Proverbs 16:1.

knowledge, until it becomes a practical power prepared to "work salvation in the midst of the earth."[17]

⁓

My heart, why do you yell at me? I am full of thirst for the Living God. A fire burns inside of me. Give me a consuming fire! A fire with which I may slake my thirst, which is deeper than the abyss and higher than the "mighty mountains."[18]

⁓

I am thirsty, thirsty for my God, "as a hart for brooks of water."[19] Who will verbalize my pain; who will be a harp for the songs of my sorrow; who will voice my bitterness, the anxiety of my expression, which is wider than the widest seas?

I thirst for the truth, not the attainment of truth. I ride upon [truth's] skies! I am entirely swallowed up within the truth! All of me is anxious from the pain of expression: How might I express the great truth that fills my whole heart? Who will reveal to the masses, to the worlds, to the creations, to the plenitude, to nation and individual together, the sparks packed with treasures of light and warmth that are stored inside my soul? I see them – flames rising, splitting skies upon skies – and who will sense, who will give words to their might? And I am not a mighty one of God. [I am not] like the mighty ones who found within themselves the fullness of the worlds. Whether the world knew their wealth or not – it was all the same to them. [Their thinking was:] "These flocks of sheep that go about on two legs, of what avail is it if they know the height of a man, and what damage is done if they don't know?" I [on the other hand] am tied up with the world, with life. People are my friends; many parts of my soul are enmeshed with them. And how can I illumine them with my light? All that I speak only covers up my splendor, clouds my light. Great is my pain, great is my suffering.

Oh my God, be a help to me in my distress. Provide me with the craft of expression.[20] Give me language and lips. I shall tell the multitudes my truth – Your truth, my God.

כְּאֵבֵי הַנְּשָׁמָה בְּהִגָּלוֹתָהּ

אֶשְׁאַל אֶת נַפְשִׁי: הֲמֻתָּר לִי לְהַשְׁבִּית אֶת מְשׂוֹשׂ נִשְׁמָתִי, אֶת מְלוֹא הַשֶּׁפֶךְ שֶׁל הָעֲרִיגָה הָעֶלְיוֹנָה, אֶת רוּוּי הַצִּמָּאוֹן שֶׁל הַהִסְתַּכְּלוּת מְלֵאָה זִיו קֹדֶשׁ, בִּשְׁבִיל דְּרִישׁוֹת דּוֹחֲקוֹת שֶׁל דְּבָרִים פְּעוּטִים, שֶׁל מַעֲשִׂים, שֶׁאֵינִי מַרְגִּישׁ בָּהֶם אֶת הַמַּטָּרָה הָעֶלְיוֹנָה שֶׁבְּשֶׁאִיפוֹתַי, בִּשְׁבִיל טְרָדוֹת שֶׁל לִמּוּדִים, שֶׁאֵיךְ שֶׁתִּהְיֶינָה הַסִּבּוֹת שֶׁהֱבִיאוּ אוֹתִי לְכָךְ, הֵם אֵינָם מְמַלְּאִים אֶת רוּחִי רְוָיָה? מָה אֶעֱשֶׂה, אֵיךְ אֲכוֹנֵן אֶת דַּרְכִּי? אֵיךְ אֶעֱשֶׂה אֶת חוֹבָתִי הַפְּנִימִית, לְעַצְמִי, לְרוּחִי בְּקִרְבִּי, לַהֲוָיָתִי הַפְּנִימִית? זֹאת הִיא לִי שְׁאֵלַת הַשְּׁאֵלוֹת. הוֹי כַּמָּה אֲנִי נִזְקָק לְפִתְרוֹן! כָּל דָּלֵי דַוְולָא לֹא יוּכְלוּ לְהָשִׁיב לִי סֵתֶר פֵּשֶׁר זֶה. רַק מֵעֹצֶם הַגְּבוּרָה הַנִּשְׁמָתִית, הָרְאוּיָה לְהִתְפָּרֵץ מִתּוֹךְ תּוֹכִיּוּתִי בְּעֶצֶם עַצְמוּתִי, רַק מִכֹּחַ טָמִיר זֶה יָבוֹא בְּהִגָּלוֹתוֹ הַפִּתְרוֹן הַמְבוֹרָר לִשְׁאֵלַת־עוֹלָם נִשְׁמָתִית זוֹ.

❧

The Pains of the Soul
When It Is Revealed

I ask my soul: Is it permitted for me to put to rest the joy of my soul, the replenishment that comes with yearning for the Above; the slaking of the thirst that comes with holy vision – for the pressing demands of trivial matters; of deeds in which I do not feel the higher purpose of my aspirations; for bothersome studies, that – whatever be the causes of my involvement – do not satisfy my soul? What should I do; how should I set my way? How might I do my inner duty, for myself, for my inner spirit, for my inner existence? For me, this is the question of questions. Oh, how much I am in need of a solution! All the "drawers of water"[1] cannot solve this one. Only from the soul-strength capable of breaking out from within me, from my essence; only from this hidden power – when it is revealed – will come the clear solution to this perennial soul-question.

∾

---

1. Aramaic, *dalei dawla*. See Mo'ed Katan 4a; Bava Kama 85b.

אֵין לְהִתְנַגֵּד אֶל הַנְּשָׁמָה הָעַצְמִית בְּהִגָּלוּתָהּ, וְהִתְגַּלּוּתָהּ תְּדִירִית הִיא. גַּם בְּעֵת אֲשֶׁר עָבֵי עֲנָנִים מְכַסִּים אֶת בְּהִיקוּת אוֹרָהּ, הִיא מְאִירָה בְּכָל גְּבוּרָתָהּ, וְהִיא נוֹשֵׂאת אֶת הָעוֹלָם וְאֶת הָאָדָם לְמַטְּרַת אָשְׁרוֹ, הַנַּעֲלָה מִכָּל שֵׁם שֶׁל מַטָּרָה. הַנְּשָׁמָה הוֹגָה מִבְּלִי הִגָּיוֹן, פּוֹעֶלֶת מִבְּלִי מִפְעָל. עִמָּהּ, רַק עִמָּהּ הִנְנוּ עוֹלִים בְּאוֹתָן הַמַּעֲלוֹת, שֶׁכָּל דְּחִיפַת חַיֵּי הַמְצִיאוּת בְּמַעֲמַקֵּי רָזֶיהָ דּוֹחֲפִים אוֹתָנוּ אֲלֵיהֶן. "אָז תִּתְעַנַּג עַל־ד'". זֶהוּ סוֹד צִמְאוֹנִי, וְרָז רְוָיִי.

❧

אֱמוּנָתִי נִשְׁאֶבֶת הִיא מִמַּעֲמַקֵּי נִשְׁמָתִי, וַאֲנִי צָרִיךְ לְהוֹקִיר מְאֹד אֶת עֵרֶךְ קְדֻשָּׁתָהּ.

❧

אֲמִתַּת מַהוּתִי מִתְגַּלָּה בְּרִגְעֵי גַדְלוּתִי, עֶצֶם צִבְיוֹנִי מִתְבַּלֵּט רַק בְּעֵת עֲמִידַת נִשְׁמָתִי בִּמְלֹא שִׁעוּר קוֹמָתָהּ. גַּאֲוָתִי – גַּאֲוַת ד' הִיא, מִתְגָּאֶה אֲנִי בֵּאלֹהֵי עוֹלָם, גָּדוֹל הָעֵצָה וְרַב הָעֲלִילִיָּה, אֲשֶׁר לִגְדֻלָּתוֹ אֵין חֵקֶר. גַּאֲוַת שְׁחָקִים מְאַזֶּרֶת אוֹתִי גְדֻלָּה. שָׁפַלְתִּי עֲדֵי אָרֶץ, עָנִי וּנְכֵה רוּחַ אָנִי. סוֹבֵל אֲנִי בְּקִרְבִּי אֶת מַכְאוֹבֵי הָעוֹלָם וְכָל עֱנוּתָיו, וְדַלּוּת דַּלָּיו הַמְדֻכְדָּכִים, אֲסִירֵי הָעֹנִי, הַמְיֹאָשִׁים מִכָּל תּוֹחֶלֶת, הַמְלֵאִים אַרְסֵי מְרוֹרִים בְּמַעֲמַקֵּי לִבָּם הַפָּצוּעַ. חָבֵר אֲנִי לִמְרֵי נֶפֶשׁ, מִצְטַעֵר אֲנִי בְּצַעַר נִשְׁמָתָם. הֵם עוֹמְדִים לְהִוָּשַׁע תְּשׁוּעַת עוֹלָמִים, אוֹר ד' עֲלֵיהֶם יוֹפִיעַ, וּבִשְׁמוֹ תָּרוּם קַרְנָם.

❧

2. Isaiah 58:14.
3. Jeremiah 32:19.

One should not oppose the essential soul when it is revealed, and its revelation is frequent. Even at a time when clouds cover the brilliance of [the soul's] light, it is shining with all its might, and it carries the world and man to the goal of his happiness, which is beyond any goal that can be named. The soul thinks without thought, acts without action. With the soul – and only with the soul – we ascend to those levels that life in its mysterious depths pushes us to. "Then you shall delight beyond (*'al*) the Lord."[2] This is the secret of my thirst and the mystery of my satiation.

❦

My faith is drawn from the depths of my soul, and I must greatly appreciate the value of its sanctity.

❦

My true essence is revealed at moments of my greatness; my essential character comes to the fore only when my soul assumes its full height. My pride is the pride of the Lord. I take pride in the God of the universe, "Great in counsel and mighty in work";[3] "Whose greatness is unsearchable."[4]

The pride of heavens girds me with greatness. I am low to the earth; I am poor and contrite of spirit. I suffer within me the pains of the world and all its oppression, the abject poverty, the prisoners of poverty, the ones who have given up all hope, the ones filled with bitter poison in the depths of their wounded heart. I am a friend to bitter souls; I share the hurt of their soul. They are destined to be eternally saved. The light of the Lord shall shine upon them; and by His name, their horn shall be uplifted.

❦

---

4. Psalms 145:3.

כַּמָּה גָדוֹל הוּא הַכְּאֵב כְּשֶׁהַנְּשָׁמָה כּוֹאֶבֶת! מִתְרוֹמֶמֶת הִיא אֶל עַל וְהִיא חֲשָׁה כִּי כְּנָפֶיהָ נִשְׁבְּרוּ. צוֹעֶקֶת הִיא בְּקִרְבָּהּ פְּנִימָה מֵעָצְמַת מַכְאוֹבֶיהָ, אוֹי, מִי יוֹשִׁיעַ לָהּ! "מִן־הַמֵּצַר קָרָאתִי יָהּ עָנָנִי בַמֶּרְחָב יָהּ".

֍

גָּדוֹל הוּא הַסֵּבֶל שֶׁל רוּחִי. מַה הוּא מְבַקֵּשׁ? אֵין לִפְתּוֹר חִידָה זוֹ בְּשֵׂכֶל וְהִגָּיוֹן, רַק בְּהִתְעַמְּקוּת בְּמִשְׁאַל הַנְּשָׁמָה בִּיסוֹד הֱיוֹתָהּ.

֍

הֲיִתָּכֵן שֶׁלֹּא אֶמְצָא אֶת הַמָּקוֹר שֶׁל מַכְאוֹב לִבִּי, הַמִּצְטַמֵּק מִפְּנֵי אִסּוּרוֹ בְּכַבְלֵי מַחֲשָׁבִים, בְּמַאַסָרִים שֶׁל גְּבוּלִים וְצִמְצוּמִים?! הֲיִתָּכֵן שֶׁלֹּא יָבוֹא עֶזְרִי מִקֹּדֶשׁ, אַחֲרֵי כָּל יִסּוּרֵי נְשָׁמָה שֶׁאֵין לָהֶם קִצְבָה, אַחֲרֵי תְּשׁוּקָה בּוֹעֶרֶת, אֵשׁ שֶׁאֵינָהּ כָּבָה, הַמְלַהֶטֶת אֶת כָּל נִימֵי נַפְשִׁי בִּפְנִימִיּוּתָהּ?! וּמָה אֵלֶּה הֵמָּה מַכְאוֹבַי? רַק צִמָּאוֹן לוֹהֵט לְאוֹר ד', לְאוֹר אֱמֶת, לְאוֹר צַחְצָחוֹת עֻזְּךָ וְתִפְאַרְתֶּךָ, יוֹצְרִי וּבוֹרְאִי, רַב מְחוֹלֵל כֹּל, אָבִי שֶׁבַּשָּׁמַיִם, אַב הָרַחֲמָן, אֲדוֹן כָּל הָעוֹלָמִים.

֍

לֵב נִשְׁבָּר וְנִדְכָּא שֶׁלִּי, הַנְּטִיָּה שֶׁלִּי לְעִצָּבוֹן, בָּאָה מִפְּנֵי שֶׁאֵינִי מוֹצֵא נַחַת רוּחַ בְּשׁוּם דָּבָר שֶׁבָּעוֹלָם כִּי־אִם בְּהֶאָרַת אוֹר אֱלֹהִים, הוֹפָעַת קֹדֶשׁ נֹעַם ד'. וּבְעֵת הַהֶעְלֵם וְהַהַסְתָּרָה צַר לִי מְאֹד, מַר לִי מְאֹד, וּמִמַּעֲמַקִּים אֶקְרָא ד'. "אֵלָיו פִּי־קָרָאתִי וְרוֹמַם

5. Ibid., 118:5.

How great is the pain when the soul hurts! The soul lifts off and senses that its wings are broken. Inside, she shrieks from the intensity of her pains. Oh, who will save her?

"From the straits I called *Yah; Yah* answered me in a broad way."[5]

❧

Great is the suffering of my spirit. What does it seek? It is not possible to solve this riddle with reason and logic; only by approaching in depth the quest of the soul at the foundation of its being.

❧

Is it conceivable that I shall not find the source of the pain of my heart, which is shriveling because it is imprisoned in a dark dungeon, an imprisonment of limits and contractions?! Is it conceivable that my help from a holy place shall not come, after all the unending tribulations of the soul; after a burning passion, an inextinguishable fire that enflames all the fibers of my soul in its interior?! And what are these pains of mine? Only the burning thirst for the light of the Lord, for the light of truth, for the light of the purity of Your strength and Your glory, my Creator, Master Who generates all, my Father in Heaven, Merciful Father, Master of all the worlds.

❧

My broken, depressed heart, my inclination to sadness, comes about because I do not find satisfaction in anything in the world, only in the illumination of the light of God, the holy manifestation of the pleasantness of the Lord. And at the time of concealment and hiddenness, it is very painful for me, very bitter for me, and from the depths I call the Lord.

"With my mouth I called Him, and with my tongue He was exalted."[6]

------

6. Ibid., 66:17.

תַּחַת לְשׁוֹנִי". "בַּצָּרָה קָרָאתָ וָאֲחַלְצֶךָ, אֶעֶנְךָ בְּסֵתֶר רַעַם".

~

מִי יוֹדֵעַ אֶת עֹמֶק צַעֲרִי, וּמִי יוּכַל לְשַׁעֲרוֹ! הִנְנִי כָּלוּא בְּמִצְרַיִם רַבִּים, בִּגְבוּלִים שׁוֹנִים, וְרוּחִי שׁוֹאֵף לְמֶרְחָבִים נִשָּׂאִים. צָמְאָה נַפְשִׁי לֵאלֹהִים. אוֹר הָאֲצִילוּת הוּא חַיֵּי רוּחִי. אֱמוּנַת אֱלֹהִים גְּדוֹלָה בְּלֹא שׁוּם מַעְצוֹר, טִבְעִי, הֶגְיוֹנִי, נִימוּסִי, מוּסָרִי, הוּא מְשׂוֹשׂ חַיָּי. כָּל מַה שֶׁהוּא מֻגְדָּר, הֲרֵי הוּא חֻלִּין לְגַבֵּי הַקֹּדֶשׁ הָעֶלְיוֹן, אֲשֶׁר אוֹתוֹ אָנֹכִי מְבַקֵּשׁ. חוֹלַת אַהֲבָה אָנִי. מַה קָּשֶׁה לִי הַלִּמּוּד, מַה קָּשֶׁה עָלַי הַהִסְתַּגְּלוּת אֶל הַפְּרָטִים! הַיָּמִים אֲנִי אוֹהֵב, הַשִּׁיטוֹת הַשְּׁמֵימִיּוֹת, לָהֶן אֲנִי מִתְגַּעְגֵּעַ. "גַּל-עֵינַי וְאַבִּיטָה נִפְלָאוֹת מִתּוֹרָתֶךָ".

~

מֶרְחָבִים, מֶרְחָבִים, מֶרְחָבֵי אֵל אַוְּתָה נַפְשִׁי. אַל תִּסְגְּרוּנִי בְּשׁוּם כְּלוּב, לֹא גַשְׁמִי וְלֹא רוּחָנִי. שָׁטָה הִיא נִשְׁמָתִי בְּרַחֲבֵי שָׁמַיִם, לֹא יְכִילוּהָ קִירוֹת לֵב, וְלֹא קִירוֹת מַעֲשֶׂה, מוּסָר, הִגָּיוֹן וְנִימוּס. מִמַּעַל לְכָל אֵלֶּה שָׁטָה הִיא וְעָפָה, מִמַּעַל לְכָל אֲשֶׁר יִקָּרֵא בְכָל שֵׁם, מִמָּרוֹם מִכָּל עֹנֶג, מִכָּל נֹעַם וָיֹפִי, מִמָּרוֹם לְכָל נִשְׂגָּב וְנֶאֱצָל. "חוֹלַת אַהֲבָה אָנִי".

~

הַנְּשָׁמָה שֶׁלִּי אֵינָהּ יְכוֹלָה לְהַטְמִין אֶת עַצְמָהּ בְּשׁוּם הִתְגַּשְּׁמוּת, אֲפִלּוּ בְּהִתְגַּשְּׁמוּת שֶׁל תּוֹרָה וְהִתְגַּשְּׁמוּת שֶׁל יִרְאַת שָׁמַיִם – כָּל זְמַן שֶׁאֵינָן מִתְעַדְּנוֹת בְּרוּם עֶדְנָן, וְאֵינָן מִתְעַלּוֹת בְּרוּם הַטֹּהַר שֶׁל כֹּסֶף הַנְּשָׁמָה הַטְּהוֹרָה, בְּטָהֳרַת הַכָּרָתָהּ וּשְׁאִיפָתָהּ הַפְּנִימִית. שֶׁכָּל מַה שֶׁהוּא עָדִין, כָּל מַה שֶׁהוּא מְרוֹמָם, כָּל מַה שֶׁהוּא קָדוֹשׁ וְנִשָּׂא,

---

7.   Ibid., 81:8.

8.   Ibid., 42:3.

"In trouble you called and I rescued you; I answered you in the secrecy of thunder."[7]

❧

Who knows the depth of my pain; who can estimate it?! I am imprisoned in multiple straits, in various limitations, and my spirit would soar to lofty expanses. "My soul thirsts for God."[8] The light of transcendence is the life of my spirit. A great faith in God – without any restraint, be it natural, logical, political, ethical – that is the joy of my life. Whatever is defined – is profane relative to the supernal sanctity that I seek. "I am lovesick."[9] How difficult learning is for me; how difficult it is for me to adapt to details! I love the seas, sailing the skies – for them I long.

"Uncover my eyes that I may behold wonders from Your Torah."[10]

❧

Expanses, expanses, divine expanses, my soul desires. Do not enclose me in any cage, neither physical nor spiritual. My soul sails the wide heavens; she cannot be contained by the walls of the heart, nor by the walls of action, ethics, logic, and politesse. Above all these [my soul] sails and flies, above all that may be called by any name; higher than any joy, pleasantness, and beauty; higher than all that is exalted. "I am lovesick."[11]

❧

My soul cannot bury itself in any materialization, even a materialization of Torah or a materialization of fear of heaven – as long as they are not sublimated; [as long as they] are not purified by the longing of the pure soul, by the purity of the soul's awareness and inner longing. All that is refined, all that is exalted, all that is sacred – all is included in

---

9. Song of Songs 2:5.
10. Psalms 119:18.
11. Song of Songs 2:5.

נֶאֱצַל וְנִשְׂגָּב, הַכֹּל הוּא בִּכְלַל הַחֵפֶץ הַחוֹדֵר הַזֶּה, שֶׁהוּא צִמָּאוֹן נוֹרָא שֶׁצָּמְאָה נַפְשִׁי לֵאלֹהִים, לְאֵל חָי.

⤐

צְעָקָה גְדוֹלָה צוֹעֶקֶת נִשְׁמָתִי, עַל שֶׁאֵינִי מֵנִיחַ אֶת כֹּחַ הַמַּחֲשָׁבָה שֶׁלִּי לְהִתְפַּשֵּׁט בִּמְלוֹאוֹ וְטוּבוֹ. אַחֲרָיוּת גְדוֹלָה הִיא זֹאת. זֹאת הִיא צָרַת הָאָדָם בִּכְלָל – אֵינֶנּוּ רוֹצֶה לַעֲלוֹת לְהִתְפַּשֵּׁט לְצַד מַעְלָה, עַל־כֵּן הוּא שׁוֹקֵעַ בַּבֹּץ. בָּא הַדָּבָר מִתּוֹךְ שְׁנֵי גוֹרְמִים: מִתּוֹךְ יִרְאָה חִיצוֹנָה גַּסָּה וּמְגֻשֶּׁמֶת, מְלֵאָה טִפְּשׁוּת וְצִיּוּרִים אֱוִילִיִּים, וּמִתּוֹךְ הָעֲבִי הַחָמְרִי, הַמּוֹשֵׁךְ אֵלָיו לִשְׁפָלוּת וּלְתַחְתִּית אֶת כָּל מַה שֶּׁיֵּשׁ לוֹ אֵיזוֹ אֲחִיזָה בּוֹ. וְעַל הַכֹּל צְרִיכִים לְהִתְגַּבֵּר אֹרֶךְ הַמַּחֲשָׁבָה, עֲדִינוּת הָרָצוֹן, גְבוּרַת הַחַיִּים, הַכֹּל בְּמִלּוּי, בְּרוֹם עֹז וְהָדָר.

⤐

נִבְרְחָה, נִבְרְחָה מִתְּהוֹם הַהַגְשָׁמָה. הַהַגְשָׁמָה הִיא רוֹדֶפֶת אַחֲרֵינוּ כַּצֵּל בַּבֹּקֶר בַּבֹּקֶר, יוֹם וָיוֹם, שָׁעָה וְשָׁעָה, רֶגַע וָרֶגַע. מוּסְרָיוּת שְׁלוּלַת בַּטְלָנוּת, אֱמוּנָה שְׁלוּלַת הַגְשָׁמָה תְּנוּ לָנוּ! הָבוּ אוֹר, הָבוּ אוֹר, אֲוִיר וְחַיִּים לַנְּשָׁמָה! אַל מַחֲנַק נֶפֶשׁ.

⤐

הִנְנִי מְבַקֵּשׁ לְהֵחָלֵץ מִן הַמַּסְגְּרִים שֶׁל עִכּוּב הַמַּחֲשָׁבָה; לִגְאֹל אֶת נִשְׁמַת הַיָּחִיד שֶׁבִּי, וְאֶת הַנְּשָׁמָה הַצִּבּוּרִית הַסְּפוּגָה בָּהּ, מִכָּל פַּחְדָּנוּת שֶׁל שָׁוְא וּמִכָּל גַּאֲוָה שֶׁל כַּזְּבָנוּת, מִכָּל שִׁפְלוּת שֶׁל מֹרֶךְ לֵב וּמִכָּל אוֹנָאָה עַצְמִית בְּאֵיזוֹ צוּרָה שֶׁתִּהְיֶה. מְחַפֵּשׂ אֲנִי אֶת הַדְּרָכִים אֶל הַשִּׁחְרוּר הַגָּדוֹל, אֲבָל אִם אֶמְצָא אוֹתָם – מִי יוֹדֵעַ? דָּלוּ עֵינַי לַמָּרוֹם, רַק לַד׳ הַיְשׁוּעָה לַעֲזֹר לְאֵין־אוֹנִים כָּמוֹנִי.

⤐

---

12. Psalms 42:3.
13. Hebrew, 'oz ve-hadar (Proverbs 31:25).

this penetrating desire, which is a fearsome thirst that "my soul thirsts for God, for the Living God."[12]

❧

My soul lets out a great cry because I don't allow my power of thought to expand to its full extent. This is a great cruelty. This is the trouble of man in general: Man does not want to expand upward, so he sinks in the mud. The thing results from two factors: from an external, coarse fear, full of foolishness and stupid depictions; and from the material denseness that drags down whatever latches on to it. All must be overcome by the length of thought, the refinement of will, the strength of life, in their fullness, at the height of might and dignity.[13]

❧

Let us escape from the abyss of corporealization.[14] Corporealization pursues us like the morning shadow, every day, every hour, every moment. Give us morality without inactivity, belief without corporealization. Give light! Give light, air, and life to the soul! Not spiritual suffocation.

❧

I seek to be extricated from the confines that block thought; to redeem the individual soul that is in me, and the collective soul absorbed in it, from all futile fear and from all false pride; from all cowardice, and from all self-deception, of whatever form. I am searching for the ways to the great liberation, but will I find them – who knows? "My eyes are lifted to heaven."[15] Only the Lord has the salvation to help one as powerless as myself.

❧

---

14. Hebrew, *hagshamah*. The term comes out of the medieval philosophic tradition. Most notably, Maimonides was famous for battling corporealization of the deity (*hagshamat Elohut*).

15. Isaiah 38:14.

בַּמֶּה נִסְבַּכְתִּי – לֹא אֵדַע. מַדּוּעַ חָדַל רַעְיוֹנִי לָעוּף? מִי הוּא זֶה הַמְעַכֵּב אֶת פְּרִיחַת
מַחְשְׁבוֹתַי? מִי יְדַכְדֵּךְ כָּל־כָּךְ אֶת נִשְׁמָתִי בְּקִרְבִּי? אֲסוֹבְבָה בָעִיר, בַּשְּׁוָקִים
וּבָרְחוֹבוֹת, אֲבַקְשָׁה אֶת שֶׁשָּׁנְאָה נַפְשִׁי, אֶת הַלּוֹחֵץ אֶת חַיַּי, אֶת הַמְשַׁעְבֵּד אֶת
רוּחִי הָעֵר וְהָרַעֲנָן, אֲמִיתֵהוּ, אֲפוֹצְצֵהוּ כְרֶגַע, לְמַעַן הוֹצִיא מִבֵּית כֶּלֶא אֶת כִּשְׁרוֹנִי
הַטָּהוֹר, הַגֵּא וְהָאֵיתָן, לְמַעַן הָבִיא חַיִּים וּגְאֻלָּה לָעוֹלָם.

❧

כַּמֶּה הַפְסֵדִים גָּרְמָה לִי הַיִּרְאָה לַחְשֹׁב, בְּשָׁעָה שֶׁתַּחַת אֹרֶךְ הַמַּחֲשָׁבָה נִדְחָפִים
תָּמִיד הַשִּׁנּוּן וְהַמַּעֲשֶׂה, שֶׁהֵם אֵינָם מִשְׁכְּלָלִים עַל־יְדֵי מְעוּט לְשַׁד הַחַיִּים
שֶׁל הַמַּחֲשָׁבָה. כַּמָּה אָנוּ רוֹבְצִים תַּחַת סֵבֶל הָעֹל שֶׁל יַד בַּרְזֶל זוֹ אֲשֶׁר לְיִרְאַת
הַמַּחֲשָׁבָה! וּמִכָּל־מָקוֹם כַּמָּה קָשֶׁה הַדָּבָר לְהִגָּאֵל מִצָּרָה זוֹ וְלֹא לְאַבֵּד אֶת הַטּוֹב
הַגָּדוֹל וְהַמְּכְרָח אֲשֶׁר לַשִּׁנּוּן וְלַמַּעֲשֶׂה, הַדּוֹרֵשׁ תָּמִיד אֶת תַּפְקִידוֹ בְּחַיֵּי הַכְּלָל
וּבְחַיֵּי הַפְּרָט.

❧

אִי־אֶפְשָׁר לִי לְהַכְחִישׁ אֶת מַחֲשַׁבְתִּי הָרְצוּיָה, אַף־עַל־פִּי שֶׁהִנְנִי סוֹבֵל בְּאֵין שִׁעוּר
מֵעֶלְבּוֹנוֹת פְּנִימִיִּים, מַה שֶּׁרָחוֹק לִמְצֹא דֻגְמָתִי. מִכָּל־מָקוֹם הַנְּקֻדָּה הַפְּנִימִית
מְאִירָה בְּאוֹר ד׳ וְהִיא תָּמִיד תִּתְגַּבֵּר, וְכָל הָעוֹמְדִים עָלֶיהָ מוֹסִיפִים לָהּ גְּבוּרָה. "ד׳
עֻזִּי וּמָגִנִּי, בּוֹ בָטַח לִבִּי וְנֶעֱזָרְתִּי".

❧

---

16. Allusion to Song of Songs 3:2.

How did I become entangled – I don't know. Why has my thought ceased to fly? Who is it that prevents my flight of thought? Who oppresses so much my soul within? "I shall go about in the city, in the markets, and in the streets; I shall seek the one whom my soul hates";[16] the one who pressures my life, the one who subjugates my fresh, alert spirit. I will kill him, I will smash him in a moment, in order to release from its prison my pure, proud, mighty talent; in order to bring life and redemption to the world.

❧

How many losses did I incur because I was afraid to think? Instead of length of thought, recitation and action always pushed their way in – not that they are improved by the loss of vitality of thought.

How much we crouch under the burden of this iron hand imposed by fear of thought!

And nevertheless, how difficult it is to be redeemed from this trouble, and [still] not lose the great and necessary good brought about by recitation and action, which forever demands its role in the life of the collective and in the life of the individual.

❧

It is impossible for me to deny my noble intention, though I suffer immeasurably much inner insults – such that one would have to look far and wide to find a comparison [to my insults]. Nevertheless, the inner point shines with the light of the Lord, and [the inner point] will always overcome, and all its adversaries add strength to it.

"The Lord is my strength and my shield; in Him my heart trusted, and I was helped."[17]

❧

---

17. Psalms 28:7.

הָאֶחְדַּל לַחֲפֹשׂ אֶת מְקוֹר הַחֵפֶץ, אֶת מְקוֹר חֵפֶץ עַצְמִי וּמְקוֹר הַחֵפֶץ שֶׁל הָעוֹלָם
כֻּלּוֹ? לֹא אֶחְדַּל, לֹא אֶתְעַצֵּל, וְלֹא אֲבַהֵל מִכָּל מַפְחִיד וּמִכָּל מַפְרִיעַ. יְסוֹד הַגְּאֻלָּה
וְהַדְּרוֹר הָעֶלְיוֹן מֻכְרָח הוּא לְהִתְגַּלּוֹת. וְאִם יִתְכַּסֶּה בַּעֲבֵי עֲרָפֶל, בְּכָל עַנְנֵי עוֹפֶרֶת,
הִנֵּה אוֹר הַשֶּׁמֶשׁ, הַזּוֹרַחַת מִמַּעַל לָעֲנָנִים, אֶרְדֹּף וְהַשֵּׂג אַשִּׂיג אוֹתָהּ, וּבְקַנֵּי אוֹרָהּ
יְהִי אוֹר לִי וְאוֹר לָעוֹלָם.

~

וְאִם אֲנִי חַלָּשׁ בְּגוּפִי, הַאִם תְּקַבֵּל מִזֶּה גַּם־כֵּן נִשְׁמָתִי?! וְאִם אֶלֶף פְּעָמִים יְדֻכְאֵנִי
בְשָׂרִי, הֲיִדֻכָּא מִזֶּה רוּחִי?! הֲלֹא מָלֵא חֵפֶץ אֲנִי, שׁוֹאֵף אוֹר וּדְרוֹר! וְעִם שְׁאִיפָתִי
לַחֵרוּת כְּבָר הִנְנִי מְשֻׁחְרָר, וּבִמְלֹא קוֹמָתִי הִנְנִי בֶן־חוֹרִין.

~

לָמָּה זֶּה אֲצַעֵר אֶת נִשְׁמָתִי שֶׁהִיא חֲפֵצָה בַחֵפֶץ? אִם הִיא מַרְגֶּשֶׁת אֶת עַצְמָהּ בַּת־
חוֹרִין, לָמָּה זֶּה אָשִׂים עַל רַגְלֶיהָ כְּבָלִים שֶׁל אֲסִירֵי עֹנִי? תָּשׁוּט בַּמֶּרְחָבִים, תָּצִיר,
תִּתְרוֹמֵם כְּפִי מִדַּת שְׁאִיפָתָהּ, תַּעֲלֶה מַעְלָה מַעְלָה. וְאִם הִנְנִי מַרְגִּישׁ כִּי עֲווֹנוֹתַי הֵם
הֵם אֲשֶׁר יְאַסְרוּהָ בַּעֲבוֹתִים, מִיָּד אָבִיא לָהּ אֶת עֹז הַתְּשׁוּבָה, הַתְּשׁוּבָה הָעֶלְיוֹנָה,
הַתְּשׁוּבָה שֶׁהִיא קְרוֹבָה בְּפִי וּבִלְבָבִי לַעֲשׂוֹתָהּ. וְהִרְהוּר הַתְּשׁוּבָה בָּרֹז מַחֲשַׁבְתּוֹ
מִיָּד יָאִיר אֶת כָּל מַחֲשַׁכֶּיהָ, וְיִתֶּן לָהּ גְּבוּרַת יֶשַׁע.

~

אִם נִתְאַכְזַרְתִּי עַל נִשְׁמָתִי, מִפְּנֵי חֹסֶר הָאֱמוּנָה שֶׁהָיָה לִי בִּגְדֻלָּתָהּ, הַאוֹסִיף עוֹד
לָלֶכֶת בַּדֶּרֶךְ הַזֶּה? וְאִם כָּל סִבּוֹת הַמַּחֲשַׁכִּים הֵן הֶעְדֵּר הַהַכָּרָה הָעַצְמִית, הֲיִתָּכֵן

Should I cease searching for the source of freedom, the source of my own freedom and the source of the freedom of the whole world? I shall not cease. I shall not grow lazy. And I shall not be frightened by any scare or any hindrance. The foundation of the redemption and the higher freedom must be revealed. And if it should be covered by thick fog, by leaden clouds – behold the light of the sun shining above the clouds. I shall pursue and catch [the sun], and with the rays of her light, there will be light for me and light for the world.

～

And if I am weak in body, should my soul also suffer from this?! And if a thousand times my flesh oppresses me, should my spirit be oppressed thereby?! Am I not full of freedom, [do I not] breathe in light and freedom?! And with my aspiration to freedom, I am already liberated, and standing tall, I am a free man.

～

Why should I pain my soul that desires freedom? If [my soul] feels free, why should I put on her feet prisoners' chains? Let her sail the expanses; let her imagine; let her assume her ambition; let her ascend higher and higher.

And if I feel that it is my sins that have shackled her, I shall immediately bring her the strength of return (*teshuvah*), the higher return, the return that is "close in my mouth and my heart to do it."[18] And the mystery of the thought of return shall immediately illumine all her darkness and give her the strength of salvation.

～

If I have been cruel to my soul, because I lacked belief in her greatness, should I continue on this way? And if the cause of the darkness

18. Cf. Deuteronomy 30:14.

לַחְשֹׁב, שֶׁהַיְרִידָה בַּמּוֹרָד הַזֶּה עוֹד יוֹתֵר, תָּבִיא לְטוֹבָה וְלִגְאֻלָּה רוּחָנִית? לֹא!
לְשַׁבֵּר אֶת הָאֲזִקִּים צְרִיכִים אָנוּ, לְשַׁבְּרָם בְּפַעַם אַחַת, וְלָתֵת לְנִשְׁמָתֵנוּ הָעֶלְיוֹנָה
אֶת מְאֲוַיֶיהָ בְּכָל אֹפֶן שֶׁהַיָּד מַגַּעַת. תַּעֲלֶה, תִּתְרוֹמֵם, תִּתְנַשֵּׂא, תָּעוּף בִּיעָף, תְּשׁוֹטֵט
בְּחַדְרֵי חֲדָרִים, בְּהֵיכְלֵי הֵיכָלוֹת, תָּשִׁיר, תָּרִיעַ בְּשִׂמְחָה, תָּמוּר וְתָגֵל בְּרִנָּה, תִּתְעַנֵּג
בְּדוּמִיָּה, תְּבַקֵּר בְּהֵיכַל הַקֹּדֶשׁ, תֹּאמַר תָּמִיד יִגְדַּל ד'.

~

הִתְעוֹרְרִי נַפְשִׁי, הִתְעוֹרְרִי בַּגְּדֻלָּה הָאֱלֹהִית שֶׁלָּךְ. אַל תִּתְבַּטְּלִי, וְלֹא תִּכָּנְעִי מִפְּנֵי
גֵּאִים סוֹרְרִים, שֶׁאֵינָם יְכוֹלִים לְהַשִּׂיג אֶת הֲלָךְ רוּחֵךְ וַעֲדִינוּת נַפְשֵׁךְ בְּצִיּוּרֶיהָ
הַטְּהוֹרִים, וּבַעֲרִיגָתָהּ הָעֶלְיוֹנָה אֶל הַשָּׂגוּב הָעָדִין, הַשָּׂגוּב הָאֱלֹהִי, וְאֶל הַיָּשָׁר,
הָאֱמֶת, וְהַטֹּהַר הַנַּצֲרָךְ. דְּעִי אֶת עֶרְכֵּךְ וְהִתְרוֹמְמִי.

~

נִשְׁמָתִי רְחָבָה, גְּדוֹלָה וְאַדִּירָה. אֲנִי מַרְגִּישׁ תִּפְאַרְתִּי וַהֲדַר רוּחִי בְּקִרְבִּי, מָלֵא אָנֹכִי
עֹז וָחֵפֶשׁ. הַפַּחְדָּנוּת הַמִּתְעַטֶּפֶת בִּלְבוּשׁ שֶׁל יִרְאַת שָׁמַיִם לֹא תוּכַל לְהוֹלִיךְ אוֹתִי
שׁוֹלָל. צוֹפֶה אֲנִי אֶת פְּנֵי הָאֱמֶת, הוֹד הַקֹּדֶשׁ מִתְנוֹצֵץ לִי. בְּלֹא מַעְצוֹר אֲנִי צָרִיךְ
לַחְשֹׁב, בְּלֹא מַעְצוֹר לְהָצִיק עַל הַגִּלָּיוֹן אֶת כָּל הֲגוּת לְבָבִי. אֵינִי מַקְפִּיד אֵיךְ יַעֲלוּ
הַדְּבָרִים, בְּדֶרֶךְ נִסְתָּר אוֹ נִגְלֶה – הַכֹּל אֶחָד; סוֹף־כָּל־סוֹף הָאוֹר יִתְנוֹצֵץ.

~

בָּרָק אַחַר בָּרָק תַּבְרִיק נִשְׁמָתִי, שַׁלְהֶבֶת אַחַר שַׁלְהֶבֶת תְּשַׁלְהֵב נִשְׁמָתִי. הָעוֹלָם

is the absence of self-awareness, is it conceivable that descending even lower will bring good and spiritual redemption? No! We must break the fetters, with a single blow, and grant our higher soul her wish, however that might be achieved. Let her ascend, be uplifted, fly, sail through celestial chambers, through palaces upon palaces. Let her sing; let her shout in jubilation; let her rejoice in song; let her delight in silence. Let her visit the holy Temple. Let her say always: May the Lord be magnified!

~

Wake up, my soul! Awake to the godly greatness that is yours. Do not be effaced, do not surrender to haughty rebels who are unable to comprehend your spiritual direction and the delicacy of your soul, with its pure conceptions and its higher longing for the delicate height, the godly height, the rectitude, the truth, and esteemed purity. [My soul,] know your worth and be uplifted.

~

My soul is broad, great and mighty. I feel my pride and the beauty of my spirit within me. I am full of might and freedom. Fearfulness cloaked in "fear of heaven" (*yir'at shamayim*) will not be able to deceive me. I see the truth; the majesty of the holy shines for me. Unrestrained, I must think. Unrestrained, [I must] pour onto paper all my meditation. I am not concerned with how the things will take shape – whether in an esoteric or exoteric manner – it is all one. Finally, the light will shine forth.

~

My soul is lightning. Bolt after bolt. Flame after flame. The entire world

כֻּלוֹ יִרְאֶה וְיִתְמַהּ, יִתְבּוֹנֵן וְיִתְפַּלֵּא, יִתְעוֹרֵר כְּמִשֶּׁנָה לְתִמָּהוֹן מְאוֹרִי. וְאוֹר חָדָשׁ עַל
צִיּוֹן יָאִיר, וּרְחוֹקִים יָבוֹאוּ וְיֹאמְרוּ אֱמֶת. מִצִּיּוֹן מִכְלַל־יֹפִי אֱלֹהִים יוֹפִיעַ.

_____

19. Cf. the conclusion of the blessing *"Yotser 'Or"* in the Ashkenazic rite of the morning prayer.

will see and be amazed, will ponder and wonder. As from slumber, [the world] will awake to the wonder of my light. "A new light will shine upon Zion,"[19] and those far away shall come and say, "True."

"From Zion, the perfection of beauty, God shall appear."[20]

---

20. Psalms 50:2.

מִתְאַוֶּה לְהַגִּיד מִלָּה

צְרִיכִים לְהַרְחִיב אֶת הַמַּחֲשָׁבָה הַרְבֵּה; בְּאֹרֶךְ, בְּרֹחַב, בְּעֹמֶק, בְּרוּם, בְּהִתְפַּשְּׁטוּת וּבְגֹדֶל, לְהַגְדָרָה הַרְבֵּה בְּחִדּוּר פְּרָטִי, בִּיחִידוּת וּבִפְרוּט, בְּחִפּוּשׂ וּבְקָטָן, עַד כְּדֵי נִימָא דַקָּה מִן הַדַּקָּה. וּמְטַיְּלִים מִן הַגָּדֵל אֶל הַקָּטֵן וּמִן הַקָּטֵן אֶל הַגָּדֵל, מֵהַפְּרָטִיּוֹת אֶל הַכְּלָלוּת וּמִן הַכְּלָלִיּוּת אֶל הַפְּרָטוּת, וְחוֹזְרִים חֲלִילָה. טָסִים מִן הָאֲצִילוּת, מִן הָאִידֵאָלִיּוּת, אֶל הַהִתְגַּשְּׁמוּת, אֶל הַחָמְרִיּוּת, אֶל הַמַּעֲשִׂיּוּת. וְשָׁבִים וְעוֹלִים מִן הַמַּעֲשִׂיּוּת אֶל הָאֲצִילוּת, אֶל הָאִידֵאָלִיּוּת, וְעוֹסְקִים תָּמִיד בִּתְנוּעָה מְלֵאָה חַיִּים, מוֹלִיךְ וּמֵבִיא מַעֲלֶה וּמוֹרִיד, וְחַיִּים כָּכָה חַיִּים עֶלְיוֹנִים, חַיִּים קְדוֹשִׁים, בִּגְאוֹן שֵׁם ד'. מִשְּׁתוֹקְקִים לְבַטֵּא אֶת הַשֵּׁם, מִתְאַוִּים לְפָרֵשׁ אֶת הָאוֹר הָעֶלְיוֹן, מִתְמַלְּאִים צִמְאָה עֶלְיוֹנָה רְוִיַּת תַּעֲנוּגִים לִמְלֹא פֶה תְּהִלַּת אֵל־אֵלִים. וּמֵרֹב יִרְאָה טְהוֹרָה, מֵעֹצֶם חֶרְדַּת קֹדֶשׁ, שָׁבִים אֶל הָאֲדָמָה, וּמְיַחֲדִים יְחוּדִים קְדוֹשִׁים, יְחוּדִים עֶלְיוֹנִים, בְּרִנָּה, בִּקְדֻשָּׁה, בְּשִׁירָה, בְּחֶדְוָה, בְּטָהֳרָה, בְּחִילָה, בִּרְעָדָה, בְּדִיצָה. וְכָל עַצְמוֹתַי תֹּאמַרְנָה, וּמַלְכוּת שָׁמַיִם מִתְעַלָּה, וְהַכָּבוֹד הָעֶלְיוֹן מִתְרוֹמֵם, וְנַפְשִׁי דּוֹרֶכֶת עֹז, וְהַלֵּל וְזִמְרָה הִנְנִי מִתְמַלֵּא, וְשָׁמַיִם וָאָרֶץ שְׂמֵחִים בְּשִׂמְחָתִי, וְכָל הַדִּינִים מִתְמַתְּקִים, וּשְׂרָפִים וְאֶרְאֵלִים מְזַמְּרִים אִתִּי יַחַד, וּמִתְקַבְּצִים מַלְאֲכֵי הַשָּׁרֵת כְּבִמְזַמּוּטֵי חָתָן וְכַלָּה, וְהַכֹּל

I Want to Tell a Word

We need to expand thought by a lot: in length, in width, in depth, in height, in extension, in greatness; to make it penetrate the particular, the individual, the micro, searching the thinnest thread. And we journey from the macro to the micro, and from the micro to the macro; from the particular to the general, and from the general to the particular, and back again. We fly from the transcendent, from the ideal, to the corporeal, to the material, to the factual. And we return and ascend from the factual to the transcendent, to the ideal. And we are constantly in motion, full of life: "back and forth, up and down."[1] And so we live a joyous life, a holy life, with the pride of the name of the Lord.

We long to pronounce the Name. We desire to make explicit the supernal light. We are filled with a higher thirst – sated with pleasure – to fill the mouth with the praise of God of gods. And from an abundance of pure fear, from the might of holy trepidation, we return to silence and perform holy unifications (*yiḥudim*), supernal unifications – with song, with sanctity, with gaiety, with purity, with fear, with trembling, with joy. And all my bones sing, and the Kingdom of Heaven is raised, and the supernal Glory (*Kavod*) is uplifted. And my soul strides strong, and I am filled with *Hallel* and song, and heaven and earth rejoice in my joy, and all judgments are "sweetened," and Seraphim and Erelim sing together with me, and the ministering angels gather as at nuptials, and

---

1. Mishna Menaḥot 5:6.

39

אוֹמֵר כָּבוֹד. "בָּרוּךְ כְּבוֹד־אֲדֹנָי מִמְּקוֹמוֹ". בָּרוּךְ הוּא וּמְבֹרָךְ שְׁמוֹ הַגָּדוֹל, הַנֶּעֱלָם מִכָּל חַי, וְחָבוּי מִכָּל יֵשׁ, וְעַל כֹּל יִתְגַּדֵּל וְיִתְנַשֵּׂא סֶלָה.

&

מַרְגִּישִׁים אָנוּ אֶת הָאַלְמוּת הָרוּחָנִית, הוֹי, כַּמָּה יֵשׁ לָנוּ לְדַבֵּר! כַּמָּה גְדוֹלָה הִיא מִדַּת הָאוֹר שֶׁל הַצֶּדֶק וְהַחָכְמָה שֶׁאָנוּ מוּאָרִים בָּהּ בַּתְּהוֹם נִשְׁמָתֵנוּ! אֲבָל אֵיךְ נְגַלֶּה זֶה, אֵיךְ נְבַאֵר, אֵיךְ נֶהְגֶּה, אֵיךְ נַבְלִיט גַּם קְצֵה־קָצֵהוּ שֶׁל זִיו עֶלְיוֹן זֶה? עַל־זֶה סְגוּרִים הַשְּׁעָרִים לְפָנֵינוּ. בִּתְפִלָּה אָנוּ מַקְדִּימִים, בְּתַחַן אָנוּ דוֹפְקִים, בְּרִנָּה וְשֶׁבַח אָנוּ נוֹתְנִים קוֹל, וְנוֹשְׂאִים מָשָׁל וְהִגָּיוֹן. שׁוֹקְדִים אָנוּ עַל הַדְּלָתוֹת, אוּלַי יִפָּתְחוּ כִּמְלֹא־סֶדֶק שֶׁל מַחַט סִדְקִית לְפָנֵינוּ, וְכָל פִּיוֹתֵינוּ יִמָּלְאוּ שִׁטְפֵי דִבּוּרִים, וְכָל לְשׁוֹנוֹתֵינוּ יֵעָשׂוּ כִּנְחָלִים זוֹרְמִים, נַהֲרֵי נַחֲלֵי דְבַשׁ וְחֶמְאָה.

&

כְּשֶׁאֲנִי מִתְאַוֶּה לְהַגִּיד מִלָּה, הֲרֵי כְּבָר יָרְדָה הָרוּחָנִיּוּת הָעֶלְיוֹנָה מֵרֵאשִׁית חֶבְיוֹן עֻזָּהּ, עַד שֶׁבָּאָה לִדְפֹּק בִּפְנִימֵי רְצוֹנִי, הִתְגַּלֵּם הֶהָמוֹן הָרַב שֶׁל שָׁרָשֵׁי נְשָׁמוֹת, רָאשֵׁי רָאשִׁים שֶׁל תַּעֲלוּמוֹת, וַיִּהְיוּ לְאוֹתִיּוֹת דּוֹפְקוֹת בַּצַּד הַתַּחְתּוֹן שֶׁל נִשְׁמָתִי, אוֹתוֹ הַצַּד הַקָּרוֹב לִתְכֶן הַגּוּפָה וּמְקֻשָּׁר בְּרִכּוּזָהּ, וְהִנְנִי נֶאֱלָץ לְדַבֵּר. מְדַבֵּר אֲנִי מִתּוֹךְ אוֹצַר הַחַיִּים שֶׁלִּי, וְהַדְּבָרִים שׁוֹטְפִים, פְּרִים הָרַעְיוֹנוֹת, מִתְפּוֹרִים הַצְּלָצוּלִים, וְקוֹל בְּקוֹל יִפָּגֵשׁ, הַזֶּרֶם הָעוֹלֶה מִתַּחְתִּית הָרִכּוּז הַגּוּפָתִי מִתְאַחֵד עִם הַזֶּרֶם הָעוֹלֶה מִמְּרוֹם שֹׁרֶשׁ־שָׁרָשֵׁי הַנְּשָׁמָה, וְאוֹרוֹת זְרוּעִים מְמַלְּאִים אוֹר עוֹלָם, כָּל כִּבָּר הֲוָיָתִי.

&

_____

2. Ezekiel 3:12.

40

all bespeaks glory: "Blessed is the glory of the Lord from His place."[2] Blessed is He and blessed is His great name, concealed from all living and hidden from all existence, and magnified and lifted above all. *Selah.*

◆

We feel the spiritual muteness. Oh, how much do we have to speak! How great is the measure of the light of righteousness and wisdom that we are illumined by in the depth of our soul! But how do we reveal this? How do we explain; how do we utter even the smallest fraction of this supernal splendor? The gates are closed before us. With prayer we beseech, with supplication we knock [on the gates], with song and praise we raise our voice – and preach a parable (with logic). We watch the doors, [hoping that] perhaps they will open before us by the eye of a needle, and [then] our mouths will fill with speech and our tongues will become as flowing streams, "rivers, streams of honey and butter."[3]

◆

When I want to tell a word, that means that the supernal spirituality has already descended from its original fastness until it has come knocking on the fibers of my will; the multitude of soul-roots – "heads of heads"[4] of mysteries – has assumed the shape of letters knocking at the lower side of my soul, the side close to the body and connected to its concentration – and I am forced to speak. I speak out of the treasure of my life, and the words flow, the thoughts are fruitful, the sounds scatter, voice meets voice, the flow arising from the bottom of the bodily concentration unites with the flow arising from the height of the root-of-roots of the soul, and lights sown fill my entire being with the light of the world.

◆

---

3. Job 20:17.
4. From the Aramaic, *"reisha de-khol reishin"* (*Idra Zuta* in *Zohar* III, 288b).

מַרְגִּישׁ אֲנִי אֵיךְ נִלְקָחוֹת הַתֵּבוֹת וְהָאוֹתִיּוֹת מִמָּקוֹם גָּבוֹהַּ וְנִשָּׂא, מִמְּקוֹר הַחַיִּים,
וְכַמָּה הֵן מְלֵאוֹת חַיִּים וּמוֹסִיפוֹת כֹּחַ וְחַיִּים בָּעוֹלָם. אָמְנָם גַּם מַרְגִּישׁ אֲנִי מְעוּט
הַהַרְגָּשָׁה מִטַּעַם הַמְּנִיעָה שֶׁל חוּץ־לָאָרֶץ, וְשֶׁהָאוֹר שֶׁבְּאֶרֶץ־יִשְׂרָאֵל הוּא בְּאֹפֶן
אַחֵר מְפֹאָר וְנִשְׂגָּב, וְגַם כַּמָּה הַחֵטְא גּוֹרֵם לְמַעֵט הָאָרָה זוֹ שֶׁל הַרְגָּשַׁת הָאוֹר
וִיסוֹד הַחַיִּים וְהַקֹּדֶשׁ שֶׁבַּתֵּבוֹת וְהָאוֹתִיּוֹת הַמִּתְבַּטְּאוֹת, וְכַמָּה כָּל בְּחִינָה
שֶׁל תְּשׁוּבָה פּוֹתַחַת הִיא אֶת הַצִּנּוֹרוֹת שֶׁל הָאוֹר הַטּוֹב הַזֶּה. יְזַכֵּנוּ ד' יִתְבָּרֵךְ
לָשׁוּב בִּתְשׁוּבָה שְׁלֵמָה לְפָנָיו, וְנִזְכֶּה לְאוֹרוֹ וְיִשְׁעוֹ בִּמְהֵרָה. וְאִם גַּם כָּל אֵלֶּה
הַהַרְגָּשׁוֹת הַנִּשְׂגָּבוֹת אֵינָן כִּי־אִם צְלָלִים שֶׁל דִּמְיוֹנוֹת, מִכָּל־מָקוֹם קוֹלְעוֹת הֵן
אֶל הָאֱמֶת הַמֻּחְלָטָה, שֶׁגַּם הַמָּסֹרֶת וְקַבָּלַת אָבוֹת וְעָמְקֵי הַדֵּעָה וְהָאֱמוּנָה
מוֹרִים כֵּן. כַּמָּה גְדוֹלָה הִיא מַעֲלַת הַדִּבּוּר, וְכַמָּה יְקָרָה הִיא הַמִּדָּה שֶׁל הוֹקָרַת
הַמִּבְטָא! "וָאָשִׂים דְּבָרַי בְּפִיךָ וּבְצֵל יָדִי כִּסִּיתִיךָ לִנְטֹעַ שָׁמַיִם וְלִיסֹד אֶרֶץ וְלֵאמֹר
לְצִיּוֹן עַמִּי־אָתָּה".

~

אֲנִי מֻכְרָח לְדַבֵּר עַל הַכֹּל, גַּם עַל גָּבְהֵי־גְבוֹהִים, מַה שֶּׁהוּא לְמַעְלָה מֵעֶרְכִּי,
מֵהַשָּׂגָתִי וְהַרְגָּשָׁתִי, כִּי קָרוּא אֲנִי לָזֶה מִדְּחִיקָה נִשְׁמָתִית פְּנִימִית. "בּוֹרֵא נִיב שְׂפָתָיִם
שָׁלוֹם שָׁלוֹם לָרָחוֹק וְלַקָּרוֹב אָמַר ד' וּרְפָאתִיו".

~

5. While in exile in London in 1917, Rav Kook published a mystical tract he entitled *Reish
    Millin*, his original thoughts on the letters of the Hebrew alphabet. Many years after
    Rav Kook's passing, there was published in Jerusalem a sequel that addresses words.

I feel how the words and the letters are taken from a high and lofty place, from the source of life, and how full they are of life, and [how they] add power and life in the world. But I also feel the decrease of sensation because of the block of [being] outside the Land [of Israel]. And [I feel] that the light that is in the Land of Israel is in a different way, glorious and high; and [I feel] also how much sin causes the lessening of this illumination that allows one to sense the light and the foundation of life and holiness that reside in the words and the expressed letters, and how every aspect of return (*teshuvah*) opens the channels of this good light.[5] May the Lord deem us worthy to return to Him with whole *teshuvah*, and may we merit speedily His light and His salvation.

And even if all these lofty feelings are but shadows of fantasies, nonetheless they hit the mark of the absolute truth, for the tradition of the fathers and the depths of knowledge and faith also instruct so. How great is the quality of speech, and how precious the trait of treasuring speech!

"And I shall put My words in your mouth, and I shall cover you with the shadow of My hand; to plant the heavens and to found the earth, and to say unto Zion: 'You are My people.'"[6]

❧

I am forced to speak about everything, even about heights-upon-heights that are above my value, my comprehension, and my feeling, for I am called to this by an inner spiritual shove. "Creator of the expression of the lips; 'Peace, peace to the one who is far and to the one who is close,' said the Lord, and I healed him."[7]

❧

---

6. Isaiah 51:16.
7. Ibid., 57:19.

עֵרֶךְ הַדִּבּוּר הוֹלֵךְ וּמִתְגַּלֶּה אֵלַי. יוֹצֵא הַדִּבּוּר מֵהַגְּלוּת שֶׁלּוֹ, מוֹפִיעַ הוּא בְּרוֹמְמוּת קְדֻשַּׁת עֶרְכּוֹ, וּכְפִי עֵרֶךְ הוֹפָעָתוֹ וְהִגָּלוֹתוֹ, מִתְעַלֶּה כֹּחַ הַתְּפִלָּה וְהַבְּרָכָה. אוֹר הָרָצוֹן הַמְקֻדָּשׁ מִתְרָאֶה עַל־יְדֵי הֶאָרַת הַתְּפִלָּה, וְרוּחַ גְּבוּרָה מְפַעֵם, גַּדְלוּת הַחֲסִידוּת מִתְגַּלָּה, הַפְּחָדִים הוֹלְכִים וְסָרִים, הַתְּשׁוּבָה מִתְרוֹמֶמֶת וּמִתְאַדֶּרֶת מֵעַל כָּל עֹוֹז וּגְבוּרָה, הוֹד אוֹר הַקֹּדֶשׁ מְפַעֵם, וְהֶאָרַת זִיו אֶרֶץ־יִשְׂרָאֵל חוֹזֵר וּמִתְעַטֵּר בְּמַעֲמַקֵּי הַנְּשָׁמָה, לְרוֹמֵם כָּל נוֹפְלִים וּלְאַמֵּץ כָּל נִכְשָׁלִים. בּוֹאוּ אֵלַי כָּל תְּשׁוּשֵׁי כֹחַ, בְּרוּחַ ד׳ אֲחַזֶּקְכֶם, בְּמוֹ־פִי אֲאַמְּצְכֶם.

The value of speech is increasingly revealed to me. Speech goes out from its exile; it appears in the height of its holiness; and in relation to the value of its appearance and revelation, the power of prayer and blessing ascends. The light of holy will is seen through the illumination of prayer, a spirit of strength beats, the greatness of piety is revealed, the fears go away, return (*teshuvah*) is uplifted and strengthened beyond all strength, the majesty of the light of holiness surges, and the illumination of the splendor of the Land of Israel once again is adorned in the depths of the soul, to lift up all the falling and to strengthen all the stumbling. Come to me, all the weak. With the spirit of the Lord I shall strengthen you; with my very mouth, I shall fortify you.

מְשׁוֹרֵר שִׁירַת אֵין־סוֹף

הֶגְיוֹנוֹתַי הֵנָּם מִנֵּי־יָם רְחָבִים, בְּשָׂפָה פְּרָזִית לְהַבִּיעָם בַּל־אוּכְלָה. שֶׁלֹּא בְּטוֹבָתִי הִנְנִי מֻכְרָח לִהְיוֹת מְשׁוֹרֵר, אֲבָל מְשׁוֹרֵר חָפְשִׁי. לֹא אוּכַל לִהְיוֹת קָשׁוּר לַנֶּחְשְׁתַּיִם שֶׁל הַמִּשְׁקָל וְהֶחָרוּז. הִנְנִי בּוֹרֵחַ מֵהַפְּרוֹזָה הַפְּשׁוּטָה מִפְּנֵי הַכֹּבֶד שֶׁיֵּשׁ בָּהּ, מִפְּנֵי צִמְצוּמָהּ, וְלֹא אוּכַל לְהַכְנִיס אֶת עַצְמִי בְּצִמְצוּמִים אֲחֵרִים, שֶׁאוּלַי הֵנָּם יוֹתֵר גְּדוֹלִים וּמַעֲמִיקִים מֵהַמּוּעָקָה שֶׁל הַפְּרוֹזָה, שֶׁמִּמֶּנָּה אֲנִי בּוֹרֵחַ.

~

יְצִירָתִי זוֹרֶמֶת כְּמַעְיְנֵי מַיִם, מַכָּה גַלִּים הִיא, תּוֹסֶסֶת תָּמִיד, מַזֶּלֶת פְּלָגִים יִבְלֵי מָיִם. גְּאוֹן נִשְׁמָתִי בְּקִרְבִּי תָּמִיד חַי וּפוֹעֵל. הַשְׁקָפָתִי, הַמְּלֵאָה אוֹר קֹדֶשׁ, מִתְרַחֶבֶת הִיא וְהוֹלֶכֶת. הִנְנִי קָרוּא לְאֹמֶץ וְלִגְבוּרָה, וּלְחַזֵּק וּלְאַמֵּץ לֵב כָּל נֶחֱשָׁלִים. תְּפִלָּתִי מִמְּקוֹר נִשְׁמָתִי הִיא הוֹלֶכֶת, גְּדוֹלָה הִיא וּמְלֵאָה גַאֲוַת ד'.

~

הַלֵּב הוֹמֶה לֶחָדָשׁ, לְחַדֵּשׁ בְּלֹא הֶרֶף, לְחַדֵּשׁ בְּאֹפֶן זוֹלֵף וְשׁוֹטֵף, מִפְּנֵי שֶׁכָּךְ הוּא הַטֶּבַע שֶׁל הַנְּשָׁמָה, שֶׁתִּהְיֶה שׁוֹטֶפֶת כַּנַּחַל. וּמִי מְעַכֵּב? הַקְּדָמוֹת, יְדִיעוֹת, הַצָּעוֹת,

Singer of the Infinite Song

My thoughts are wider than the sea. I cannot express them in prosaic language. I am forced to become a poet – but a free poet. I cannot be bound by the fetters of meter and rhyme. I flee from simple prose because of its heaviness, because of its restriction, and I cannot commit myself to other confinements, which may be even greater and more oppressive than the oppression of the prose that I am running away from.

＆

My creation flows like springs of water; it makes waves, it is forever effervescent, causing ripples of water. The genius of my soul within is always alive and active. My outlook, full of the light of holiness, increasingly broadens. I am called to courage and strength, and to strengthen and fortify the heart of all the weak. My prayer proceeds from the source of my soul. [My soul] is great and full of the pride of the Lord.

＆

The heart yearns to originate, to originate without letup, to originate in a flowing manner, because so is the nature of the soul that flows like a stream. And who holds [it] up? Introductions, information,

הַסְכָּמוֹת. כָּל אֵלֶּה הֵם דְּבָרִים שֶׁל צְדָדִיּוֹת, שֶׁבְּשׁוּם אֹפֶן לֹא יוּכְלוּ לְעַכֵּב אֶת
מֵרוֹץ הָרוּחַ. וְלֹא עוֹד אֶלָּא שֶׁהָרוּחַ בְּשִׂיא גִּלּוּיוֹ לֹא יוּכַל כְּלָל לִהְיוֹת מִתְעַכֵּב אֶל
אֵלֶּה הַקִּנְיָנִים בְּיוֹתֵר, עַד שֶׁעַל פִּיהֶם דַּוְקָא יְבַסֵּס אֶת מִפְעָלוֹ. הוּא מֻכְרָח לְהָנִיעַ
אֶת סְעָרוֹתָיו, הוּא מֻכְרָח לִדְחֹף אֶת שְׁמָשׁוֹתָיו וְכוֹכָבָיו הַטּוֹעֲנִים עוֹלָם וּמְלֹאוֹ,
וְדוֹרְשִׁים תְּנוּעָה תְּכוּפָה וּמְרוּצָה מְהִירָה, בְּאֵין הֶרֶף, בְּאֶפֶס מַעֲצוֹר וּמְנִיעָה. הָבוּ
גֹדֶל לַיְצִירָה הַוֹּרֶמֶת, הַהוֹלֶכֶת קוֹמְמִיּוּת, הַצּוֹעֶדֶת בִּגְאוֹנָה מִצְעֲדֵי עֲנָק, וְרָצָה
כְּגִבּוֹר לָרוּץ אֹרַח.

⁓

כַּמָּה מַחֲשָׁבוֹת נֶחְנְקוּ בְּכָל מֶשֶׁךְ הַזְּמַן שֶׁלֹּא כָּתַבְתִּי שׁוּם דָּבָר שֶׁל רַעְיוֹן. אָמְנָם
מֻנָּחוֹת הֵנָּה בְּוַדַּאי בִּתְהוֹם הַנְּשָׁמָה, לֹא נֶאֶבְדוּ מִן הַמְּצִיאוּת, אֲבָל הַמַּיִם צְרִיכִים
הֵם תָּמִיד לְהִדָּלוֹת, לְהוֹצִיא מֵהֶם תּוֹעֶלֶת, לְהַשְׁקוֹת הֲמוֹן רַבָּה, וְהַמַּחֲשָׁבוֹת
צְרִיכוֹת לְשֶׁטֶף, לִהְיוֹת מוּצָאוֹת מִן הַכֹּחַ אֶל הַפֹּעַל. "כְּתֹב חָזוֹן וּבָאֵר עַל־הַלֻּחוֹת".

⁓

זְמַן רַב נִכְמְסוּ מַחְשְׁבוֹתַי הַפְּנִימִיּוֹת וְרִגְשׁוֹתַי בְּמַעֲמַקֵּי הַלֵּב; לֹא יָצְאוּ הַחוּצָה וְלֹא
בָּאוּ לִכְלָל בִּטּוּי, מִפְּנֵי סִבּוּכֵי תֹהוּ, וּמִפְּנֵי טְרָדוֹת מַעֲשִׂיּוֹת וְלִמּוּדִים שׁוֹנִים. אֲבָל
דְּחִיקַת הַנְּשָׁמָה נוֹרָאָה הִיא. וְהִנְנִי מוֹצֵא אֶת עַצְמִי כְּבָר מֻכְרָח לְהַבִּיעַ אֵיזֶה דָּבָר,
מִתּוֹךְ הַלְּחִיצָה הָרוּחָנִית. קְרָאתִיךָ מִצָּרָה ד' וַתַּעֲנֵנִי.

⁓

1. Psalms 19:6.
2. Habakkuk 2:2. The word *"be'er"* means a well of water, thus there is a double en-
tendre. See Rav Kook's introduction to *'Eyn AYaH*, ed. Rabbi Ya'akov Filber, vol. 1
(Jerusalem, 1987), p. 14.

propositions, conventions. All of these are peripheral; in no way are they capable of holding back the race of the spirit. Furthermore, the spirit, at the crest of its waves, cannot be detained anymore by these acquisitions; [cannot allow them] to take control of its enterprise. [The spirit] must move its storms; must push its suns and stars which carry the weight of the world, and require constant motion at a fast pace, without cease, without obstacles. Give greatness to the flowing creation, which strides upright, which proudly takes giant steps, and runs "like an athlete runs the course."[1]

How many thoughts were suffocated during the time that I did not write any matters of thought? However, they are certainly deposited in the depth of the soul; they did not perish. But the waters must constantly be drawn, in order to avail, to provide drink for a vast multitude. And the thoughts must flow, in order to be actualized. "Write the vision and explain (*ba'er*) on the tablets."[2]

For a long time, my inner thoughts and feelings were repressed in the depths of the heart. They did not come out and were not expressed because of complications, and because of practical preoccupations and various studies. But the press of the soul is awful. And I already find myself forced to express something because of the spiritual pressure.
"I called You from trouble, Lord, and You answered me."[3]

---

3. Cf. Jonah 2:3.

לִבִּי הוֹמֶה בְּקִרְבִּי עַל כָּל אֵלֶּה הַמַּחֲשָׁבוֹת הָאֲצִילִיּוֹת, הַגְּנוּזוֹת בַּלֵּב פְּנִימָה, שֶׁאֵינִי מוֹצִיא אוֹתָן מֵהֶהָעְלֵם אֶל הַגָּלוּי. וַהֲלֹא הֵן הֵנָּה מַרְגָּלִיּוֹת טוֹבוֹת מֵאוֹצַר הַנְּשָׁמָה, הָעוֹלוֹת לְמַעְלָה בְּעֶרְכָּן מִכָּל דְּבָרִים שֶׁל חִדּוּשׁ וְהִתְפַּלְסְפוּת עֲשׂוּיָה עַל־יְדֵי עֲמַל הַשֵּׂכֶל וִיגִיעַת הַמַּחֲשָׁבָה.

~

הָאַכְזָרִיּוּת עַל הַיְלָדִים שֶׁל הָרוּחַ שֶׁהוֹלְכִים וְנֶאֱבָדִים, מִפְּנֵי שֶׁאֵינֶנִּי מְחַיֶּה אוֹתָם לְהַלְבִּישׁ אוֹתָם בַּבִּטּוּיִים הָרְאוּיִים לָהֶם, שֶׁיּוּכְלוּ עַל־יָדָם לְהִתְגַּלּוֹת בְּכָל הָאֹפִי שֶׁלָּהֶם, אוֹתָהּ הָאַכְזָרִיּוּת הִיא מְמָרֶרֶת אֶת לִבִּי, וּמְמַלְאָה אוֹתִי לֵאוּת רוּחָנִית וְקֶצֶף נַפְשִׁי גָּדוֹל. זֶהוּ הֵד הַקּוֹל מֵהַ"אוֹי לָהֶם לַבְּרִיּוֹת מֵעֶלְבּוֹנָהּ שֶׁל תּוֹרָה"[4], הַיּוֹצֵאת בְּכָל יוֹם מֵהַר חוֹרֵב, אֲשֶׁר כָּל אִישׁ שׁוֹמֵעַ אֶת שִׁמְעָהּ בְּמַשְׁכִּיּוֹת לִבּוֹ, וְהַכֹּל תָּלוּי עַד כַּמָּה עֹמֶק הוּא הָרֹשֶׁם הַנִּשְׁאָר מֵאוֹתָהּ הַשְּׁמִיעָה. אָמְנָם הַתְּשׁוּבָה הִיא בָּאָה מִתּוֹךְ הַקְשָׁבָה זוֹ, וְהָרַחֲמִים הָרַבִּים עַל הַמַּחֲשָׁבוֹת הַנֶּחֱנָקוֹת הֵם יְבִיאוּנִי לִתְשׁוּבָה, לְוִרְיוֹת פְּנִימִית, לְבַטֵּא בְּהַרְחָבָה, בְּדִיָּקְנוּת, בִּפְרוֹטָט, אֶת אֲשֶׁר תַּצְמִיחַ נִשְׁמָתִי בְּכָל עֵת מֵהֲמוֹן הָרְגָשׁוֹת וְהַשְּׁאִיפוֹת הָאִידֵאָלִיּוֹת, אֲשֶׁר יֵשׁ בָּהֶן בְּרָכָה לַיָּחִיד וְלָרַבִּים, לְיִשְׂרָאֵל וְלָאָדָם. לֹא אוֹמַר עוֹד לְלִבָּבִי לִהְיוֹת תּוֹהֶה וְשׁוֹמֵם, אוֹ עָסוּק כֻּלּוֹ בְּתָכְנִים שֶׁהֵם אֵינָם עַצְמִיּוּתָהּ שֶׁל עֲרִיגַת נִשְׁמָתִי. רַק שׁוֹב אָשׁוּב אֶל אוֹתוֹ [הַתֹּכֶן] הַפְּנִימִי הַטָּהוֹר, אֲשֶׁר רוּחִי בְּקִרְבִּי תָּמִיד תְּשַׁחֵר אוֹתוֹ. "וְאֵרַשְׂתִּיךְ לִי לְעוֹלָם, וְאֵרַשְׂתִּיךְ לִי בְּצֶדֶק וּבְמִשְׁפָּט, וּבְחֶסֶד וּבְרַחֲמִים. וְאֵרַשְׂתִּיךְ לִי בֶּאֱמוּנָה וְיָדַעַתְּ אֶת־ד'".

~

מָה אוּכַל לַעֲשׂוֹת עִם הַמַּחֲשָׁבוֹת הַשּׁוֹטְפוֹת. לִבִּי דוֹאֵג עַל אֲשֶׁר הֵן אֵינָן נִכְתָּבוֹת, עַל אֲשֶׁר הֵן אֵינָן נֶחֱרָתוֹת וּמִתְגַּלְּמוֹת. דּוֹמֶה לִי כְּאִלּוּ הֵן פּוֹרְחוֹת לָרוּחַ. אֲבָל אִם אֲנַסֶּה לְגַלְּמָן, הָאוּכַל? הֲיֵשׁ לִי בִּטּוּי עַל אוֹתָם צִיּוּרֵי הַנֶּפֶשׁ הַפְּנִימִיִּים, שֶׁהֵם

---

4. Mishna Avot 6:2.

My heart within is distressed on account of all the noble thoughts hidden within the heart that I do not reveal. Are they not precious gems from the treasury of the soul, greater in value than all the inventions of philosophy arrived at by the hard work of reason and the toil of thought?

～

The cruelty toward the "children of the spirit" that go lost because I do not give them life by clothing them in the expressions that they deserve, by which they may be revealed in full character – that cruelty embitters my heart, and fills me with a spiritual weariness and a great anger. This is an echo of the voice, "Woe to people because of the insult of the Torah," that is every day emitted from Mount Horeb.[4] Everyone hears the voice in the windows of the heart, and all depends on how deep is the impression left by that hearing. But return (*teshuvah*) results from this listening, and the great compassion for the suffocated thoughts will bring me to return (*teshuvah*) to an inner alacrity, to express at length, with precision, with specificity, that which my soul produces at any time: the multitude of feelings and ideal aspirations that contain blessing for the individual and the collective, for Israel and mankind. No longer shall I say to my heart to be void and desolate or totally occupied with contents that are not the essence of my soul's longing. But I shall return to the pure inner [content], which my spirit within constantly cherishes.

"And I will betroth you to Me forever, and I will betroth you to Me with righteousness and with justice, and with lovingkindness and with compassion. And I will betroth you to Me with faithfulness, and you will know the Lord."[5]

～

What can I do with the flowing thoughts? In my heart I worry that they are not written down, that they are not etched and embodied. It seems to me as if they evaporate into the air. But if I try to embody them, will I

---

5. Hosea 2:21–22.

הֵם הַמְזַעְזְעִים אוֹתִי, וְהֵם הֵם הַדּוֹרְשִׁים מִמֶּנִּי אֶת הִתְגַּלְּמוּתָם? וְכִי יָכוֹל אֲנִי לְמַלֹּאות אֶת חֶפְצָם שֶׁל בְּנֵי רֶשֶׁף הַלָּלוּ? עַל זֶה מְכָרֵחַ אֲנִי לְהָשִׁיב לֹא וְלֹא. וְאִם אָבוֹא לְמַלֹּאות אַחֲרֵי הַדְּרִישָׁה הַפְּנִימִית הַזֹּאת, הַצּוֹרֶבֶת תָּמִיד אֶת לִבִּי – לֹא אֶת הַדְּרִישָׁה הָאֲמִתִּית אֲנִי מְמַלֵּא, כִּי לֹא אוֹתָן הַמַּחֲשָׁבוֹת הַסְּפוּנוֹת, הַקּוֹרְאוֹת אוֹתִי לְהַגְלָמַת יְצִירָתָן, אֲנִי מַגְלִים, רַק אֶת הֵד הָרָחוֹק, אֶת צֵל-צִלָּן. וּמָה אֶעֱשֶׂה? נִכְסָפָה וְגַם כָּלְתָה נַפְשִׁי לְחַצְרוֹת אֱלֹהַי, לִבִּי וּבְשָׂרִי יְרַנְּנוּ אֶל אֵל חָי. "אָז אָמַרְתִּי הִנֵּה-בָאתִי בִּמְגִלַּת-סֵפֶר כָּתוּב עָלָי. לַעֲשׂוֹת-רְצוֹנְךָ אֱלֹהַי חָפָצְתִּי, וְתוֹרָתְךָ בְּתוֹךְ מֵעָי. בִּשַּׂרְתִּי צֶדֶק בְּקָהָל רָב, הִנֵּה שְׂפָתַי לֹא אֶכְלָא, ד' אַתָּה יָדָעְתָּ". אַתָּה יָדָעְתָּ, וְרַק אַתָּה יָדָעְתָּ, וַאֲנִי הֶחֱשֵׁיתִי מִטּוֹב וּכְאֵבִי נֶעְכָּר, עַד אֲשֶׁר תְּרַפֵּא אֶת כְּאֵבִי, עַד אֲשֶׁר עַל הַנַּחַל יַעֲלוּ עַל-שְׂפָתוֹ מִזֶּה וּמִזֶּה כָּל-עֵץ-מַאֲכָל, וְהָיָה פִרְיוֹ לְמַאֲכָל וְעָלֵהוּ לִתְרוּפָה, לְהַתִּיר פֶּה אִלְּמִים. וְהַנַּחַל בָּא הוּא מֵהַמַּעְיָן אֲשֶׁר יֵצֵא מִבֵּית ד' וְהִשְׁקָה אֶת נַחַל הַשִּׁטִּים. "אָז יְדַלֵּג כָּאַיָּל פִּסֵּחַ וְתָרֹן לְשׁוֹן אִלֵּם". "וּלְבַב נִמְהָרִים יָבִין לָדַעַת, וּלְשׁוֹן עִלְּגִים תְּמַהֵר לְדַבֵּר צָחוֹת".

࿏

מִי זֶה יַעֲצֹר בַּעֲדִי, מַדּוּעַ לֹא אֲגַלֶּה עַל הַכְּתָב אֶת כָּל שַׂרְעַפַּי, אֶת כָּל הֲגִיגֵי נַפְשִׁי הַיּוֹתֵר טְמִירִים? מִי הוּא הַמְעַכֵּב, מִי הוּא הָאוֹסֵר אֶת הָרַעְיוֹן בְּתוֹךְ קְלִפָּתוֹ, וְאֵינוֹ

6. Psalms 84:3.
7. Ibid., 40:8–10.
8. Ibid., 39:3.
9. Ezekiel 47:12.

be able? Do I have expression for those inner pictures of the soul which rattle me and seek from me their embodiment? Can I satisfy the want of these thoughts? To this I must answer: No! No! And if I should come to satisfy this inner request that forever sears my heart – I would not be filling the true request, for I would not be embodying those hidden thoughts that appeal to me for embodiment, but their remote echo, the shadow of their shadow. So what shall I do?

"My soul yearns, even pines for the courts of the Lord; my heart and my flesh shall sing unto the Living God."[6]

"Then I said, 'Behold, I came with a scroll of a book written for me. I want to do Your will, my God; and your Torah is within my stomach. I have announced righteousness in a congregation of many, I did not close my lips; Lord, You know.'"[7]

You know, and only You know.

"I was silent from [speaking] good, and my pain was held back."[8]

Until You heal my pain, until "by the stream, upon the bank thereof, on this side and on that side, shall rise up every tree for food ... and the fruit thereof shall be for food, and the leaf thereof for healing (*li-terufah*)."[9] "To free the mouth (*lehatir peh*) of the mute."[10]

And the stream comes from "the spring that will go out from the House of the Lord and water the stream of Shittim."[11]

"Then the lame man shall leap as a hart, and the tongue of the dumb shall sing."[12]

"And the heart of the rash shall understand to know, and the tongue of the stammerer shall be quick to speak plainly."[13]

❦

Who is it that holds me back? Why do I not reveal in writing all my thoughts, all my most hidden thoughts? Who is it that prevents? Who is it that binds the thought within its shell, not allowing it to go out to the

---

10. Menaḥot 98a. *"Lehatir peh"* is the rabbinic play on the word *"li-terufah."*
11. Joel 4:18.
12. Isaiah 35:6.
13. Ibid., 32:4.

מְנִיחוֹ לָצֵאת לַאֲוִיר הָעוֹלָם? מִי הוּא הַמְחַנֵּק אֶת הַיְפָעוֹת שֶׁל חַיֵּי הַנֶּפֶשׁ, וְאֵינוֹ מְנִיחָם לְהִתְגַּלּוֹת בְּכָל פְּאֵר שֶׁלַּל צִבְעֵי אוֹרוֹתֵיהֶם? כֹּחוֹתַי הָרוּחָנִיִּים בְּקִרְבִּי שׁוֹאֲגִים מֵרֹב יְגוֹנָם. הֵם מֵרְגִּישִׁים אֶת עַצְמָם כַּאֲסִירִים יוֹשְׁבֵי כֶלֶא. וַאֲסִירֵי עֳנִי אֵלֶּה, הֵם קוֹבְלִים, כִּי לֹא בְּצֶדֶק וְלֹא בְמִשְׁפָּט הֵם אֲסוּרִים. הַדִּין עִמָּם, וְהַיֹּשֶׁר וְהַצֶּדֶק הוּא עַל צִדָּם. הֵם אוֹמְרִים לְהִתְפָּרֵץ בְּכֹחַ, לְהַפִּיל קִירוֹת בֵּית שִׁבְיָם, לָצֵאת לְחֵרוּת עוֹלָם, לָרֹן בְּרוּם קוֹל אֶת רִנָּתָם הַגְּדוֹלָה, הַקְּדוֹשָׁה, הָעֶלְיוֹנָה, מְלֵאָה עֹז הַחַיִּים, חַיֵּי הַקֹּדֶשׁ וְהַטֹּהַר, חַיֵּי הַתִּפְאֶרֶת, חַיֵּי צַדְלַת כָּל עוֹלָמִים, חַיֵּי גְאוֹן ד', אֲשֶׁר בּוֹ יִתְעַנְּגוּ בְּרָב טוּב. הוֹי, מָתַי, מָתַי תָּבוֹא גְאֻלָּתָם? מָתַי, מָתַי אֶהְיֶה מְדַבֵּר וְכוֹתֵב אֶת כָּל אֲשֶׁר יִרְחַשׁ לִבִּי? "אֲדַבְּרָה וְיִרְוַח־לִי". "תְּהִלַּת ד' יְדַבֶּר פִּי". וְהִנֵּה יָדַי כָּל אֲשֶׁר הַלֵּב הוֹגֶה, וְהָעֵט יְפָרֵשׂ אֶת כָּל הַגָּנוּז בְּמַעֲמַק הָרַעְיוֹן, וּמֵאֲפֵלָה יֵצֵא אוֹר, אוֹר, אוֹר, אוֹר, "ד' אוֹרִי וְיִשְׁעִי, מִמִּי אִירָא". "ד' אוֹר לִי".

❧

הִנְנִי צָרִיךְ לְשַׁחְרֵר אֶת סְפְרוֹתִי מִכְּבָלֶיהָ. מִפְּנֵי מָה אֵינִי יָכוֹל לִכְתֹּב אֶת עֹמֶק רַעְיוֹנוֹתַי בְּדֶרֶךְ יְשָׁרָה, בְּלֹא סִבּוּךְ, בְּלֹא הַרְכָּבָה יְתֵרָה, כִּי־אִם דְּבָרִים כְּמַשְׁמָעָם, לְהַגְלִימָם כְּפִי סֵדֶר יְצִירָתָם – זֶהוּ סוֹד מֻסְתָּר. נָעוּ מַעְגְּלוֹתָיו שֶׁל אֹרַח הַחַיִּים, וְ"טִלְטֵל הַקָּדוֹשׁ בָּרוּךְ הוּא שְׁבִילֶיהָ שֶׁל תּוֹרָה". מְנִיעוֹת גְּדוֹלוֹת עוֹמְדוֹת נֶגֶד כָּל הִתְגַּלּוֹת רוּחָנִית עֶלְיוֹנָה, שֶׁלֹּא תוֹפִיעַ בְּכָל הַרְחָבָתָהּ. אֵין הָעוֹלָם כְּדַאי לְאוֹרָה יְתֵרָה. אֲבָל אָנוּ חַיָּבִים לְלחֹם עִם הַמְּנִיעוֹת. עֹמֶק הַחֶסֶד יְנַצֵּחַ אֶת הַכֹּל, עַרְפְלֵי הַמַּחֲשַׁכִּים יָסוּרוּ, יָנוּסוּ הַצְּלָלִים, וּכְבוֹד ד' וְאוֹרוֹ יוֹפִיעַ. "כֹּהֲנֶיךָ יִלְבְּשׁוּ־צֶדֶק

14. Job 32:20.
15. Psalms 145:21.
16. Ibid., 27:1.
17. Micah 7:8.

world? Who is it that strangles the beauties of soul-life and does not let them be revealed in all their glorious colors? My spiritual powers within roar from agony. They feel like prisoners. And these prisoners complain that they are held unjustly. They are right; justice is on their side. They think to break out by force, to break down the walls of their prison, to go free, to sing aloud their great, holy, joyous song, full of vitality – a life of holiness and purity, a life of glory, a life of cosmic joy, a life of pride of the Lord in which they may delight. Oh, when, when will their redemption arrive? When, when will I be speaking and writing all that my heart thinks?

"I will speak, that I may find relief."[14]

"My mouth will speak the praise of the Lord."[15]

And the mouth will speak all that the heart thinks, and the pen will clarify all that is hidden in the depth of the thought. And from darkness will come out light, light, light, light.

"The Lord is my light and my salvation. Whom shall I fear?"[16]

"The Lord is a light unto me."[17]

◦

I need to liberate my literature from its chains. Why am I unable to write the depth of my thoughts in a straightforward manner, without complications, without complexity – just things as they sound, embodied in the order of their creation? This is a hidden secret.

"The ways of life have wandered."[18] "The Holy One, blessed be He, has moved around the paths of the Torah [and its portions]."[19]

Great obstacles stand in the way of any higher spiritual revelation, preventing it from appearing in all its breadth. The world is not fit for added light. But we must battle the obstacles. The depth of lovingkindness will vanquish all. The clouds of darkness will lift. The shadows shall flee and the glory of the Lord and His light will appear.

"Your priests will be clothed with righteousness, and Your pious ones will rejoice."[20]

18. Cf. Proverbs 5:6.
19. *Tanḥuma, Terumah* 8.
20. Psalms 132:9.

וַחֲסִידֶיךָ יְרַנֵּנוּ". "עוּרָה כְבוֹדִי עוּרָה הַנֵּבֶל וְכִנּוֹר, אָעִירָה שָּׁחַר. אוֹדְךָ בָעַמִּים ד',
אֲזַמֶּרְךָ בַּלְאֻמִּים. כִּי־גָדֹל עַד־שָׁמַיִם חַסְדֶּךָ, וְעַד־שְׁחָקִים אֲמִתֶּךָ". "אָז אָמַרְתִּי
הִנֵּה־בָאתִי בִּמְגִלַּת־סֵפֶר כָּתוּב עָלָי. לַעֲשׂוֹת־רְצוֹנְךָ אֱלֹהַי חָפָצְתִּי, וְתוֹרָתְךָ בְּתוֹךְ
מֵעָי. בִּשַּׂרְתִּי צֶדֶק בְּקָהָל רָב, הִנֵּה שְׂפָתַי לֹא אֶכְלָא, ד' אַתָּה יָדָעְתָּ".

﹌

לִפְעָמִים יֵשׁ, שֶׁהַדְּאָגָה שֶׁמָּא מַה שֶׁעוֹלֶה עַל דַּעְתִּי כָּעֵת אֵינֶנּוּ דָבָר חָדָשׁ, וְהַכֹּל
יוֹדְעִים אוֹתוֹ זֶה כְּבָר, וְגַם אֲנִי בְּעַצְמִי כְּבָר הָגִיתִי בָזֶה, וְאוּלַי כְּבָר כָּתַבְתִּי כֵן. וּמִתּוֹךְ
כָּךְ נַעֲשָׂה הַחִדּוּשׁ שֶׁל הַמַּחֲשָׁבָה מְזֻלְזָל, וְלֹא נֶעֱרָךְ כָּרָאוּי לִפְנִינִים רוּחָנִיִּים שֶׁבָּאִים
מִנְּטִיפוֹת גַּן הָעֵדֶן אֲשֶׁר לַנְּשָׁמָה. לְהִשָּׁמֵר מֵחִסָּרוֹן זֶה צְרִיכִים לָדַעַת, שֶׁאֵין שׁוּם
אֶפְשָׁרוּת שֶׁלֹּא יִהְיֶה כָּל רַעְיוֹן הַפּוֹרֵחַ בַּנְּשָׁמָה, שָׁוֶה מַמָּשׁ לְרַעְיוֹן אַחֵר שֶׁכְּבָר פָּרַח
מֵאָז. הַנִּצָּנִים מִתְחַלְּפִים בִּתְכוּנָתָם. וְגַם בָּעוֹלָם הַגַּשְׁמִי אֵין דָּבָר דּוֹמֶה מַמָּשׁ לַחֲבֵרוֹ,
וְקַל־וָחֹמֶר בָּעוֹלָם הָרוּחָנִי. עַל־כֵּן בְּכָל עֵת וָרֶגַע שֶׁחִדּוּשׁ מַחֲשָׁבָה מִתְנוֹצֵץ בָּרַעְיוֹן,
צְרִיכִים לְהוֹקִירוֹ וְלָדַעַת כִּי זֶהוּ חִזָּיוֹן חָדָשׁ, שֶׁמֵעוֹלָם לֹא הוֹפִיעַ בָּעוֹלָם, וּלְקַבְּלוֹ
בְּשִׂמְחָה, בַּעֲנָוָה וּבִקְדֻשָּׁה, בִּגְבוּרָה וְתִפְאֶרֶת וְרֹב שָׁלוֹם.

﹌

צָרִיךְ אֲנִי לְהָשִׁיב אֶת שְׁבוּתִי, לְהִתְבּוֹנֵן בַּתּוֹעֶלֶת שֶׁיֵּשׁ בְּכָל אָרְחוֹת הָרְמָזִים
וְהַדֻּגְמָאוֹת, מַה שֶׁמְּדַמִּים דָּבָר לְדָבָר בָּעִנְיָנִים הָרוּחָנִיִּים. וַאֲפִלּוּ כְּשֶׁנִּדְמֶה שֶׁאֵין
מוֹסִיפִים דָּבָר וְשׁוּם רַעְיוֹן חָדָשׁ, אֵין הַדָּבָר כֵּן, כִּי בְּמַה שֶׁמַּעְתִּיקִים אֶת הָעִנְיָנִים
מִמָּקוֹם לְמָקוֹם, מוֹסִיפִים בָּזֶה תְּנוּעָה, חִיּוּנִיּוּת וְאוֹר פְּנִימִי, וְאוֹר חַיִּים חָדָשׁ מַזְרִיחַ

"Awake, my glory; awake, lyre and harp. I will awake the dawn. I will give thanks to You, Lord, among the peoples; I will sing to You among the nations. For Your lovingkindness is great unto the heavens, and Your truth unto the skies."[21]

"Then I said: Behold I came with a scroll of a book written for me. I want to do Your will, my God; and Your Torah is within my stomach. I have announced righteousness in a congregation of many, I did not close my lips; Lord, You know."[22]

◦

Sometimes it occurs to worry lest that which arises in my consciousness today is not something new but [something] that everyone knows already, and I myself have already thought this, and maybe even written it. And as a result of this [concern], the newness of the thought is taken lightly, and not appreciated for [what it is:] spiritual pearls produced by the dripping from the Garden of Eden that is the soul. In order to be on guard against this, it is necessary to know that it is impossible that a conception flowering in the soul be identical to another conception that has already flowered in the past. The blossoms vary in their character. Even in the physical world, no two things are identical; all the more so in the spiritual world. Therefore, whenever a novel thought sparkles, we must honor it and know that this is a new vision that has never appeared in the world, and receive it with joy, humility, and holiness; with courage and pride and abundant peace.

◦

I need to gather in my exiles; to understand the utility of all the hints and examples whereby we compare one thing to another in spiritual matters. And even when it seems that no new thought has been added, it is not so, for by transferring things from locus to locus, we add movement, vitality, and inner light; and a new light of life shines and flows.

---

22. Ibid., 40:8–10.

וְשׁוֹפֵעַ. "דַּדֶּיהָ יְרַוֻּךָ בְכָל־עֵת בְּאַהֲבָתָהּ תִּשְׁגֶּה תָמִיד" – מָה הַדַּד הַזֶּה כָּל זְמַן
שֶׁתִּינוֹק מְמַשְׁמֵשׁ בּוֹ מוֹצֵא בּוֹ חָלָב, כָּךְ דִּבְרֵי תוֹרָה כָּל זְמַן שֶׁהָאָדָם מְמַשְׁמֵשׁ
בָּהֶם מוֹצֵא בָּהֶם טַעֲמֵי תוֹרָה". וְעִם־כָּל־זֶה וַדַּאי שֶׁצְּרִיכִים לַחֲזוֹר וּלְהִשְׁתַּדֵּל שֶׁיִּהְיוּ
הָעִנְיָנִים מְאִירִים יוֹתֵר וְיוֹתֵר, וְחֵפֶשׁ הָרַעְיוֹן שֶׁבְּקָדְשָׁהּ, בְּעֹמֶק הָאֱמוּנָה הַפְּנִימִית,
צָרִיךְ הוּא לְהִתְגַּבֵּר תָּמִיד מִמְּקוֹר הַקֹּדֶשׁ, כְּדֵי שֶׁתִּתְמַלֵּא הַמַּחֲשָׁבָה עֵצָה וּתְבוּנָה.
"חֲדָשִׁים לַבְּקָרִים רַבָּה אֱמוּנָתֶךָ". אֲבָל גַּם אִם מַרְגִּישִׁים רַק הַעְתָּקַת מַחֲשָׁבָה
בְּשִׁנּוּיֵי סְגְנוֹנִים, נֵדַע שֶׁגַּם כָּאן יֵשׁ אוֹר וְחַיִּים, וְנִשְׂמַח בָּהֶם כְּמוֹצֵא שָׁלָל רָב.

~

יוֹתֵר טוֹב לְפָנַי לִדְלוֹת גַּרְגְּרֵי אוֹרוֹת שֶׁל בְּרָקִים, מִלִּהְיוֹת מַאֲרִיךְ בְּתֵאוּרִים
מְשֻׁלָּבִים. הַבְּרָקִים בָּאִים מִתּוֹךְ הַזֹּהַר הַפְּנִימִי שֶׁל הַנְּשָׁמָה בְּטִבְעִיּוּתָהּ,
וְהַתֵּאוּרִים הַמְשֻׁלָּבִים בָּאִים כְּבָר מִתּוֹךְ מַחֲשָׁבָה וְאָמָנוּת עֲשׂוּיָה. אָמְנָם גַּם זֶה
הוּא בִּכְלָל "טוֹב אֲשֶׁר תֶּאֱחֹז בָּזֶה וְגַם־מִזֶּה אַל־תַּנַּח אֶת־יָדֶךָ, כִּי־יְרֵא אֱלֹהִים
יֵצֵא אֶת־כֻּלָּם".

~

יוּכַל לִהְיוֹת, שֶׁאִם אֶכְתֹּב בְּעַד עַצְמִי וְאוֹדוֹת עַצְמִי, יַחְשְׂפוּ לְפָנַי נַחֲלֵי אֱמֶת הַרְבֵּה
יוֹתֵר טְהוֹרִים וַעֲמֻקִּים, מִכָּל מַה שֶּׁאוּכַל לַחֲשֹׁב לְגַלּוֹת עַל־יָדָם אֱמֶת אֱמֶת וְחִדּוּשׁ.

~

23. Proverbs 5:19.
24. Eiruvin 54b.
25. Lamentations 3:23.

"Her breasts will satiate you at all times; with her love you will forever be ravished."[23]

"Just like this breast, whenever an infant grasps it, he finds therein milk – so words of Torah, whenever a man grasps them, he finds in them a taste of Torah."[24]

And with all of this, we must certainly strive that the subjects are more illuminating, and the freedom of thought that exists in holiness, in the depth of inner faith, must forever well up from the source of holiness, in order that the thought be full of counsel and understanding.

"They are new in the morning, great is Your faithfulness."[25]

But even if we perceive only a translation of thought in different styles, we must know that here too there is light and life. And we shall rejoice in them "as one who finds great spoil."[26]

~

It is better to draw particles of lightning flashes than speaking at length of intricate descriptions. The flashes come from the inner splendor of the soul in its natural state, while the intricate descriptions already proceed from artificial thought. But this [situation] too is included [in the adage:] "It is good that you hold onto this, and from this too do not withdraw your hand, for one who fears God will avail himself of them all."[27]

~

It is possible that if I write for myself and about myself, there will be uncovered before me streams of truth much purer and deeper than I could think to reveal.

~

26. Psalms 119:162.
27. Ecclesiastes 7:18.

אִי־אֶפְשָׁר לִי לַעֲזֹב אֶת הַסִּפְרוּת, אֶת הָאָמָּנוּת הַמַּחֲשַׁבְתִּית, וְאֶת בִּטּוּיֶיהָ. אִי־
אֶפְשָׁר לִי לְהִפָּטֵר מֵאוֹתָהּ הָעֲבוֹדָה הַנִּשְׁמָתִית, שֶׁהִיא כָּל־כָּךְ חֲדוּרָה בְּרוּחִי,
וְלַמְרוֹת כָּל הַמַּעְצוֹרִים שֶׁאֲנִי פּוֹגֵשׁ בְּמַהֲלַךְ מַחְשְׁבוֹתַי וּמְאֹרְעוֹת חַיַּי, הִנְנִי מֻכְרָח
לָשׁוּב אֶל הַסִּפְרוּת וְלַעֲבֹד אֶת עֲבוֹדָתָהּ. אָמְנָם צָרִיךְ אֲנִי לִמְצֹא אֶת הַתְּכָנִים
הַנּוֹעָדִים בַּעֲדִי, אֶת אוֹתָן הַנְּקֻדּוֹת שֶׁל הָאֱמֶת הַמּוּכָנוֹת לִי לְגִלּוּתָן, וְהֵן מְיֻסָּדוֹת
תָּמִיד עַל הָעֵרֶךְ שֶׁל הַקֹּדֶשׁ, הַקֹּדֶשׁ בַּחַיִּים הַפְּרָטִיִּים וּבַחַיִּים הַכְּלָלִיִּים, הַקֹּדֶשׁ
בַּמַּעֲשִׂים, הַקֹּדֶשׁ בָּרְגָשׁוֹת וְהַקֹּדֶשׁ בַּמַּחֲשָׁבוֹת, הַקֹּדֶשׁ בְּמַהֲלַךְ הַצִּבּוּר וּבְמַהֲלַךְ
הַיָּחִיד, הַקֹּדֶשׁ שֶׁבַּהִתְחָיָה הַלְאֻמִּית בְּכָל גְּוָנֶיהָ. כְּשֶׁאֲנִי מְדַבֵּר בְּעִנְיְנֵי הַקֹּדֶשׁ, הִנְנִי
מְדַבֵּר מִתּוֹךְ עַצְמִיּוּתִי, מִתּוֹךְ כָּל הֶמְיַת חַיַּי. וְזֶה לִי הָאוֹת שֶׁהַנְּקֻדָּה הַזֹּאת, נְקֻדַּת
הַקֹּדֶשׁ, הִיא הַמְרַכֶּזֶת אֶת כָּל הֲגִיוֹנוֹתַי, וּבָהּ, וְרַק בָּהּ, אֲשִׂיחָה וְיִרְוַח לִי.

It is impossible for me to abandon literature, the art of thinking and its expressions. It is impossible for me to quit that soul-work that so saturates my spirit, and despite all the blocks that I encounter on the way of my thoughts and the events of my life, I am forced to return to literature and to work in its service. However, I need to find the contents that are destined for me, those points of truth ready for me to discover. And [those points] are always based on the value of the holy – the holy in private life and in collective life; the holy in deeds; the holy in feelings and the holy in thoughts; the holy in the process of the community and in the process of the individual; the holy in the national renascence in all its hues. When I speak about matters of the holy, I speak from my essence, from all the passion of my life. And this is a sign for me that this point, the point of the holy, is that which concentrates all my thoughts, and through [this point], and only through [this point], I will talk that I may find relief.

מַעְיַן הַקֹּדֶשׁ

אֲנִי מֵבִין אֵיךְ הָעֲרִיגָה הַיּוֹתֵר עֶלְיוֹנָה שֶׁבַּחַיִּים הִיא לְהַשְׁלֵמוּת הַנִּשְׁמָתִית הַיּוֹתֵר
גְּמוּרָה. וְהַשְׁלֵמוּת הַנִּשְׁמָתִית הַיִּשְׂרְאֵלִית הִיא בַּעֲלַת כֹּחַ עֶלְיוֹן, וּבַעֲלַת חֵפֶץ אַדִּיר,
וְהִיא מַרְגֶּשֶׁת אֶת עָצְמַת חֵילָהּ. וְיוֹדַעַת הִיא הַנְּשָׁמָה שֶׁתִּתְאַחֵד בְּאוֹר ד׳ עַל־יְדֵי
הִגָּלְמַת כָּל חַיֶּיהָ עַל־פִּי הַתּוֹרָה וְהַמִּצְוָה, עַל־כֵּן אוֹהֶבֶת הִיא אֶת הַמִּצְווֹת עַד אֵין
חֵקֶר. וְהִנְנִי מַרְגִּישׁ אַהֲבָתִי לַמִּצְווֹת, וְשִׂמְחָתִי הַפְּנִימִית בָּהֶן מֵרֹב כֹּל.

❧

נְחָלִים גְּדוֹלִים מִשְׁתַּפְּכִים בִּלְבָבִי, מַעְיָנוֹת גְּדוֹלִים רַחֲבֵי יָדַיִם נִפְתָּחִים לְפָנַי.
הַתּוֹרָה, הַמִּצְווֹת, וְאוֹרוֹתֵיהֶם, הוֹלְכִים וּמַזְרִיחִים עָלַי אֶת זֹהַר קַוֵּיהֶם. אַשְׁרֵי חֶלְקִי,
כִּי אֱמוּנָה גְדוֹלָה, אֱמוּנַת אֵל חֵי־הָעוֹלָמִים, אֵל אֱלֹהֵי יִשְׂרָאֵל, אֱלֹהֵי עוֹלָם ד׳, הִיא
חֶלְקִי וְחֶבֶל נַחֲלָתִי, גּוֹרָלִי וְכוֹסִי, יִשְׁעִי וְחֶפְצִי. הַכֹּל מִצְטַיֵּר לְפָנַי בְּשִׁיטָה שְׁלֵמָה
וּמְבֹהֶקֶת. שְׂפָתַי קְצָרָה וַעֲיֵפָה מִגַּלּוֹת עַל־יָדָהּ גַּם קְצֵה־קְצָתָהּ מֵרַעֲנַנּוּת אוֹר

The Wellspring of the Holy

I understand how the highest longing of life is for the most complete wholeness of soul. And the Israelite wholeness of soul possesses a higher power, and a mighty desire, and it feels the might of its power. And the soul knows that it may unite with the light of the Lord by making its entire life an embodiment of Torah and commandments. Therefore, [the soul] loves the commandments beyond investigation. And I feel my love for the commandments, and my inner joy in them is abundant.

❧

Great streams pour in my heart; great, wide wellsprings open before me. The Torah, the commandments, and their lights shine upon me the splendor of their rays. Fortunate is my portion, for a great faith, the faith of God, Life of the universe; God of Israel; God of the world; the Lord, is my portion and my inheritance, my lot and my cup, my salvation and my desire. All is illustrated before Me in a complete, shining method. My tongue is too tired and too short to reveal even the tip of the tip of the freshness of the light of spiritual life that fills my interior.

הַחַיִּים הָרוּחָנִיִּים, הַמְמַלְּאִים אֶת כָּל קִרְבִּי. "כָּל עַצְמֹתַי תֹּאמַרְנָה ד׳ מִי כָמוֹךָ".
"וַאֲנִי אָשִׁיר עֻזֶּךָ וַאֲרַנֵּן לַבֹּקֶר חַסְדֶּךָ".

～

נָשִׁיר, נְזַמֵּר, נַרְגִּישׁ, נַשִּׂיג, נִבְכֶּה, נִרְקֹד, נַעֲלֹז. "וַאֲנִי בַּד׳ אֶעֱלוֹזָה אָגִילָה בֵּאלֹהֵי יִשְׁעִי".
"הַנֹּתֵן נְקָמֹת לִי", "וְעַל־בָּמֹתַי יַעֲמִידֵנִי". "מַגְדִּל יְשׁוּעוֹת מַלְכּוֹ וְעֹשֶׂה־חֶסֶד לִמְשִׁיחוֹ
לְדָוִד וּלְזַרְעוֹ עַד־עוֹלָם".

～

מָלֵא שִׂמְחָה אֲנִי, מָלֵא גְדֻלָּה, מָלֵא שְׁפָלוּת, מָלֵא מְרִירוּת, מָלֵא נֹעַם, מָלֵא עֹנֶג,
מָלֵא אַהֲבָה, מָלֵא קִנְאָה, מָלֵא זַעַם, מָלֵא חֶסֶד, מָלֵא טוֹב לַכֹּל. אַשְׁרֵי אָדָם שׁוֹמֵעַ
לִי. אַשְׁרֵי נוֹתֵן לִי אֶת הָעֵרֶךְ הַפְּנִימִי הָרָאוּי לִי לְפִי חֶמְדַּת סְגֻלָּתִי. הוּא יְרוֹמַם אַף
יִנָּשֵׂא, יִשָּׂגֵּב מִכָּל עֹנִי, יִתְקַדֵּשׁ וְיִטְהַר, וַד׳ אֱלֹהִים עִמּוֹ.

～

מַבְרִיק בָּרָק לְעֵינַי מִגְּדֻלַּת הַתּוֹרָה וְאָשְׁרָהּ. כַּמָּה עֹז וְתִפְאֶרֶת, כַּמָּה אוֹרָה מְסֻדָּרָה,
מוֹפַעַת עַל־יְדֵי כָּל עֵסֶק שֶׁל תּוֹרָה. כַּמָּה יְדִיעַת הַתּוֹרָה הַנִּקְלֶטֶת בַּתְּחִלָּה, עוֹמֶדֶת
בְּכָל עֵת צָרָה, עַד הִיא מַבְטִיחָתוֹ אֲשֶׁר וְנָחַת. מֵעֵת הַהַבְרָקָה אֵדַע לְהַעֲרִיךְ

---

1. Psalms 35:10.
2. Ibid., 59:17.
3. Habakkuk 3:18.
4. Psalms 18:48.

"All my bones shall say, 'Lord, who is like You?'"[1]

"And I will sing of Your strength, and I will proclaim Your loving-kindness in the morning."[2]

❧

We shall sing, feel, apprehend, cry, dance, rejoice.

"And I will rejoice in the Lord, I will exult in the God of my salvation."[3]

"[The God] that executes vengeance for me."[4]

"And stands me upon my high places."[5]

"A tower of salvations of His king, and performs lovingkindness for His anointed, for David and his seed for evermore."[6]

❧

I am full of happiness, full of greatness, full of lowliness, full of bitterness, full of pleasantness, full of joy, full of love, full of envy, full of anger, full of lovingkindness, full of goodness to all.

"Happy is a man who listens to me."[7]

Happy is one who credits me with the inner value that behooves me according to my peculiar treasure. He will be uplifted, raised beyond all poverty, will become sanctified and purified, and the Lord God [will be] with him.

❧

There flashes before my eyes a flash of the greatness of the Torah and its fortune. How much might and glory; how much orderly light appears through the engagement with Torah! How the knowledge of Torah absorbed in the beginning stands in every time of trouble, promising

---

5. Ibid., 18:34.
6. II Samuel 22:51; Psalms 18:51.
7. Proverbs 8:34.

בְּהַכָּרָה אֶת הָעֹמֶק שֶׁבַּחַיִּים אֲשֶׁר לְשׁוֹקְדֵי תוֹרָה, אַשְׁרֵי חֶלְקָם. וּכְשֶׁהַתּוֹרָה הִיא
לִשְׁמָהּ, כְּפִי גֹּדֶל הַמַּחֲשָׁבָה וְעוּזָהּ, כַּמָּה הָאֹשֶׁר מִתְכַּפֵּל, כַּמָּה חַיִּים מִתְאַדְּרִים,
אַשְׁרֵי הוֹגֵי תוֹרָה, אַשְׁרֵי הַחַיִּים בְּזִיו כְּבוֹדָהּ.

~

תּוֹרָה לִשְׁמָהּ, לְשֵׁם הַתּוֹרָה, לִשְׁאֹב אֶת הָאוֹר מִמְּקוֹר הַתּוֹרָה, אֶת הָאוֹרָה הַחַיָּה
הַכְּלָלִית שֶׁכָּל טוֹב בָּהּ כָּלוּל, לְשֵׁם כָּל יִשְׂרָאֵל, לְהוֹסִיף הֶאָרָה בִּכְנֶסֶת יִשְׂרָאֵל
כֻּלָּהּ, בִּיסוֹד הַהֲוָיָה, בְּתמוּנַת כֹּל שֶׁלְּכָל הַבְּרוּאִים כֻּלָּם, לְאַשֵּׁר וּלְחַזֵּק בְּאֹמֶץ
עֶלְיוֹן אֱלֹהִי אֶת כָּל הַיְצוּרִים וְהַבְּרוּאִים, לְכֻלָּם בִּקְדֻשָּׁה, לְהָאִירָם בְּאוֹר מֶלֶךְ
חַיִּים. אַהֲבַת ד' זוֹ, כְּשֶׁבָּאָה בְּלֵב הָאָדָם בְּעֵת עָסְקוֹ בַּתּוֹרָה, הַשְּׁכִינָה שְׁרוּיָה עָלָיו
וְזוֹרַחַת עָלָיו בְּאוֹר נֹגַהּ תִּפְאַרְתָּהּ. "אַשְׁרֵי הָעָם שֶׁכָּכָה לּוֹ". גַּם אִם רַק צֵל כֵּהֶה
מִגְּדֻלָּה מְפֹאָרָה זוֹ נוֹצֵץ בַּלֵּב, גַּם־כֵּן נִשְׂגָּב הוּא הָאֹשֶׁר. מַה נָּעִים וּמָתוֹק אוֹר קֹדֶשׁ
זֶה שֶׁל תּוֹרָה לִשְׁמָהּ בְּאֶרֶץ הַחַיִּים, בְּאֶרֶץ־יִשְׂרָאֵל, בְּאֶרֶץ חֶמְדָּה, בְּאֶרֶץ אֲשֶׁר
עֵינֵי ד' בָּהּ, בְּאֶרֶץ שֶׁקְּדֻשַּׁת הַשְּׁכִינָה חוֹפֶפֶת עָלֶיהָ בְּגָלוּי. מַה יָּפִית וּמַה נָּעַמְתְּ
אֶרֶץ נְעִימָה, אֶרֶץ מְפֹאָרָה. מִי יִתֵּן לִי אֵבֶר כַּיּוֹנָה לְהִסְתּוֹפֵף מְהֵרָה בַּחֲצֵרוֹתַיִךְ.
"אָנָּא ד' הוֹשִׁיעָה נָּא".

~

---

8. Psalms 144:15.
9. Cf. Deuteronomy 11:12.

happiness and satisfaction. Since that [lightning] flash, I have known the value of the depth of life that comes to diligent students of Torah. How happy is their portion! And when Torah is for its own sake (*li-shmah*), in proportion to the greatness of thought and its boldness, how the good fortune is multiplied; how life is strengthened. Fortunate are the students of Torah. Happy the life in the splendor of its honor.

◆

Torah for its own sake (*Torah li-shmah*), for the sake of the Torah, to draw the light from the source of the Torah – the universal living light in which all good is included – for the sake of all Israel; to add illumination in all of Ecclesia Israel (*Knesset Israel*), in the foundation of existence, in the universal picture of all the creations, to validate and strengthen with a higher Godly fortitude all the creations, to include them in holiness, to illumine them with the light of the Living King. When this love of the Lord enters man's heart at the time of Torah study, the divine presence (*Shekhinah*) rests upon him and shines upon him with the bright light of her glory.

"Happy is the people who have such."[8]

If but a dark shadow of this glorious greatness shines in the heart, the fortune is also sublime.

How pleasant and sweet is this holy light of Torah for its own sake in the Land of Life, in the Land of Israel, in the Land of Delight, in the "land that the eyes of the Lord are upon it,"[9] in the land visibly covered by the sanctity of the divine presence (*Shekhinah*). How lovely, how pleasant are you, pleasant land, glorious land. Who will give me a wing like a dove[10] to quickly take shelter in your courtyards?

"Please, Lord, please save."[11]

◆

---

10. Psalms 55:7.
11. Ibid., 118:25.

אֲנִי צָרִיךְ לְהַאֲמִין הַרְבֵּה מְאֹד בַּצַּד הַטּוֹב שֶׁלִּי, בִּנְקֻדַּת הַקֹּדֶשׁ שֶׁלִּי, בְּמַעְיַן
הַחָכְמָה שֶׁהַקָּדוֹשׁ־בָּרוּךְ־הוּא מַשְׁפִּיעַ עָלַי, עַל־יְדֵי קְדֻשַּׁת הָאוֹת מֵהַתּוֹרָה
שֶׁשַּׁיֶּכֶת לִי, בְּכֹחַ הָרֶגֶשׁ הָעָמֹק שֶׁל קְדֻשָּׁה וְשֶׁל אַהֲבַת הַבְּרִיּוֹת וְאַהֲבַת יִשְׂרָאֵל
שֶׁלִּי, בְּקִשּׁוּרִי לְדַאֲגַת הָעוֹלָם־הַבָּא וְחַיִּים הָרוּחָנִיִּים בִּפְנִימֵי־פְּנִימִיּוּתִי. וְכָל
אֱמוּנַת אֱמֶת אֹמֶן זֹאת לֹא תַשְׁכִּיחַ מִמֶּנִּי מְאוּמָה מִשִּׁפְלוּתִי וְדַלּוּתִי, מְקַלְלוּתִי
וּבְעֲרוּתִי, מֵאֲפִיסַת עֶרְכִּי, מִשִּׁבְרוֹן לְבָבִי, מִמְּאִיסָתִי אֶת עַצְמִי, מֵחֶרְפָּתִי וּבָשְׁתִּי
וּכְלִמָּתִי. "חֶרְפָּה שָׁבְרָה לִבִּי וָאָנוּשָׁה, וָאֲקַוֶּה לָנוּד וָאַיִן, וְלַמְנַחֲמִים וְלֹא מָצָאתִי".
"אֵלֶיךָ ד' אֲדֹנָי עֵינָי", "בְּךָ־ד' חָסִיתִי, אַל־אֵבוֹשָׁה". "אַל־יֵבֹשׁוּ בִי קֹוֶיךָ, ד'
אֱלֹהִים צְבָאוֹת, אַל־יִכָּלְמוּ בִי מְבַקְשֶׁיךָ אֱלֹהֵי יִשְׂרָאֵל". וּלְאִידָךְ גִּיסָא, פְּגָמֵי
הַגְּדוֹלִים, בּוּזִּיִי, חֶרְפָּתִי, סִרְחוֹנִי, מְאִיסָתִי, נְבָלוּתִי וּגְנוּתִי, גְּעוּלִי וְטִנּוּפִי לֹא יְכַהוּ
חַס־וְחָלִילָה אֲפִלּוּ בְּכָל־דְּהוּ מִקְדֻשַּׁת הָאֱמוּנָה הַגְּדוֹלָה בַּחֵלֶק הַטּוֹב הָעֶלְיוֹן,
בִּמְאוֹר הַקֹּדֶשׁ שֶׁבְּנִשְׁמַת אֱלֹהִים חַיִּים, שֶׁזִּקּוּקֵי אוֹרָה מְאִירִים בִּפְנִימִיּוּת רוּחִי
וְנַפְשִׁי, וְלִבִּי וּבְשָׂרִי יְרַנְּנוּ אֶל אֵל חָי.

ع␣

אַף־עַל־פִּי שֶׁנִּתְרַחַקְתִּי וּזְמַנִּים רַבִּים מֵאוֹר הַקְּדֻשָּׁה הַפְּנִימִית, מִפְּנֵי הָרִגְשַׁת חוֹבָה
לִדְבָרִים מַעֲשִׂיִּים, וּבָהֶם גַּם־כֵּן לֹא נֶאֱחַזְתִּי כָּרָאוּי, בְּכָל־זֶה הִנְנִי מוּכָן לְאֶחוֹז בְּעֵץ

12. Cf. Rabbi Naḥman of Breslov, *Likkutei MOHaRaN* I, 282.

13. Rav Kook alludes to the notion that every Jewish soul possesses a letter in the Torah. The mnemonic device is: *Yisrael = Yesh Shishim Ribo Otiyot la-Torah* (There Are Six Hundred Thousand Letters to the Torah.) The problem with this is that the Torah contains nowhere near 600,000 letters (rather, about half that number). See Rabbi Reuven Margaliyot, *Ha-Mikra ve-ha-Mesorah* (Jerusalem: Mossad Harav Kook, 1964), *"Minyan Otiyot ha-Torah,"* pp. 41–46.

I need to believe very much in my good side; in my point of holiness;[12] in the wellspring of wisdom that the Holy One, blessed be He, showers on me, through the holiness of the letter of the Torah that belongs to me;[13] in the power of my deep feeling of holiness and of love of humanity and love of Israel; in my connection to concern for the World to Come and the spiritual life in my inwardness of inwardness. And all of this true belief will not cause me to forget any of my lowliness and my [spiritual] impoverishment, my lightness and my ignorance, my unworthiness, my broken-heartedness, my self-revulsion, my utter shame.

"Shame has broken my heart, and I am deathly ill; and I hoped for some to show compassion, but there was none; and for comforters, but I did not find."[14]

"My eyes are fixed upon You, O God, my Lord."[15]

"In You, O Lord, I have taken refuge; let me never be ashamed."[16]

"Let those who hope for You not be ashamed of me, O Lord, God of Hosts; let those who seek You not be embarrassed by me, O God of Israel."[17]

On the other hand, my great defects, my humiliation, my shame, my stench, my disgust, my debasement, my deplorability, and my filth will not dim in the least, God forbid, the holiness of the great belief in the higher, good part; in the light of holiness in the soul of the Living God, whose sparks enlighten the interior of my spirit and soul.

And "my heart and my flesh shall sing unto the Living God."[18]

∼

Even though many times I was distanced from the light of the inner holiness, because of a feeling of obligation to practical deeds – and in them, too, I was not engaged as much as is proper – nevertheless, I am

---

14. Psalms 69:21.
15. Ibid., 141:8.
16. Ibid., 31:2.
17. Ibid., 69:7.
18. Ibid., 84:3.

הַחַיִּים, וְלָשׁוּב לִשְׁקִיעַת הָאוֹר הָעֶלְיוֹן בְּנֹעַם ד', וִיפְעַת חָכְמַת קֹדֶשׁ, לַמְרוֹת כָּל
הַמַּפְרִיעִים מִבַּיִת וּמִחוּץ.

~

אֲנִי צָרִיךְ לְהִתְנַהֵג בִּנְמִיכוּת רוּחַ וּבְשִׁפְלוּת גְּדוֹלָה, וּבְכָל־זֹאת חָלִילָה לִי לְהִתְיָאֵשׁ
מִכָּל גְּדֻלָּה, מִכָּל מַעֲלָה, מִכָּל בְּרָכָה, מִכָּל קְדֻשָּׁה, מִכָּל אוֹר תּוֹרָה, מִכָּל נֹעַם ד',
מִכָּל הַצְלָחָה, מִכָּל תְּשׁוּעָה, מִכָּל שֶׁפַע קֹדֶשׁ, מִכָּל אוֹרָה וְצָהֳלָה, מִכָּל שִׂמְחָה וָעֹנֶג.
"אוֹר זָרֻעַ לַצַּדִּיק וּלְיִשְׁרֵי־לֵב שִׂמְחָה". "וְהִתְעַנַּג עַל־ד', וְיִתֶּן־לְךָ מִשְׁאֲלֹת לִבֶּךָ. גּוֹל
עַל־ד' דַּרְכֶּךָ וּבְטַח עָלָיו וְהוּא יַעֲשֶׂה".

~

מַזְהִירָה הִיא נִשְׁמַת הָעוֹלָם. מְלֵאָה הוֹד וְיִפְעָה הִיא, מְלֵאָה חַיִּים, גִּנְזֵי נְשָׁמוֹת,
אוֹצְרוֹת רוּחַ הַקֹּדֶשׁ, מַעְיְנֵי גְּבוּרָה, גְּדֻלָּה וְתִפְאֶרֶת. הִנְנִי מִתְנַשֵּׂא בְּגָאוֹן לִמְרוֹם
נִשְׁמַת הָעוֹלָמִים, חֵי־הָעוֹלָמִים. מַה נֶהְדָּר הַמַּחֲזֶה! בֹּאוּ הִתְעַנְּגוּ, בֹּאוּ רְווּ נַחַת,
הִתְעַדְּנוּ בָעֲדָנִים, "טַעֲמוּ וּרְאוּ כִּי־טוֹב ד'". "לָמָּה תִשְׁקְלוּ־כֶסֶף בְּלוֹא־לֶחֶם וִיגִיעֲכֶם
בְּלוֹא לְשָׂבְעָה, שִׁמְעוּ שָׁמוֹעַ אֵלַי וְאִכְלוּ־טוֹב וְתִתְעַנַּג בַּדֶּשֶׁן נַפְשְׁכֶם".

~

19. Ibid., 97:11.
20. Ibid., 37:4–5.
21. Hebrew *gevurah, gedulah ve-tif'eret*. Cf. I Chronicles 29:11.

prepared to hold on to the Tree of Life, and to return to yearning for the supernal light in the pleasantness of the Lord and the beauty of the holy wisdom, despite all the disturbances from within and from without.

~

I need to behave with a contrite spirit and great lowliness, and nevertheless, God forbid that I despair of any greatness, of any quality, of any blessing, of any holiness, of any light of Torah, of any pleasantness of the Lord, of any success, of any salvation, of any holy inspiration, of any light and jubilation, of any happiness and joy.

"Light is sown for the righteous, and gladness for the upright of heart."[19]

"Delight in the Lord, and He shall grant you the requests of your heart. Leave your way to the Lord and trust in Him, and He will do."[20]

~

The soul of the world is shining. It is full of majesty and beauty; full of life, storehouses of souls, treasuries of divine inspiration, wellsprings of strength, greatness, and glory.[21] I ascend with pride to the height of the soul of the worlds, the life of the worlds. How lovely is the sight! Come, enjoy. Come, derive satisfaction, partake of the pleasures.

"Taste and see that the Lord is good."[22]

"Why do you spend money for that which is not bread, and your toil for that which does not satisfy? Listen well to me and eat that which is good, and let your soul delight in fatness."[23]

~

22. Psalms 34:9.
23. Isaiah 55:2.

אֵינִי יָכוֹל לְחַלֵּק חִלּוּק מֻחְלָט בֵּין מָצוּי לְמָצוּי, כִּי־אִם חִלּוּק הַדְּרָגִי. מִתְגַּלֶּה לִי
הַהֲוָיָה בְּכָל הֶקֵּפָהּ, מִיצוּר הַיּוֹתֵר קָטָן עַד הַהוֹפָעָה הָרוּחָנִית, הַמְּלֵאָה גְּבוּרָה,
גְּדֻלָּה וְתִפְאֶרֶת, מְעֻטֶּרֶת בְּכֶתֶר חׇכְמָה, בִּינָה וָדַעַת; מַבְלֶטֶת בִּגְדֻלָּתָהּ אֶת נֶצַח
הַנְּצָחִים, וּבִגְבוּרָתָהּ הַמְאַגֶּדֶת אֶת כָּל הַהֲפָכִים, אֶת הַהוֹד הַהֲוָיָתִי, וּבְתִפְאַרְתָּהּ
הַמְּלֵאָה דַעַת מְיַסֶּדֶת אֶת יְסוֹד הַכֹּל, מַפְרַחַת אֶת פְּרִיחַת הַכֹּל, כָּל הַנְּשָׁמוֹת,
הָרוּחוֹת וְהַנְּפָשׁוֹת, כָּל הַתְּנוּעוֹת וְהַחֲפָצִים, הָרְצוֹנוֹת וְהַהַסְכָּמוֹת, כָּל הַשְּׁאִיפוֹת
וְהַהִתְפַּעֲלֻיּוֹת, וּמַמְצִיאָתָם בְּכָל עֶרְכֵּיהֶם בְּקֹבֶץ אֶחָד, סִדּוּר מַמְלַכְתִּי. "ד' מֶלֶךְ".

---

24. The Hebrew original alludes to the three Kabbalistic divisions of the psyche (from top to bottom): *neshamah, ru'aḥ, nefesh.*
25. From "*mamlakhah*" (I Chronicles 29:11). An allusion to the tenth and final *sefirah* of *Malkhut* or Royalty.

I am unable to divide an absolute division between one existent and another, only a relative division. Existence is revealed to me in all of her compass, from the tiniest creation to the spiritual manifestation full of strength (*Gevurah*), greatness (*Gedulah*) and glory (*Tif'eret*), adorned with the crown (*Keter*) of wisdom (*Hokhmah*), understanding (*Binah*), and knowledge (*Da'at*); emphasizing with its greatness (*Gedulah*) eternity (*Netsah*) upon eternities; and with its strength (*Gevurah*) binding together all the opposites, the existential majesty (*Hod*); and with its glory (*Tif'eret*), full of knowledge (*Da'at*), establishing the foundation (*Yesod*) of all, bringing about the flourishing of all, all the souls and the spirits,[24] all the movements and the desires, the wills and the agreements, all the ambitions and the ecstasies, and producing them with all their values in one collection, a royal (*mamlakhti*)[25] arrangement.

"The Lord is King."[26]

---

26. Prayer book.

This reflection of Rav Kook, some of whose terminology derives from the biblical verse in I Chronicles 29:11, is a *tour de force* of the ten *sefirot*. The subtle (or not so subtle) allusions refer to the arrangement of the various divine attributes. Thus, *Gedulah* (a synonym of *Hesed*) and *Netsah* are aligned on the right side of the Kabbalistic tree; *Gevurah* and *Hod* are aligned on the left side; and *Da'at*, *Tif'eret* and *Yesod* are aligned in the center.

וָאַקְשִׁיב וָאֶשְׁמַע

מָה אֲנִי רוֹאֶה בֶּחָזוֹן? אֲנִי רוֹאֶה אֶת הַמַּחֲשָׁבָה הָעֶלְיוֹנָה, הַמַּחֲשָׁבָה הַכּוֹלֶלֶת כֹּל,
הַמַּחֲשָׁבָה שֶׁכָּל הָעֲצָמָה וְכָל הַמִּלּוּי שֶׁל כֹּל – בָּהּ הוּא. רוֹאֶה אֲנִי שֶׁכָּל הַפְּלָגִים
הַגְּדוֹלִים מִמֶּנָּה מִשְׁתַּפְּכִים, וּמֵהַפְּלָגִים יוֹצְאִים נְהָרִים, מֵהַנְּהָרִים נְחָלִים, מֵהַנְּחָלִים
שְׁטָפִים, מֵהַשְׁטָפִים זְרָמִים. וְהַזְּרָמִים מִתְחַלְּקִים גַּם הֵם לִצְנוֹרוֹת קְטַנִּים, וְהַצִּנּוֹרוֹת
מִתְחַלְּקִים לַהֲמוֹן אַלְפֵי רְבָבוֹת לְאֵין-קֵץ שֶׁל קְנוֹקָנוֹת, מְרִיקִים שִׁפְעוֹת רָצוֹן, חַיִּים
וּמַחֲשָׁבָה. לִפְעָמִים צַר מְאֹד הַמָּקוֹם לָשׁוּט בֵּין הַקְּנוֹקָנוֹת, נֶאֱחֶזֶת אָז הַנְּשָׁמָה
בְּשָׁרְשֵׁיהֶם שֶׁל הַקְּנוֹקָנוֹת הַדַּקִּים – בַּצִּנּוֹרוֹת. וְאִם הַצִּנּוֹר גַּם הוּא צַר, נֶאֱחֶזֶת
הִיא בַּזֶּרֶם, וְאִם הַזֶּרֶם צַר הוּא לְפָנֶיהָ, הֲרֵי הִיא נֶאֱחֶזֶת בַּשֶּׁטֶף, וְאִם הַשֶּׁטֶף הוּא
צַר, הֲרֵי זוֹ נֶאֱחֶזֶת בַּנַּחַל, וְאִם צַר הַנַּחַל, נֶאֱחֶזֶת הִיא בַּנָּהָר, וְאִם גַּם הַנָּהָר יֵצַר לָהּ,
נֶאֱחֶזֶת הִיא בְּפֶלֶג אֱלֹהִים מָלֵא מַיִם, הַמְחֻבָּר לַמַּחֲשָׁבָה שֶׁל בְּלִי-מְצָרִים, שֶׁשָּׁם
הוּא מְקוֹם יְאוֹרִים רַחֲבֵי יָדָיִם. וְהַשֶּׁפַע הָאַחֲרוֹן, הַנּוֹזֵל מֵהַקְּנוֹקָנוֹת, נוֹבֵעַ בְּדֶרֶךְ זוֹ

---

1. Psalms 65:10. The Hebrew original reads *"peleg Elohim male' mayim."* I have trans-
lated *Elohim* in this context as "great" in conformity with the simple sense of the
verse (*peshuto shel mikra*). See the commentary of Rabbi David Kimḥi ad loc., who
explains that in certain instances the name of the divinity is invoked as an expression
of greatness (e.g., *"harerei El,"* "the mountains of El," in Psalms 36:7). However, there

I Listened and I Heard

What do I see in the vision? I see the highest thought, the thought that includes all, the thought that all the might and all the plenitude of all – is in it. I see that all the great bodies of water pour out of it; and from the bodies of water come out rivers; and from the rivers, streams; and from the streams, flows; and from the flows, currents. And the currents too divide into small tubes; and the tubes divide into an unending multitude of myriads of tendrils, pouring an influx of will, life, and thought.

Sometimes, it is too tight to navigate between the tendrils; then the soul holds on to the roots of the fine tendrils – the tubes. And if the tube too should be tight, [the soul] holds on to the current; and if the current is tight before her, then she holds on to the flow; and if the flow is tight, then she holds on to the stream; and if the stream is tight, she holds on to the river; and if the river too should oppress her, she holds on to the "great body, full of water,"[1] connected to the unrestricted thought; there is the place of wide rivers.

---

are commentaries who understand *Elohim* in our verse literally. For Rav Kook, this literal interpretation works well, as he describes the Kabbalistic theory of emanation (*ha'atsalah*). For a lengthy disquisition on our piece, see Rabbi Yosef Avivi, *Kabbalat ha-RAYaH* (Jerusalem, 2018), vol. 1, pp. 327–334. Avivi points out the similarities between Rav Kook's vision and *Zohar* I, 52a.

מֵהַמָּקוֹר הָרִאשִׁי שֶׁל הַמַּחֲשָׁבָה הָעֶלְיוֹנָה, שֶׁלְּמַעְלָה מִזֶּה תֵּלֵא כָּל עַיִן לִצְפּוֹת. "ד'
אָמַר לִשְׁכֹּן בָּעֲרָפֶל".

⁘

וְרוֹאֶה אֲנִי אֵיךְ הַנְּשָׁמוֹת צוֹמְחוֹת, אֵיךְ הַחַיִּים בָּאִים לִידֵי גִלּוּיִם. מֵאוֹצָר
שֶׁלְּמַעְלָה הָאוֹרוֹת מוֹפִיעִים, קַוֵּי נֹגַהּ, זֹהַר עֶלְיוֹן יוֹרֵד כְּחוּטֵי זָהָב, מִמְּקוֹם הַחֶבְיוֹן
מַזְהִיר הוּא לַמֶּרְכָּז הַמְּיֻחָד, שֶׁתְּנָאֵי חַיִּים וּתְנָאֵי גָדוֹל מוּכָנִים לָהֶם. וּמִתַּחַת,
מִתּוֹךְ עֲרָפֶל הַבֹּהוּ, מִתְנוֹצְצִים רְסִיסִים מְצֻלָּלִים, נֶאֱחָזִים עַל־יְדֵי תְּנָאֵי הַחַיִּים
וְהַגָּדוֹל לַעֲלוֹת לְרוּם הַיֵּשׁ. וּבַמֶּרְכָּז יִנָּעֲדוּ יַחְדָּיו וְהָיוּ לְנִשְׁמַת חַיִּים. כֹּה צָץ וּפוֹרֵחַ
הוּא גַּן הַחַיִּים אֲשֶׁר לְכָל חַי, וְלָאָדָם בַּהֲדַר תִּפְאַרְתּוֹ! מַה נֶּחְמָד הוּא גַּן אֱלֹהִים
זֶה, הַהוֹלֵךְ וּמִתְבַּסֵּם, הוֹלֵךְ וּמִתְעַלֶּה, הוֹלֵךְ הָלוֹךְ וּמִתְרוֹמֵם. וְאִם תְּקוּפוֹת יְרִידָה
גַּם הֵן שָׁתוּ עָלָיו, סוֹף־כָּל־סוֹף מִפְכֶּה הוּא מַעְיָנוֹ הַחַי, הוֹלֵךְ הוּא בְּבִטְחָה אֶל
אָשְׁרוֹ, וְאָשְׁרוֹ אֲשֶׁר אֵין לוֹ עֵרֶךְ וְקֵצֶב הִנֵּה בּוֹא יָבוֹא, וְהַיּוֹם הַגָּדוֹל, שֶׁהַכֹּל יִמָּלֵא
אוֹר, הַכֹּל יֻשְׁקֶה עֹנֶג וָעֵדֶן – הֲלֹא יָפוּחַ. "וְהִנֵּה כְּבוֹד אֱלֹהֵי יִשְׂרָאֵל בָּא מִדֶּרֶךְ
הַקָּדִים", "וְהָאָרֶץ הֵאִירָה מִכְּבֹדוֹ".

⁘

רוֹאֶה אֲנִי נְשָׁמוֹת בְּגָדְלָתָן וּבְקַטְנוּתָן, אֵיךְ הֵן עוֹמְדוֹת בִּמְלֹא צִבְיוֹנָן, מְלֵאוֹת אוֹר,
בְּהוֹד וִיפְעַת עוֹלָמִים, וְאֵיךְ הֵן קְטַנּוֹת, כֵּהוֹת וַחֲשׁוּכוֹת, נוּגוֹת וַחֲלוּשׁוֹת, וְאֵיךְ הֵן
נִגְאָלוֹת מִשַּׁחַת עַל־יְדֵי הֶאָרַת חֶסֶד עֶלְיוֹנָה שֶׁל כֹּחַ גָּדוֹל וְאַדִּיר, הַמִּתְעוֹרֵר
עַל־יְדֵי תְּפִלַּת יְשָׁרִים, הַמְמַלֵּא כָּל הָעוֹלָם טַל חַיִּים וּבְרָכָה. וְאִם אֲנִי מְדַבֵּר

2. II Chronicles 6:1.
3. Ezekiel 43:2.

And the final flow from the tendrils derives in this way from the headwater of the highest thought, beyond which the eyes would tire trying to behold.

"The Lord said that He would dwell in a fog."[2]

～

And I see how the souls grow, how life comes to be revealed. From the treasury above, the lights manifest, rays of brightness; a supernal splendor descends like gold filaments. From the place of hiding, it projects to the specified center, where conditions of life and conditions of growth are prepared. And from below, from the midst of the chaotic fog, sparkle shadowy droplets, maintained by the conditions of life and growth to ascend to the height of being. And in the center, they assemble together and become a living soul. So blossoms and flourishes the Garden of Life, of all life, and of man in the beauty of his glory! How pleasant is this Garden of God that is progressively improved; that progressively ascends; that is progressively uplifted. And if periods of descent also befall it, eventually its living spring wells up. It proceeds confidently to its fortune, and its fortune – which is inestimable and boundless – will come. And the great day, when all will be full of light, all will be drenched in joy and pleasure – it will appear.

"And behold, the glory of the God of Israel came from the way of the east … and the earth was lit up from His glory."[3]

～

I see souls in their greatness and in their smallness: how they stand up in their full character, full of light in the majesty and beauty of the worlds; and how they are small, dim, and dark, depressed and depleted; and how they are "redeemed from perdition"[4] by a supernal illumination of loving-kindness of a great and mighty power – that is aroused by the prayer of the upright – that fills the whole world with the dew of life and blessing. And

---

4. Cf. Psalms 103:4.

דְּבָרִים עֶלְיוֹנִים, וּפַחַד עוֹבֵר עַל כָּל עַצְמוֹתַי, לֹא אֲכַהֵל, כִּי אֵדַע כִּי ד' לִי, מַה
יַּעֲשֶׂה בָשָׂר לִי.

☙

אֲנִי רוֹאֶה עוֹלָם מָלֵא שֶׁל נְשָׁמוֹת יְשֵׁנוֹת, נְשָׁמוֹת שֶׁבַּגּוּף, נְשָׁמוֹת שֶׁשּׁמְרֵי הַגּוּף
מִתְאַחֲזִים בָּהֶן, שֶׁאֵין לָהֶן הַמָּעוֹף הַגָּמוּר, הַטִּיסָה הָעֶלְיוֹנָה, שֶׁמֵּעַל כָּל שְׁאָר
וְגוּף, מֶמְשָׁלָה מֻחְלֶטֶת עַל הַגּוּף וְעַל כָּל עֶרְכֵי הַגּוּף. וְאוֹתוֹ הָאוֹצָר הַגָּדוֹל הַמָּלֵא
נְשָׁמוֹת שֶׁבַּגּוּף מְכֻרָח שֶׁיִּכְלֶה. כָּל הַנְּשָׁמוֹת הַלָּלוּ – שֶׁלֹּא עַל גּוּף הֵן שׁוֹרוֹת, עָלָיו
הֵן מַקִּיפוֹת, חוֹנוֹת סְבִיבוֹ, מְאִירוֹת אוֹתוֹ מִכָּל עֲבָרִים, וּמִשְׁתַּמְּשׁוֹת בּוֹ לִתְעוּדוֹת
הַמַּעֲשֶׂה וְרִכּוּז הַחַיִּים הַפְּעֻלָּתִיִּים בְּצִמְצוּמָם – הֵן מְכֻרָחוֹת לִכְלוֹת, מְכֻרָחוֹת
לְהִשְׁתַּלֵּם בְּצִבְיוֹנָן הַמְיֻחָד, לְהוֹצִיא אֶל הַפֹּעַל אֶת תַּפְקִידָן הַגּוּפָנִי, וּלְהִתְעַלּוֹת
אַחַר־כָּךְ מִמַּעַל לוֹ. וְאַחֲרֵי־כֵן אוֹר חָדָשׁ יוֹפִיעַ, אוֹצַר חַיִּים חָדָשׁ וּמָלֵא רַעֲנַנּוּת,
נְשָׁמוֹת חֲדָשׁוֹת, מְלֵאוֹת הוֹפָעַת חַיִּים גְּאִיּוֹנִיִּים – מֶמְשֶׁלֶת עוֹלָמֵי עוֹלָמִים הַפּוֹרַחַת
וְעוֹלָה, הַמְשַׂחֶקֶת בְּכָל עֵת לִפְנֵי הֲדַר אֵל עֶלְיוֹן – הָאֲצִילוּת מִזִּיו הַחָכְמָה וְהַגְּבוּרָה
שֶׁל מַעֲלָה. אַךְ אָז יַגִּיעַ תּוֹר מַלְכוּת אֵל עֶלְיוֹן, אֵל אֱלֹהֵי יִשְׂרָאֵל, לְהִגָּלוֹת עַל כִּסֵּא
דָוִד וְעַל מַמְלַכְתּוֹ. "אֵין בֶּן־דָּוִד בָּא עַד שֶׁיִּכְלוּ נְשָׁמוֹת שֶׁבַּגּוּף, שֶׁנֶּאֱמַר: 'כִּי־רוּחַ
מִלְּפָנַי יַעֲטוֹף וּנְשָׁמוֹת אֲנִי עָשִׂיתִי'".

☙

וָאַקְשִׁיב וָאֶשְׁמַע מִתּוֹךְ מַעֲמַקֵּי נִשְׁמָתִי, מִתּוֹךְ רִגְשֵׁי לְבָבִי, קוֹל אֲדֹנָי קוֹרֵא. וָאֶחֱרַד
חֲרָדָה גְדוֹלָה: הֲכָכָה יָרַדְתִּי כִּי לְנָבִיא הַשֶּׁקֶר אֶהְיֶה, לֵאמֹר ד' שְׁלָחַנִי וְלֹא נִגְלָה

---

5. Cf. Proverbs 8:30.

6. Genesis 33:20.

7. In this *pensée* from *Shemonah Kevatsim* 3:15, Rav Kook alludes to a lengthy passage in the
Kabbalistic writings of the Vilna Gaon whereby Hadar, the eighth of the Kings of Edom
(Genesis 36:39), is identified with King David. See *Be'ur ha-GRA le-Sifra di-Tseni'uta*,
ed. Samuel Luria (Vilna, 1882), chap. 1 (9d–10b). This important reference escaped the
notice of Rabbi Yosef Avivi; see Avivi, *Kabbalat ha-RAYaH*, vol. 3, pp. 931–933.

if I speak of elevated matters and fear passes over all my bones, I shall not be startled, for I know that the Lord is with me. What will flesh do to me?

~

I see a world full of old souls, "souls in the body," souls to which the dregs of the body adhere, that don't have the absolute aviation, the lofty flight, which is beyond all flesh and body; [that don't have] absolute rule over the body and all the values of the body. And that great treasury full of "souls in the body" must come to an end. All these souls – that do not rest upon the body, transcending it, encompassing it, enlightening it from all sides, and using it for destined deeds and concentrated active life – must come to an end, must perfect their unique character, to actualize their bodily task, and then ascend beyond it. And afterward, a new light shall appear, a treasury of life new and full of freshness, new souls, full of proud life – an eternal rule flourishes and ascends, "playing at all times before"[5] the beauty (*Hadar*) of God above – [souls] emanated from the splendor of supernal wisdom and strength. Then will come the turn of the Kingdom of God Most High (*El 'Elyon*), "*El*, the God of Israel,"[6] to be revealed upon the throne of David and upon his kingdom.[7]

"The son of David shall not come until the souls in the body shall cease, as it says, 'For a spirit before Me shall envelop, and souls I have made.'"[8]

~

I listened and I heard from out of the depths of my soul, from out of the feelings of my heart, the voice of God calling. And I trembled greatly: Have I reached so low that I should become a false prophet, saying that the Lord sent me, when the word of God has not been revealed to me?!

---

8. Isaiah 57:16; Yevamot 62a.

אֵלַי דְּבַר אֲדֹנָי?! וָאֶשְׁמַע קוֹל נִשְׁמָתִי הוֹמָה: סְפִיחֵי נְבוּאוֹת הִנֵּה צוֹמְחוֹת, וּבְנֵי נְבִיאִים מִתְעוֹרְרִים, רוּחַ הַנְּבוּאָה הוֹלֵךְ וְשָׁט בָּאָרֶץ, מְבַקֵּשׁ לוֹ מִפְלָט, דּוֹרֵשׁ לוֹ גְּבוּרִים מְלֵאֵי עֵזּוּז וָקֹדֶשׁ. הֵם יֵדְעוּ לְכַלְכֵּל דָּבָר, הָאֱמֶת לַאֲמִתָּהּ יַגִּידוּ, יְסַפְּרוּ אֵיךְ נִגְלָה לָהֶם דְּבַר ד', לֹא יִשְׁקְרוּ וְלֹא יַחֲנִיפוּ, אֶת רוּחָם בָּאֱמוּנָה יוֹצִיאוּ. וְרוּחַ אֱמוּנִים יָקָר מֵחֲרוּץ יְרוֹמֵם עַם, וְיִשְׂרָאֵל יַעֲמֹד עַל רַגְלָיו, יָחֵל לַחֲשׁ אֶת סְגֻלָּתוֹ מִימֵי קֶדֶם, יֵדַע כִּי לֹא שֶׁקֶר עָשָׂה עֵט, לֹא שֶׁקֶר לָבַשׁ גֵּאוּת. גַּם בְּעֵת אֲשֶׁר הָמוֹן לְאֻמִּים לִבְזוֹ־ נֶפֶשׁ לִמְתָעֵב־גּוֹי שְׁמוּהוּ, סְגֻלַּת עוֹלָמִים לוֹ. שׁוֹאֵף הוּא אֶל חָסְנוֹ מֵעוֹלָם, וְחָסְנוּ חֹסֶן אֵל הוּא, חֹסֶן כָּל חָכְמָה, כָּל תֹּם וָיֹשֶׁר. וְאִם הַמּוֹרָשָׁה בִּלְבוּשֶׁיהָ הָרַבִּים לֹא גֻּלְּתָה הוֹד יָפְיָהּ, תָּבוֹא רוּחַ הַנְּבוּאָה, וּבְרֵאשִׁית דַּרְכָּהּ תְּבָרֵר אֶת אֲשֶׁר עִם לְבָבָהּ בְּשָׂפָה בְּרוּרָה. וּבְרוּר הַשָּׂפָה יְכֵּה גַלִּים, עֹז יִתֵּן לַנִּדְכָּאִים. וְסֻגֻלַּת אֵל הָעֶלְיוֹנָה אֲשֶׁר לְיִשְׂרָאֵל, יֵדַע בְּרוּחַ אֱלֹהִים אֲשֶׁר עָלָיו, אֲשֶׁר רַק בְּאַרְצוֹ עָלָיו תִּגָּלֶה, וּמֵרָחוֹק יִזְכֹּר אֶת אֲשֶׁר שָׁכַח; יִזְכֹּר כִּי לוֹ אֶרֶץ רַבַּת עֵרֶךְ, רַחֲבַת יָדַיִם בַּעֲדוֹ, וּגְאוֹן עוֹלָם נֶגֶד כָּל הָעַמִּים. וְיִשָּׂא רַגְלָיו יַעֲקֹב, וּמִשְׁפְּחוֹת מִשְׁפָּחוֹת אֶחָד אֶל אֶחָד יְקֻבָּצוּ, וְאֶרֶץ שׁוֹמֵמָה תִּבָּנֶה, וְרוּחַ ד' אֲשֶׁר עָלָיו תָּחֵל לְפַעַם בְּצֶאֱצָאָיו אֲשֶׁר נִזְנָחוּ, וּמֵאֹפֶל וּמֵחֹשֶׁךְ עֵינֵי עִוְרִים תִּרְאֶינָה.

---

9. Cf. Jeremiah 8:8.

10. Psalms 93:1.

11. Isaiah 49:7.

And I heard the voice of my soul murmuring: Shoots of prophecies are sprouting, and the children of prophets awaken. The spirit of prophecy circulates through the land, seeking haven, searching for mighty ones full of strength and holiness. They will know [how to] contain the word. They will tell the truth-of-truth; they will narrate how the word of the Lord was revealed to them. They will not falsify nor flatter; they will publicize their spirit faithfully. And a faithful spirit more precious than gold shall uplift the people, and Israel will stand upon its feet. [Israel] will begin to sense its ancient peculiarity; it will know that "the pen [of the prophets] did not lie";[9] that [Israel] was not falsely "attired in pride."[10] Even at a time when a multitude of nations designated [Israel] "despised of men, abhorred of nations,"[11] [Israel] possessed an eternal treasure. [Israel] aspires to its strength since eternity, and its strength is the strength of God, the strength of all wisdom, all simplicity and straightness. And if the inheritance with all of its many garments has not revealed "the splendor of her beauty,"[12] then the spirit of prophecy will come, and at the beginning of its way will clarify in plain language that which is in its heart. And the clear language will make waves, will give strength to the downtrodden. And by the spirit of God that is upon it, Israel will know its supernal gift of God, which will be revealed to it only in its land, and from a distance will remember that which it forgot. [Israel] shall remember that it has a land of great worth, spacious enough for it, and an eternal pride opposite all the peoples. "Jacob will lift up his feet,"[13] and families will be gathered one by one, and a desolate land shall be built, and the spirit of the Lord which is upon [Israel] shall begin to resonate in neglected descendants, "and out of obscurity and out of darkness, the eyes of the blind shall see."[14]

---

12. Berakhot 10b.
13. Cf. Genesis 29:1.
14. Isaiah 29:18.

לָדַעַת כָּל רָז סוֹדְךָ

לֹא לְחִנָּם נָטַע בִּי אֱלוֹהַּ כָּל הַנְּפָשׁוֹת אֶת הַתְּשׁוּקָה הַתְּדִירִית לְכָל נִסְתָּר, לְכָל נֶאֱצָל וְנִשְׂגָּב, וְלֹא לְחִנָּם הֱבִיאַנִי לְאֶרֶץ־יִשְׂרָאֵל, וְלֹא לְחִנָּם יָצַר בִּי רוּחַ אֹמֶץ וְטֹהַר פְּנִימִי. אַף־עַל־פִּי שֶׁהִנְנִי מְקֻף חֻלְשׁוֹת וְכִשְׁלוֹנוֹת לְאֵין מִסְפָּר, הַרְבֵּה מְאֹד, יוֹתֵר מִכָּל הֶהָמוֹן וְכָל בְּנֵי תוֹרָה הָרְגִילִים, וְאוּלַי גַּם יוֹתֵר מִכָּל בְּנֵי הַמַּעֲלָה עֲדִינֵי הָרוּחַ וְהַמַּרְגִּישִׁים רַחֲשֵׁי הַנְּשָׁמָה. כָּל אֵלֶּה נִטְּעוּ בְּקִרְבִּי כְּדֵי לְהִשְׁתַּמֵּשׁ בָּהֶם לְהָאִיר לָעוֹלָם, לִיצוֹר סְפָרוֹת מְלֵאָה אוֹר רָזֵי תוֹרָה, פּוֹפּוּלָרִית וְשָׁוָה לְכָל נֶפֶשׁ, מְלֵאָה שִׁירָה וּגְבוּרָה, חֲמוּשָׁה בְּשֵׂכֶל טוֹב וּבְבִקֹּרֶת נֶאֱמָנָה, לְהָרִים קֶרֶן לְעַם ד׳ וּלְתְשׁוּעַת עוֹלָם אֲשֶׁר הֵחֵלָּה לִזְרֹחַ לוֹ בְּאֶרֶץ־יִשְׂרָאֵל.

❧

---

1. The word *"populari"* occurs in the Hebrew.

To Know All the
Mystery of Your Secret

Not for nothing did God of all the souls plant in me the constant passion for all that is hidden, for all that is exalted and lofty; and not for nothing did He bring me to the Land of Israel; and not for nothing did He form in me a spirit of courage and an inner purity. Though I am surrounded by weaknesses and failures without number – more than all the masses and ordinary students of Torah, and perhaps more than all the spiritual types, gentle of spirit and sensitive to the stirrings of the soul. All of these [qualities] were planted in my midst in order to use them to enlighten the world, to create a literature full of the light of the mysteries of the Torah, popular[1] and accessible to all, full of song and strength, fortified with sound logic and faithful criticism, to "lift up a horn" (i.e., to strengthen) for the people of the Lord and for the salvation of the world – that has begun to shine for it in the Land of Israel.

לֹא מִקְרֶה הוּא, כִּי־אִם עַצְמוּת טֶבַע נַפְשִׁי, מַה שֶׁאֲנִי מַרְגִּישׁ עֹנֶג וְנַחַת רוּחַ בְּעֵסֶק
הַנִּסְתָּרוֹת הָאֱלֹהִיּוֹת בְּהַרְחָבָה וָחֹפֶשׁ. זֹאת הִיא עִקַּר מַטָּרָתִי. כָּל הַתַּפְקִידִים שֶׁל
יֶתֶר הַכִּשְׁרוֹנוֹת, הַמַּעֲשִׂיִּים וְהַשִּׂכְלִיִּים, אֵינָם כִּי־אִם טְפֵלִים לְמַהוּתִיּוּתִי. אֲנִי צָרִיךְ
לִמְצֹא אֶת אָשְׁרִי בְּקִרְבִּי פְּנִימָה, לֹא בְּהַסְכָּמַת הַבְּרִיּוֹת, וְלֹא בְּשׁוּם קַרְיֶרָה אֵיזוֹ
שֶׁתִּהְיֶה. כָּל מַה שֶּׁאַכִּיר יוֹתֵר אֶת עַצְמִיּוּתִי, וְכָל מַה שֶׁיּוֹתֵר אַתִּיר לְעַצְמִי לִהְיוֹת
מְקוֹרִי וְלַעֲמֹד עַל רַגְלֵי עַצְמִי בְּהַכָּרָה פְּנִימִית, הַמְמֻזֶּגֶת מִדֵּעָה, הַכָּרָה, הַרְגָּשָׁה
וְשִׁירָה, יוֹתֵר יָאִיר לִי אוֹר ד', וְיוֹתֵר יִפָּתְחוּ כֹחוֹתַי לִהְיוֹת לִבְרָכָה לִי וְלָעוֹלָם.

~

אֲנִי צָרִיךְ לִתֵּן לְנַפְשִׁי חֶשְׁבּוֹן, מֵאֵיזֶה טַעַם אֲנִי חָפֵץ דַּוְקָא בְּעִיּוּנִים רוּחָנִיִּים
וּמִשְׂגָּבִים אֱלֹהִיִּים. אִם הָיִיתִי מוֹצֵא בְּעַצְמִי, שֶׁהַדָּבָר בָּא מִפְּנֵי זְחִיחוּת דַּעַת אוֹ
מֵאֵיזֶה חֵפֶץ שֶׁל בְּרִיחָה מִנְּשִׂיאַת עֹל הַדְּבָרִים הַמַּעֲשִׂיִּים, אָז הָיִיתִי צָרִיךְ לִגְדֹּר
אֶת עַצְמִי, וּלְמַעֵךְ אֶת תְּשׁוּקָתִי הָאֲצִילָה. אֲבָל כַּאֲשֶׁר הַדָּבָר מִתְבָּרֵר לִי מֵאָז וְעַד
עַתָּה, שֶׁהַתְּשׁוּקָה הָרוּחָנִית אֶצְלִי הִיא תְּשׁוּקָה שֶׁל אֱמֶת, וּבְמַה שֶׁאֵין אֲנִי מְמַלֵּא
אוֹתָהּ אֵינֶנִּי מַרְוִיחַ כְּלוּם בְּעִנְיָנִים אֲחֵרִים, הֲרֵי אֲנִי מְחֻיָּב לִשְׁמֹר אֶת הַתַּפְקִיד
הַזֶּה, שֶׁחָלַק לִי אֱלֹהֵי הָרוּחוֹת, וּלְשׁוֹטֵט בַּמַּחֲשָׁבָה וּבָרֶגֶשׁ, בְּחַדְרֵי הָרוּחַ וְהִגְיוֹנֵי
הַקֹּדֶשׁ הָעֶלְיוֹנִים, עַד כַּמָּה שֶׁיָּדַי מַגַּעַת. וְאִם־כִּי נִפְגּוֹלְתִי וְנִדְכֵּיתִי מְאֹד בְּהַרְגִּישִׁי
כֹּבֶד עֲווֹנוֹתַי, וְלִפְעָמִים גַּם־כֵּן אִי־הָאֶפְשָׁרִיּוּת שֶׁל הָעֲלִאָה מִתְּהוֹמוֹת וּמְצוּלוֹת
הַשְּׁגִיגוֹנוֹת, אֲשֶׁר סַבּוּנִי כַמַּיִם כָּל הַיּוֹם, אֵין לִי אֶלָּא לִצְפּוֹת לְרַחֲמֵי שָׁמַיִם. אֵל ד'
וַיָּאֶר לִי, וֵאלֹהַי יַגִּיהַּ חָשְׁכִּי.

~

2. The word *carrière* (a loanword from French) occurs in the Hebrew.
3. Numbers 16:22; 27:16.

It is not happenstance – but the essence of the nature of my soul – that I sense pleasure and satisfaction in the study of the divine mysteries with breadth and freedom. This is my main purpose. All the functions of the other faculties, whether practical or intellectual, are ancillary to my essence. I need to find my fortune deep within me – not in societal approval or any career.[2] The more I will recognize my essence, the more I will allow myself to be original and to stand on my feet with an inner awareness – a mixture of knowledge, awareness, emotion, and song – the more the light of the Lord will enlighten me, and the more my abilities will develop to be a blessing to me and to the world.

~

I need to take stock of my soul: For what reason do I desire specifically spiritual studies and divine concepts? If I should discover in myself that the thing derives from arrogance or from some desire to shirk practical responsibilities, then I would need to restrain myself and crush my exalted passion. But since it has always been clear to me that the spiritual passion that I experience is a true passion, and [furthermore] that by not fulfilling it I do not gain anything in other areas, I am obligated to guard this function that was allotted to me by the "God of the spirits"[3] and to wander in thought and in feeling into the chambers of spirit and the supernal thoughts of holiness, as far as I am able to reach. And though I am very distraught and despondent when I feel the weight of my sins, and sometimes [feel] too the impossibility of rising from the depths of errors that surround me as water all day – there is left for me only to anticipate the mercy of Heaven.

"The Lord is God and has enlightened me."[4]

And, "my God will brighten up my darkness."[5]

~

---

4. Cf. Psalms 118:27.
5. Psalms 18:29.

וּמַה שֶּׁאֲנִי הוֹמֶה אַחַר הָרָזִים, הֲיֵשׁ בָּזֶה אֵיזֶה נִדְנוּד שֶׁל צְבִיעוּת אוֹ שֶׁל שֶׁקֶר?!
הֲלֹא אֵשׁ בּוֹעֶרֶת בְּקִרְבִּי לַעֲרִיגָה אֶל הַצָּפוּן. וְאִלְמָלֵא שֶׁגָּדַרְתִּי תָּמִיד בְּעַד
הַנְּטִיָּה הַטִּבְעִית הַזֹּאת שֶׁבְּרוּחִי, לִנְטוֹת אַחֲרֵי שְׁבִילִים אֲחֵרִים, אָז הָיִיתִי
בֶּאֱמֶת הוֹלֵךְ וּמִתְעַלֶּה, וְכֹחִי הַחֲזִיּוֹנִי הָיָה מִתְגַּבֵּר וְעוֹלֶה לְטוֹבַת כָּל שׁוֹקְקֵי
רֶגֶשׁ וְרַעְיוֹן שֶׁבָּעוֹלָם.

לֹא יַעֲשֶׂה אָדָם אֶת נַפְשׁוֹ שֶׁקֶר, אַל יְכַזֵּב אֶת הַרְגָּשׁוֹתָיו הַפְּנִימִיּוֹת מִתּוֹךְ
סַעֲרַת הַדְּחִיפָה שֶׁל הַסְכָּמַת הָרַבִּים. וְאִם הוּא מַרְגִּישׁ רוֹמְמוּת וּקְדֻשַּׁת הִגָּיוֹן
בְּמִקְצוֹעַ מְיֻחָד, יֵרָאֶה לְהַשְׁבִּיעַ אֶת עַצְמוֹ תָּמִיד מִשֹּׁד הַתַּעֲנוּגִים הָעֶלְיוֹנִים
מִמָּקוֹם שֶׁלִּבּוֹ חָפֵץ. וַאֲנִי, שֶׁהִנְנִי כָּל־כָּךְ מִתְמַלֵּא תַּנְחוּמוֹת אֵל בְּלִמּוּדֵי בַּרְזֵי
תוֹרָה, גַּם כְּשֶׁאֲנִי מַרְגִּישׁ אֶת עַצְמִי כָּל־כָּךְ עַרְטִילָאי, אַל יִרְפּוּ יָדַי, וּבְמֵעְזִי אֲנִי
מֻכְרָח לְהַחֲזִיק, אַף־עַל־פִּי שֶׁלֹּא אֶפְשָׁר שֶׁלֹּא לִתֵּן לְהַתְפְּקִידִים הַמַּעֲשִׂיִּים אֶת
מִבְקָשָׁם, בֵּין מִצַּד הַמַּעֲמָד הַמַּעֲשִׂי, בֵּין מִצַּד עֶצֶם הַחוֹבָה שֶׁל הִגָּיוֹן הַתּוֹרָה
וִידִיעָתָהּ בְּכָל הַמִּקְצוֹעוֹת.

אִם אֲנִי הִנְנִי בְּטִבְעִי בַּעַל אַגָּדָה וּבַעַל מִסְתּוֹרִין, אֵינֶנִּי צָרִיךְ לְקַנָּאוֹת כָּל־כָּךְ בְּחֶלְקֵי
הַהֲלָכָה וְהַנִּגְלוֹת, מִכָּל־מָקוֹם הִנְנִי קָרוּי וְעוֹמֵד גַּם־כֵּן לַחוֹבוֹת הַלָּלוּ, כִּי לֹא לְחִנָּם
חֲנָנִי ד׳ כִּשְׁרוֹן גַּם בָּהֶם. אֲבָל הִנְנִי צָרִיךְ לָדַעַת אֶת מִדָּתִי, כְּדֵי שֶׁלֹּא אֶפּוֹל בְּעִצָּבוֹן
בְּמִעוּט חֶלְקִי בַּנִּגְלוֹת, אַף־עַל־פִּי שֶׁגַּם בָּאַגָּדָה וּבַנִּסְתָּר הִנְנִי דַל וְאֶבְיוֹן מְאֹד,
מִכָּל־מָקוֹם אֲנִי צָרִיךְ לְהִתְחַזֵּק, כִּי סִבַּת הַחִסָּרוֹן שֶׁלִּי הוּא רִבּוּי הַצְּדָדִים שֶׁהֵם
מוֹשְׁכִין אוֹתִי תָּמִיד לְכָאן וּלְכָאן, עַל־כֵּן כָּךְ הִיא מִדָּתִי לִטְעֹם מְעַט מְעַט מִכָּל דָּבָר.
וְאִם בַּנִּגְלוֹת וַהֲלָכוֹת יֵשׁ לִי רִפְיוֹן יוֹתֵר גָּדוֹל, גּוֹרֵם זֶה הַמְשָׁכָתִי הַפְּנִימִית לָאַגָּדָה

6. Cf. Isaiah 66:11.

And the fact that I hanker after the mysteries. Is there in this some trace of hypocrisy or falsehood? A fire is burning in my midst, a yearning for the recondite. If it were not for the fact that I always fenced in this natural inclination of my spirit in order to pursue other paths – then I would truly ascend, and my visionary power would grow ever stronger, for the good of all those in the world who thirst for feeling and thought.

A man must not lie to himself, must not belie his innermost feelings because of the tempestuous drive for societal approval. And if he feels an exaltation and a holiness of thought in a specific subject, then he should satisfy himself always from "the breast" of higher pleasures,[6] "from the place that his heart desires."[7] And I, who am so filled with divine comfort when studying the mysteries of the Torah – even when I feel myself so naked – I must not slacken my grip. I must hold onto my strength, even though it is impossible not to fulfill the practical functions, whether it be as a result of the practical situation, or as a result of the very obligation of studying Torah and knowing all its sundry subjects.

If by nature I am a master of *Aggadah* and a master of mysteries, I should not be so envious of the exoteric portions, the *Halakhah*. Nevertheless, I am also called to these obligations, for not for nothing did the Lord bestow upon me talent in [those exoteric portions] as well. But I must know my measure, so that I won't be saddened by my small portion of the exoteric. Even though in the *Aggadah* and the esoteric I am also much impoverished, nevertheless, I must be strong, because the reason for my lack is the many facets that are constantly pulling me in different directions. Therefore, it is my character to taste a little of each thing. And if I am weaker in the exoteric and the laws (*halakhot*), what causes this is my inner gravitation to

7. 'Avodah Zarah 19a.

וְנִסְתָּר, שֶׁנִּכָּר בְּיִחוּד הוֹפַעַת הַכֹּחַ שֶׁלִּי בָּזֶה בְּעֵת הַדִּבּוּר הַמְסֻדָּר הַפִּתְאוֹמִי עִם אֲנָשִׁים רְאוּיִים לָזֶה, וּבְכָל עֵת שֶׁל הִתְעוֹרְרוּת רוּחַ, שֶׁמּוֹצֵא אֲנִי בִּי אֵיזוֹ גְּנִיזָה טְמוּנָה, שֶׁצְּרִיכָה לִהְיוֹת לִי לְנֶחָמָה גַּם בְּעֵת הַהֶסְתֵּר וְהַחֲשֵׁכָה הַגְּדוֹלָה. "כִּי־אֵשֵׁב בַּחֹשֶׁךְ ד' אוֹר לִי".

⁓

אֶת הַהַרְגָּשׁוֹת הַנַּפְשִׁיּוֹת שֶׁלִּי בְּיַחַשׂ לְחֶלְקֵי הַתּוֹרָה, אֵיזֶה הֵם הַדְּרוּשִׁים לִי בְּיוֹתֵר וּמַתְאִימִים עִם צָרְכֵי נִשְׁמָתִי, אַף־עַל־פִּי שֶׁאֵין לְהִמָּשֵׁךְ אַחֲרֵיהֶם לְגַמְרֵי, וְלִפְעָמִים צְרִיכִים לְהִלָּחֵם גַּם־כֵּן עִם הָרְגָּשׁוֹת, אֲבָל לָשׂוּם לֵב עֲלֵיהֶם הִנְנִי צָרִיךְ. כִּי לֹא לְחִנָּם מִתְעוֹרֵר רוּחַ פְּנִימִי לְהַמְשִׁיכֵנִי לְלִמּוּדִים נִסְתָּרִים, גַּם לְעִנְיָנִים שֶׁהֵם לְמַעְלָה מִמַּדְרֵגָתִי וְעֶרְכִּי. אָמְנָם עֵת וּמִשְׁפָּט יֵדַע לֵב חָכָם, לָדַעַת לַעֲוֹת אֶת יָעֵף דָּבָר.

⁓

מִפְּנֵי הַכָּבוֹד הַמְדֻמֶּה, לֹא אֶעֱזֹב אֶת תְּשׁוּקָתִי לְסִתְרֵי תוֹרָה. דַּעַת ד' אֵל אֱמֶת תָּמִיד תְּשַׂגְּבֵנִי. גַּם בִּהְיוֹתִי בְּבֵית מְגוּרֵי, בְּאֶרֶץ נוֹדִי, בַּגָּלוּת וּשְׁפָלוּת – שֶׁהִיא הִיא הַכַּפָּרָה הַיּוֹתֵר גְּדוֹלָה, הַמְכַפֶּרֶת עַל הַכֹּל, וּמִפְּנֵי כָךְ מְרוֹרָה מְאֹד, מְדַכְּאַת אֶת הָרוּחַ – אַף־עַל־פִּי שֶׁגַּסּוּת הַגּוּפָנִיּוּת הַנְּמוּכָה אֵינָהּ מְנִיחָה לְהַרְגִּישׁ כְּדִבְעֵי, מִכָּל־מָקוֹם יֵשׁ וְיֵשׁ הַרְגָּשָׁה שֶׁל דְּכִדּוּךְ פְּנִימִי, שִׁפְלוּת וַעֲזִיבַת גַּסּוּת הָרוּחַ, וְתִלְבַּשֵׁת עֲנָוָה וְטָהֳרָה, וְרָצוֹן שֶׁל תְּשׁוּבָה. וַאֲנִי בַּד' אֱלֹהִים אָשִׂים מַחְסִי, וּתְשׁוּקַת שִׁיבָתֵנוּ לְאַרְצֵנוּ הַקְּדוֹשָׁה, לָשֶׁבֶת בְּחַצְרוֹת ד', לַחֲזוֹת בְּנָעֳמוֹ, תְּשַׂגְּבֵנִי

8. Micah 7:8.
9. Ecclesiastes 8:5.

Aggadah and the esoteric. My power in this [field] is especially noticeable at a time of sudden speech with worthy individuals, and at every time of spiritual arousal, when I find in myself some hidden treasure, which must provide me with comfort even in the time of eclipse and great darkness. "When I sit in darkness, the Lord is a light unto me."[8]

⌁

My soulful feelings in relation to the [different] portions of the Torah – which of those are most required by me and are appropriate for the needs of my soul? Though one must not be totally drawn to them, and sometimes [we] should also struggle with the feelings, but certainly I must be attentive to them. Not for nothing is an inner spirit aroused, drawing me to esoteric studies, even to subjects that are above my level and my worth. However, "a wise man's heart knows time and judgment."[9]

"To know how to speak a timely word to the weary."[10]

⌁

For the sake of imagined honor, I shall not desert my passion for the secrets of Torah. Knowledge of the Lord, the true God, shall always uplift me. Even in my temporary lodgings, in my land of wandering, in exile and debasement – which is the greatest atonement, atoning for all, and therefore very bitter and depressing – though the lowly coarseness of the body does not allow one to feel as one should, nevertheless, there is an intense feeling of inner contrition, lowliness, and abandonment of arrogance, and a mood of humility and purity, and a will for return (*te-shuvah*). And I shall place my shelter in the Lord God. And the desire to return to our holy land, to dwell in the courtyards of the Lord, "to see His

10. Isaiah 50:4.
11. Psalms 27:4.

וּתְחַיֵּנִי. וַד' יִתֶּן לִי לְשׁוֹן לִמּוּדִים, יְרוֹמֵם רוּחִי וִיטַהֵר דַּעְתִּי וּלְבָבִי וְכָל עֶשְׁתּוֹנוֹתַי, וִיגַלֶּה לִי אוֹר פְּנִימִיּוּת נִשְׁמָתִי, וּמֵאֶרֶץ הַקֹּדֶשׁ יִשְׁלַח עֶזְרוֹ, וְקֶן אוֹר יִזְרַח לִי מִמְּרוֹם הַר־מְרוֹם־הָרִים, מִקְדַּשׁ וּמִצִּיּוֹן בֵּית מַאֲוַיֵּינוּ סֶלָה. וַאֲנִי הִנְנִי לְהַחֲזִיק בְּמָעֻזִּי. "נַפְשִׁי חָמְדָה בְּצֵל יָדֶךָ לָדַעַת כָּל רָז סוֹדֶךָ". וְאִם שָׁפַלְתִּי מְאֹד, וְאִם נֶחֱלַשׁ רְצוֹנִי, וְאִם נִשְׁבֵּיתִי בִּידֵי תַאֲווֹת וַחֲלֹשׁוֹת, הִנֵּה ד' עוֹזֵר לִי, ד' בְּסֹמְכֵי נַפְשִׁי. לֹא אִירָא וְלֹא אֶפְחָד, לֹא אֵבוֹשׁ וְלֹא אֶכָּלֵם, תּוֹרַת אֱמֶת תְּשַׂגְּבֵנִי. אֲרוֹמֵם שֵׁם ד' בְּשִׁיר, בְּתוֹךְ רַבִּים אֲהַלְלֶנּוּ.

~

מָה אֲנִי מַרְגִּישׁ כְּשֶׁאֲנִי נִתְבָּע לְעַיֵּן בְּרוּחָנִיּוּת – מַחֲלַת לֵב וּמוּעָקָה. לָמָּה הוּא הַדָּבָר הַזֶּה? מִפְּנֵי שֶׁהַתְּבִיעָה הָרוּחָנִית מִתְגַּבֶּרֶת בְּקִרְבִּי, וְנַפְשִׁי מַרְגֶּשֶׁת אָז בְּיוֹתֵר אֶת עֲנִיּוּתָהּ הַמּוּסָרִית, וְהָרוּחָנִית בִּכְלָל. אָמְנָם, הָרִפְיוֹן הַנַּפְשִׁי הַנּוֹלָד מֵהוֹפָעָה זוֹ הוּא חֶסָּרוֹן מֻחְלָט, זוֹהִי חֲלוּדָה נִשְׁמָתִית, נֶגֶד זֶה צָרִיךְ לְהִלָּחֵם בְּאֹמֶץ לֵב. הַהִסְתַּכְּלוּת הָרוּחָנִית צְרִיכָה לִהְיוֹת עֲשִׁירָה, תְּדִירָה וּרְחָבָה, תַּקִּיפָה וְהוֹלֶכֶת בְּיֹשֶׁר. הַחֻלְשָׁה וְהַכְּאֵב הַפְּנִימִי שֶׁל יִרְאַת שָׁמַיִם מְחוֹלֶלֶת בְּקֶרֶב הַנֶּפֶשׁ, הִיא מִצַּד עַצְמָהּ חֶסָּרוֹן וּמַחֲלָה, וּצְרִיכִים לִקְנוֹת מִשְׁגִּים בְּרוּרִים בְּמִקְצֹעַ שֶׁל קֹדֶשׁ זֶה, עַד שֶׁהַסִּלּוּד הַבִּלְתִּי תַרְבּוּתִי יִהְיֶה הוֹלֵךְ וּפוֹחֵת, וּבִמְקוֹמוֹ תָּבוֹא עָצְמָה וְהַרְחָבַת הַדַּעַת.

~

<hr>

12. Cf. Isaiah 50:4.

13. *Shir ha-Kavod* (The Hymn of Glory), a medieval composition of the *Ḥasidei Ashkenaz* or Rhineland pietists.

14. Cf. Psalms 54:6.

pleasantness,"[11] will uplift me and sustain me. And the Lord will give me "a learned tongue,"[12] will lift up my spirit, and purify my opinion and my heart and all my thoughts, and reveal to me the light of the inwardness of my soul, and from the Holy Land will send His help, and a ray of light will shine for me from the height of the mountain-of-mountains, from the holy place, and from Zion, the House of our desires, *Selah*. And I shall hold on to my fastness. "My soul coveted the shadow of Your hand, to know all the mystery of Your secret."[13] And if I have become very lowly, and my will weakened, and if I have become captive to [fleshly] desires and weaknesses – "Behold, the Lord is my helper, the Lord is my support."[14]

I shall not fear, shall not be ashamed. The Torah of truth will uplift me. I shall raise up in song the name of the Lord; "in the midst of a multitude I shall praise Him."[15]

∾

What do I feel when I am summoned to look into spirituality? Heartache and anxiety. Why is that? Because the spiritual demand intensifies inside me, and my soul feels then all the more its ethical and spiritual poverty in general. Truly, the weakness of soul born of this manifestation is an absolute lack; it is a rust of the soul. Against this, one must combat courageously. The spiritual gaze needs to be rich, constant, and wide, mighty and straightforward. The weakness and the inner ache that the ardor of fear of heaven (*yir'at shamayim*) produces within the soul is in and of itself a deficiency and a disease, and we need to acquire clear concepts in this field of holiness, until the uncouth fearfulness[16] dissipates and is replaced with strength and broadmindedness.

∾

---

15. Psalms 109:30.
16. Hebrew, *silud*. See Job 6:10 and commentaries.

אֲנִי מַרְגִּישׁ בּוּשָׁה לַעֲסֹק בְּסִתְרֵי תוֹרָה, מִפְּנֵי הַשִּׁפְלוּת הַמֻּרְגֶּשֶׁת בְּנַפְשִׁי. זֶה בְּעַצְמוֹ
צָרִיךְ לִהְיוֹת מַפְתֵּחַ לָשׁוּב לְאֶחֹז בְּאוֹר הַגָּדוֹל שֶׁל חַיֵּי עוֹלָם, שֶׁהוּא מְעוֹדֵד שְׁפָלִים
וּמְחַיֶּה שְׁבוּרֵי לֵב.

❧

אֵין לַעֲצֹר אֶת הַצִּיּוּר הַמִּסְתּוֹרִי, זֶהוּ רָז הַיְצִירָה. הַהִגָּיוֹן הַסּוֹדִי הוּא מַצְמִיחַ נְשָׁמוֹת
חֲדָשׁוֹת, נְשָׁמוֹת נִגְאָלוֹת, נְשָׁמוֹת גּוֹאֲלוֹת, נְשָׁמוֹת מְשִׁיחִיּוֹת. רָז הָרָזִים – הַסָּתוּם
וְהַגָּלוּי בּוֹ מִתְאַחֲדִים, וּמִמְּקוֹר הַכָּמוּס – הַגָּלוּי וְהֶחָשׂוּף מִתְבָּרֵךְ, וְהָעוֹלָם הַחַבְרוּתִי
וְכָל תַּרְבִּיּוֹתָיו, מִתְבָּרְכִים מִמְּקוֹר הַיָּשָׁר הַנִּכְמָס בְּמַעֲמַקֵּי הָרָזִים. וַאֲנִי, הִנְנִי עוֹרֵג
לְצֶמַח ד', לְהוֹפִיעַ אוֹר יְשׁוּעָה, לֹא אָסֹג מַדַּרְכִּי, אַף כִּי רַבִּים אוֹיְבַי וְקָמַי, וְיוֹתֵר מִכָּל
אוֹיְבַי הֲלֹא הִנְנִי בְּעַצְמִי הַמִּתְקוֹמֵם עָלַי, קַטְנוּתִי מִתְקוֹמֶמֶת עַל גַּדְלוּתִי, וְשַׁחוּת
נַפְשִׁי גּוֹעֶרֶת עַל גְּאוֹנָהּ. אָמְנָם, לֹא יַכֹּף גְּאוֹנִי אֶת רֹאשׁוֹ מִפְּנֵי אֵימַת צִלְלֵי הַקַּטְנוּת.
וְאַף כִּי יַאֲרִיכוּ מְאֹד אֶת קוֹמָתָם – אַךְ צְלָלִים הֵם, וּבַמָּקוֹם אֲשֶׁר הַשֶּׁמֶשׁ בְּאוֹרָהּ
תּוֹרַח, הֵם יָנוּסוּ.

❧

מָה אֶתְבַּהֵל מִפְּנֵי הַמְשָׁלִים הַסְּפוּגִים, הַמַּטִּילִים אֵימָה וָפַחַד, הֲכִי מִבַּלְעֲדֵיהֶם
עוֹלָמֵנוּ הוּא יוֹתֵר מוּאָר? הֲלֹא אַךְ חֶשְׁכַת אַשְׁמַנִּים שׁוֹלֶטֶת הִיא בְּכָל הַגָּלוּי! וְלַחַיִּים
קוֹרֵא הָרָז, הַמּוֹשִׁיט לִי אֶת אוֹרוֹתָיו עַל-יְדֵי מַחְשַׁכֵּי מִשְׁלָיו, שֶׁמְּסַכְאוֹבֵיהֶם הָרוּחָנִיִּים
הֵם הֵם מְעוֹרְרִים בָּנוּ אֶת חַיֵּי הָרוּחַ הָאֵיתָנִים, חַיֵּי הָעֹז, חַיֵּי הַגְּאֻלָּה. הֲלְאָה כָּל
פַּחַד! לְבָבִי מָצוּר חָזָק – אַף כִּי עָדֵין וְסָפוּג הוּא, פָּתוּחַ לְכָל רֶגֶשׁ זַךְ, וְעוֹרֵג בְּכָל עֹז
לְכָל הַרְגָּשָׁה אֲצִילִית, מְלֵאָה חֹפֶשׁ.

❧

_____

17. Hebrew, *Tsemaḥ Hashem*. The phrase is taken from Isaiah 4:2. Cf. Zechariah 3:8,
6:12. See Rabbi David Altschuler, *Metsudat David* ad loc.

I feel ashamed to engage in the secrets of Torah because of the lowliness perceived in my soul. This itself should be a key to once again grasp the great light of eternal life, which encourages the lowly and revives the brokenhearted.

⟆

One must not stop the mysterious imaging. This is the mystery of the Creation. The secret logic produces new souls, redeemed souls, redeeming souls, messianic souls. The mystery of mysteries – the hidden and the revealed are united in it. And from the concealed source – the revealed and the manifest burgeon, and the societal world with all its culture burgeons from the source of rectitude concealed in the depths of the mysteries. And I, I am longing for the Messiah[17] to manifest the light of salvation. I shall not retreat from my way, though my enemies and opponents are many, and more than all my enemies, I myself am my own adversary. My smallness rises up against my greatness, and my stooped soul repudiates its genius. However, my genius will not lower its head before the terrifying shadows of smallness. And even if they should stretch their stature – they are but shadows, and in a place where the sun shines – they shall flee.

⟆

Why should I be frightened by the hidden parables [of the Kabbalah] that instill fear? Without them, is our world more luminous? Deathly darkness pervades all the exoteric! And the mystery calls to life. [The mystery] extends to me its lights through the darkness of its parables. Their spiritual pains are what stir in us a strong life of the spirit, a life of redemption. Be gone, all fear! My heart is stronger than rock – though it be gentle and absorbent, open to every pure emotion, and pining with all its might for every exalted feeling full of freedom.

⟆

אִם אֶטְעַם טַעַם מַר רוּחָנִי בְּהֶגְיוֹן רָזֵי תוֹרָה, אַל יִירָא לִבִּי. וְאוֹסִיף עַל הַשְׁקִידָה וְעַל הַהִתְדַּבְּקוּת הַמַּחֲשַׁבְתִּית, עַד אֲשֶׁר יֵהָפְכוּ הַמַּיִם הַמָּרִים לִמְתוּקִים, וְהָיָה בְּפִי כִּדְבַשׁ לְמָתוֹק.

❧

אַל יִפֹּל עָלַי לִבִּי אֲפִלּוּ אִם חוֹשְׁבִים אֶת הֶגְיוֹנוֹתַי לִדְבָרִים דִּמְיוֹנִיִּים, מִכָּל-מָקוֹם הֲלֹא גַם הַדִּמְיוֹן כְּשֶׁהוּא נוֹטֶה לִקְדֻשָּׁה וּלְמוּסָר יֵשׁ בּוֹ תּוֹעֶלֶת וָצֹרֶךְ. וּמִי יוֹדֵעַ אֶת הָאֱמֶת לַאֲמִתָּהּ בֵּין בְּנֵי אָדָם שֶׁמַּחְשְׁבוֹתֵיהֶם הָבֶל. וְאָנוּ אֵין לָנוּ כִּי-אִם לְפַתֵּחַ כָּל אֶחָד אֶת כִּשְׁרוֹן רוּחוֹ בְּדֶרֶךְ הָאוֹר, הָאֱמֶת וְהַטּוֹב, כָּל אֶחָד עַל-פִּי שֹׁרֶשׁ נְטִיַּת נִשְׁמָתוֹ. וְכֵיוָן שֶׁאֲנִי מַרְגִּישׁ נְטִיָּתִי הַפְּנִימִית בְּתֹכֶן רַעְיוֹנוֹתַי שֶׁהֵם מְפַכִּים וְנוֹבְעִים בְּקִרְבִּי בְּכָל עֵת, וּבִיחוּד בְּעֵת הַדִּבּוּר וְהַהַשְׁפָּעָה, הֲרֵי הוּא חֶלְקִי וְנַחֲלָתִי. וְאַף-עַל-פִּי שֶׁאֲנִי צָרִיךְ לְהִתְחַזֵּק בְּיֶתֶר חֶלְקֵי הַתּוֹרָה, וּבִיחוּד בְּגוּפֵי הֲלָכוֹת, אֲבָל לָלֶכֶת נֶגֶד טֶבַע רוּחִי, זֶהוּ דָּבָר שֶׁאִי-אֶפְשָׁר וְאֵינוּ צָרִיךְ.

❧

וְאִם אֲנִי מְדַבֵּר הַפְלָגוֹת, וְאִם אֲנִי מְדַבֵּר גּוּזְמוֹת, הֲיֵשׁ בָּהֶן בֶּאֱמֶת שֶׁקֶר? הֲלֹא אֶת הֲגוּת נִשְׁמָתִי אֲנִי מְגַלֶּה, אֶת אוֹרוֹת רוּחִי אֲנִי חוֹשֵׂף! וְגִלּוּיֵי אוֹרוֹת וְחֹשֶׂף נִשְׁמָה, הֲרֵי הִיא יְצִירָה כַּבִּירַת עֵרֶךְ. וְעוֹמֵד אֲנִי עַל הַפִּסְגָּה שֶׁל "שְׁאֵרִית יִשְׂרָאֵל לֹא-יַעֲשׂוּ עַוְלָה, וְלֹא-יְדַבְּרוּ כָזָב, וְלֹא-יִמָּצֵא בְּפִיהֶם לְשׁוֹן תַּרְמִית".

❧

שְׁאֵלָה הִיא זוֹ, אִם אֲנִי צָרִיךְ לִלְמֹד, אִם הַלִּמּוּד אֵינֶנּוּ דּוֹחֶה אֶצְלִי אֶת הֶגְיוֹן הַלֵּב, אֶת רַחֲשֵׁי הַנְּשָׁמָה, הַהוֹלְכִים וּמִתְגַּלִּים תָּמִיד כְּגַלֵּי יָם מִתּוֹךְ הַסְּעָרָה, אִם

If I taste a bitter spiritual taste in the study of the mysteries of the Torah, my heart shall not fear. I will increase study and thoughtful communion until the bitter waters turn sweet, and will become in my mouth as sweet as honey.

❧

Let me not be crestfallen even if my thoughts are dismissed as products of the imagination. Does not imagination too – when inclined to holiness and morality – have utility and serve a need? And who among people – whose thoughts are vanity – knows the truth of truth? What remains for us is that each of us develop his spiritual talent in the way of the light, the truth, and the good – each according to the root of his soul. And since I feel my inner inclination in the content of my thoughts which flow inside me at all times, and especially at times when I speak and influence – certainly this is my portion and my legacy. And though I need to become stronger in the other portions of the Torah, especially in laws (*halakhot*), yet to go against the nature of my spirit, this is something that is impossible and unnecessary.

❧

And if I speak in hyperboles and exaggerations – are they really false? I am revealing my soul's thought; I am baring the lights of my spirit! And the revelations of lights and the baring of soul is certainly a creation of mighty value. And I stand at the summit of "the remnant of Israel shall not do iniquity, nor speak lies, neither shall a deceitful tongue be found in their mouth."[18]

❧

This is a question: If I should learn, doesn't learning dispel the logic of the heart, the stirrings of the soul that are forever breaking like waves of a stormy sea? Is not this revelation itself – coming from the depths

---

18. Zechariah 3:13.

הַהִתְגַּלּוּת הַזֹּאת, הַבָּאָה מִתּוֹךְ מַעֲמַקֵּי הָרוּחַ, אֵינָהּ גּוּפָהּ שֶׁל תּוֹרָה תְּמִימָה, הַנּוֹבַעַת מִשֹּׁרֶשׁ הַיְחִידָה הָעֶלְיוֹנָה שֶׁבַּנֶּפֶשׁ, שֶׁכָּל לִמּוּד הַדּוֹחֶה אוֹתָהּ הֲרֵי יֵשׁ בּוֹ גּוּפוֹ מַשּׁוּם בִּטּוּל תּוֹרָה. אֲבָל מִי יִפְתֹּר לָנוּ חִידַת עוֹלָם זֹאת? מִי יַצִּיג גְּבוּל לָרוּחַ? מִי יֹאמַר לוֹ עַד פֹּה תָבֹא? וּמִי יָמֹד לָנוּ אֶת הַמִּדִידוֹת הַקְּצוּבוֹת וְהַמַּגְבִּילוֹת, לוֹמַר עַד כָּאן הוּא גְּבוּל הַתּוֹרָה וְהוֹפַעַת חֲדוּשֶׁיהָ, וּמִכָּאן וְאֵילָךְ כְּבָר בָּא הַגְּבוּל אֶל תּוֹךְ רַעְיוֹנוֹתָיו הַחִלּוֹנִיִּם שֶׁל הָאָדָם, שֶׁאֲנִי יָכוֹל לִקְרֹא אוֹתָם בְּכָל שֵׁם שֶׁל כָּבוֹד וְשֶׁל כִּשָּׁרוֹן שֶׁאֶרְצֶה, יִהְיוּ שִׁירִים, מִכְתָּמִים, מְלִיצוֹת, חֶזְיוֹנוֹת, רַעְיוֹנוֹת, הֶגְיוֹנוֹת, אֲבָל לֹא דִּבְרֵי תוֹרָה? הוֹי, כַּמָּה קָשִׁים הֵם הַחַיִּים הָרוּחָנִיִּם וְכַמָּה נְבוּכִים הֵם אָרְחוֹת תְּעַצוּמוֹתֵיהֶם! מִי יוּכַל לַחְקֹר כָּאן חֻקִּים? מִי יוּכַל לַחֲרֹט קַוִּים בְּמָקוֹם אֲשֶׁר כָּל הַיְסוֹד נֶעֱלָם, וְהוֹלֵךְ וּמִטַּשְׁטֵשׁ מִן הָעַיִן? כָּאן עֶזְרָה מִקֹּדֶשׁ דְּרוּשָׁה בְּהִתְגַּלּוּת. "יִצְפֹּן לַיְשָׁרִים תּוּשִׁיָּה, מָגֵן לְהֹלְכֵי תֹם".

❧

יֵשׁ עִצָּבוֹן שֶׁבָּא מֵעֹשֶׁר רוּחָנִי, וְיֵשׁ שִׂמְחָה שֶׁבָּאָה מִתּוֹךְ עֲנִיּוּת הַדַּעַת. הָא כֵּיצַד? מִתְגַּבְּרוֹת עָלַי הַהוֹפָעוֹת, חֶזְיוֹנוֹת מֵחֶזְיוֹנוֹת בָּאִים לְנֶגֶד עֵינֵי הָרוּחָנִיּוּת. מַבִּיט אֲנִי בַּסְּפָרִים, וּבַסְּפָרִים הַיּוֹתֵר קְדוֹשִׁים וְהַיּוֹתֵר נִשְׂגָּבִים, וּמַעְיָנוֹתֵיהֶם חַיִּים וּמְפַכִּים, מַנְבִּיעִים הֵם בְּכֹחָם הַמְּקוֹרִי בְּרוּחִי פְּנִימָה מַעְיָנוֹת רַבִּים. וְעַל כָּל חֶזְיוֹן נוֹלָד הֶמְיוֹן פְּנִימִי, מֵהֵיכָן כָּל זֶה בָּא? רֵאשִׁית הֶחָזוֹן וּוַדָּאוּתוֹ, מֵהֵיכָן הוּא נִמְשָׁךְ? וְהַנְּשָׁמָה מִצְטַעֶרֶת בְּעַצְבוֹנָהּ עַל שִׂמְחַת עָשְׁרָהּ. וְהָעִצָּבוֹן הַזֶּה מְעַדֵּן אֶת הָרוּחַ, מְחַדֵּד אֶת הַשֵּׂכֶל, וּמַרְטִיב אֶת הַלֵּשַׁד שֶׁל הַחַיִּים הָרוּחָנִיִּם. וִידִיעוֹת מְקוֹרִיּוֹת, וּמְקוֹרִיּוֹת שֶׁל מְקוֹרִיּוֹת, וְהַקְשָׁבוֹת רַבּוֹת עֵרֶךְ, גְּדוֹלוֹת וּרְחָבוֹת, נוֹלָדוֹת, וְהֵן בָּאוֹת עִם תְּעוּדוֹת וַדָּאיוּתֵיהֶן, וְהֵן מַעֲלוֹת אֶת הַנְּשָׁמָה לְמָקוֹם עֶלְיוֹן. וּבַמָּקוֹם הָעֶלְיוֹן בָּאָה הַשְּׁאֵלָה עוֹד הַפַּעַם, מֵחָדָשׁ, עַל הַוַּדָּאיוֹת הַחֲדָשׁוֹת, הָעֲשִׂירוּת הַיּוֹתֵר עֶלְיוֹנָה, שֶׁבַּתְּחִלָּה

of the spirit – a perfect Torah, flowing from the root of the highest level of the soul, *yehidah*? And does not the learning that dispels it constitute a waste of Torah (*bittul Torah*)? But who will solve for us this eternal riddle? Who will draw the borders of the spirit? Who will say to [the spirit]: "Until here you can come"? And who will measure for us precise measurements, to say: "Until here is the domain of the Torah and manifestation of its novellae; beyond this point is already the domain of man's secular thoughts"? I can call them by whatever distinguished, clever name I want – poems, epigrams, interpretations, visions, thoughts, reflections – but not words of Torah. Oh, how difficult is spiritual life, and how perplexing its ways! Who can legislate here? Who can draw lines in a place where the entire foundation vanishes from vision?

Here there is required open assistance from the holy place.

"He hides for the upright sound advice, a shield to those who walk in simplicity."[19]

❧

There is a sadness that comes from spiritual wealth, and there is a happiness that comes from intellectual poverty. How so? Revelations overwhelm me; visions upon visions come before my spiritual eyes. I look in books, and the loftiest, holiest books, and their wellsprings are living and gushing; with their primal energy they set flowing in my inner spirit many more springs. [Yet,] at every vision, there is born an inner disquiet: "From where is all this coming?" From where is the original vision and its certitude drawn? And the soul is saddened by the very happiness of its [spiritual] wealth. And this sadness refines the spirit, sharpens the intellect, and moistens the marrow of spiritual life. And original discoveries, and origins upon origins, and great and broad attunements of much value are born, and they come with validations and lift the soul up to a higher place.

And at that higher place, the question arises once again anew – concerning the new certainties, the higher wealth. At first [that wealth] appears

---

19. Proverbs 2:7.

מוּפַעַת הִיא בִּכְלִיל הוֹדָהּ בְּיִפְעַת שִׂמְחָתָהּ, וְאַחַר־כָּךְ בָּאָה הַשְּׁאֵלָה – בֶּן מִי זֶה
הָעֶלֶם, אִם כָּשֵׁר הוּא לָבוֹא בַּקָּהָל. וְהָרַעְיוֹן הַמֶּחְקָרִי חוֹזֵר וְנֵעוֹר, מְבַקֵּשׁ לוֹ נְתִיבוֹת,
וּמְבַקֵּשׁ וּמוֹצֵא. וְהַוַּדָּאִיּוּת הַחֲדָשָׁה מִשְׁתָּרֶשֶׁת עָמֹק עָמֹק בַּנְּשָׁמָה, בָּאָה לְכֹחַ שֶׁל
פְּעֻלָּה, דְּחִיפָה חֲזָקָה לְהַשְׁפִּיעַ וּלְהֵיטִיב אֶת הַחַיִּים שֶׁל חוּג רָחָב – בָּאָה וּמְפַעֶמֶת.
עַד הָעֲלִיָּה הַחֲדָשָׁה, שֶׁעַל־יָדָהּ הַכֹּל נִשְׁכָּח. כָּל הֶעָשֶׂר הֶעָבַר גָּז וְחָלַף, וְצִיּוּרִים
מֵעוֹלָם יוֹתֵר עֶלְיוֹן בָּאִים, אֲוִיר דְּכֵי, טָהוֹר וְרַעֲנָן, מְאוֹרוֹת זוֹרְחִים, בְּצוּרָה שֶׁלֹּא
פָּלְלָה מֵעוֹלָם. וְעַל־דְּבַר הֶעָבַר אֵין זִכָּרוֹן, הַהֹוֶה וְהֶעָתִיד מְלַבֵּב וּמַנְעִים, הַיְצִירָה
הוֹלֶכֶת וּמִתְרַבָּה, וְהַוַּדָּאִיּוּת עוֹלָה לִמְרוֹם־קִצָּהּ. וְהִנֵּה רוּחַ חֵקֶר בָּא, וּמַכְנִיס עִצָּבוֹן
חָדָשׁ, כְּדֵי לְהוֹלִיד שִׂמְחָה עֶלְיוֹנָה, וְגִלּוּי עוֹלָם מְתֻקָּן. "אֲשֶׁר לֹא־סֻפַּר לָהֶם רָאוּ,
וַאֲשֶׁר לֹא־שָׁמְעוּ הִתְבּוֹנָנוּ".

~

לֹא מֵהִתְרַשְׁלוּת בָּא בִּטּוּל תּוֹרָה שֶׁלִּי, כִּי־אִם מִגַּעְגּוּעִים פְּנִימִיִּים עַל טוּב ד' שֶׁל
רָזֵי תוֹרָה, עַל דְּבֵקוּת עֶלְיוֹנָה. "נַפְשִׁי חָמְדָה בְּצֵל יָדְךָ לָדַעַת כָּל רָז סוֹדְךָ". רַבּוּ עָלַי
אָמְנָם הָעִכּוּבִים מִלְּהוֹצִיא אֶל הַפֹּעַל אֶת עָמְק הַקֹּדֶשׁ שֶׁבְּנִשְׁמָתִי, אֲבָל לֹא מִפְּנֵי
זֶה אָנִיחַ אֶת דַּרְכִּי. דֶּרֶךְ הַקֹּדֶשׁ יִקָּרֵא לָהּ, וְתוֹרָה עֶלְיוֹנָה הִיא מְקוֹר שַׁעֲשׁוּעַי, וְהִיא
תָּבִיא לִי אֶת בִּרְכַּת הַתּוֹרָה, אֶת עֹמֶק הַחֲסִידוּת, אֶת עֲנַת הַצֶּדֶק, אֶת אוֹר הָעוֹ

---

20. I Samuel 17:56.

21. Cf. Yevamot 76b.

22. When the soul ascends from one level of the Garden of Eden to a higher level, it
must pass through *Nehar di-Nur*, the River of Fire, which causes the soul's previous
attainments to be forgotten, in order to make way for the new, higher attainments.
See Daniel 7:10; Ḥagigah 13b; *Zohar* II, 211b; Rabbi Shneur Zalman of Lyady, *Torah
'Or, Mikets*, 31a; *Yitro*, 69c; idem, *Likkutei Torah, Beshallaḥ*, 1d.

with majesty, with happiness, and after, there arises the question: "Whose son is this lad?"[20] "Is he admissible into the congregation?"[21]

The investigation is once again aroused; it seeks pathways, seeks and finds. And the new certitude sinks deep roots in the soul. It is harnessed into action; a strong thrust to influence and carve out the life of a wide circle surges.

Until the next ascent [of the soul], as a result of which, all is forgotten.[22] All the past wealth has disappeared, and conceptions of an even higher world arrive: "pure air,"[23] pure and fresh – shining lights – a conception never imagined. There is no memory of the past; present and future hearten; creation multiplies; and certitude crescendos.

And behold, an investigative spirit arrives, and inserts a new sadness – in order to engender a higher happiness and the revelation of a perfect world.

"That which had not been told to them, they shall see, and that which they had not heard, they shall perceive."[24]

~

My waste of time that could be spent studying Torah (*bittul Torah*) does not come from carelessness, but from inner longing for the goodness of the Lord in mysteries of Torah, for communion above. "My soul coveted the shadow of Your hand, to know all the mystery of Your secret."[25] True, many are the factors preventing actualization of the depth of holiness that is in my soul, but I shall not desist from my way for this reason. "It shall be called the way of holiness."[26] A higher Torah is the source of my delight, and it will bring me the blessing of Torah, the depth of piety, the humility of righteousness, the light of strength and exaltedness. And my

---

23. Aramaic, *avir dekhei*. A term from Zoharic literature.
24. Isaiah 52:15.
25. *Shir ha-Kavod* (The Hymn of Glory), a medieval composition of the Ḥasidei Ashkenaz or Rhineland pietists.
26. Isaiah 35:8.

וְהָרוֹמְמוּת. וְלִבִּי יִפְתַּח לְהַשְׂכִּיל בַּאֲמִתַּת אוֹר ד׳, לְהִתְפַּלֵּל עַל כָּל נֶאֱנָח וְנִדְכָּא, עַל כָּל צָרִיךְ לְרַחֲמִים, עַל הָעוֹלָם כֻּלּוֹ, עַל הַדּוֹר, עַל הַנְּשָׁמוֹת הַנִּדָּחוֹת, עַל כָּל צַעַר וְחִסָּרוֹן, וְיָאִירוּ עֵינַי לְהִצְטַעֵר בְּצַעַר הָעוֹלָם, בְּצַעַר הַשְּׁכִינָה, בְּשֵׂכֶל טוֹב, בְּהַשָּׂגַת ד׳. וַאֲנִי בַד׳ אֶעֱלוֹזָה, אָגִילָה בֵּאלֹהֵי יִשְׂרָאֵל, אֱלֹהֵי יִשְׁעִי, הָאֵל הַמְאַזְּרֵנִי חַיִל וַיָּשֶׂם רַגְלַי כָּאַיָּלוֹת, לַמְנַצֵּחַ בִּנְגִינוֹתָי. וּמַה שֶּׁהַמַּחֲשָׁבוֹת הָעֲשׁוּקוֹת, הַחֲפֵצִים וְהַכִּסּוּפִים, בָּאִים אֵלַי שֶׁלֹּא בְהַדְרָגָה, לְמַעְלָה מִמַּדְרֵגָתִי, אֵין לְפַחֵד מִזֶּה מְאוּמָה, כִּי זֹאת הִיא תְּכוּנַת הַדּוֹר. וּבִפְרָט אֲנִי, שֶׁאֲנִי צָרִיךְ לְאַחֵד אֶת הַכֹּל, אֶת כָּל הַהַרְגָּשׁוֹת, כָּל הַיְדִיעוֹת, הַחָכְמוֹת, הַצִּיּוּרִים, הַשִּׂיחוֹת, הָעֲבָדוֹת, הַשִּׁירוֹת וְהַמְּלִיצוֹת, הַסִּפּוּרִים, וְהַהֲלָכוֹת, הָאַגָּדוֹת וְהַמְּשָׁלִים, וְדֵעִי צָרִיךְ לִהְיוֹת פּוֹנֶה עַל גּוֹי וְעַל אָדָם יַחַד, וּלְצָפוֹת לִצְפִיּוֹת עֶלְיוֹנוֹת, וְלָדַעַת עִמְקֵי תַחְתִּיּוֹת לְהַעֲלוֹת מִשָּׁם פְּנִינִים, אַבְנֵי סַפִּיר וּבָרֶקֶת. עִם כָּל עָנְיִי וַעֲנוּתִי, צָרִיךְ אֲנִי לָדַעַת כִּי מִפְלְאוֹת תָּמִים הִיא עֶמְדַּת נַפְשִׁי, וְכָל הַסִּבּוֹת הַשּׁוֹנוֹת שֶׁבַּמַּצָּבִי. וְעַל כֻּלָּם אוֹדֶה ד׳ וַאֲשַׂמַּח בְּמַתְּנַת חֶלְקִי, וְאֶתְחַזֵּק וְאֶתְאַמֵּץ לְעָבְדוֹ, לְמַעַן שְׁמוֹ בְּאַהֲבָה, בְּשֵׂכֶל גָּדוֹל, וּבִנְטִיַּת אֱמֶת לַאֲמִתּוֹ, לְאַהֲבַת הַקֹּדֶשׁ, הַנִּשְׂגָּב, הַטּוֹב וְהַיָּשָׁר, לְהוֹצִיא מִן הַכֹּחַ אֶל הַפֹּעַל סְגֻלּוֹת יְקָרוֹת, לְהָשִׁיב רַבִּים מֵעָוֹן, לְהַרְבּוֹת אוֹר חֶסֶד עֶלְיוֹן עַל עַמּוֹ וְעַל כָּל יְצוּרָיו.

---

27. Cf. Habakkuk 3:18.
28. Psalms 18:33.
29. Habakkuk 3:19.

heart shall be opened to know the truth of the light of the Lord, to pray for all the oppressed and groaning, for whomever is in need of compassion, for the entire world, for the generation, for the castaway souls, for every pain and lack; and my eyes shall be enlightened to feel the pain of the world, the pain of the divine presence (*Shekhinah*), with good intellect, with divine apprehension.

"And I shall rejoice in the Lord; I shall exult in the God of Israel, the God of my salvation,"[27] "the God Who girds me with strength,"[28] "and made my feet like hinds' [feet],"[29] "for the conductor with my music."[30]

And the fact that the repressed thoughts, the desires and the longing, come to me helter-skelter, beyond my level – one must not fear this in the least, for this is the character of the generation. Especially, I [need not fear], for I need to unite everything: all the feelings, all the information, the wisdoms, the depictions, the conversations, the facts, the songs and the epigrams, the stories, the laws (*halakhot*), the legends (*aggadot*) and the parables; and my ken needs to be directed to the nation and to the [individual] man together, and to look forward to supernal scenarios, and to know the depths of the underworld, in order to bring up from there lustrous pearls. Despite all my poverty and my affliction, I need to know that my state of soul and all the various causes of my circumstance are "the wondrous works of the Perfect [of knowledge]."[31]

And for all of them, I shall thank the Lord and be happy in my lot, and be strong to serve Him, "for His name's sake with love,"[32] with great intellect, and inclination to the honest truth, to love of the holy, the exalted, the good and the upright; to actualize precious gifts; to return many from sin; to increase a light of supernal lovingkindness upon His people and upon all His creations.

---

30. Ibid.
31. Job 37:16.
32. First blessing of the *Shemoneh 'Esreh* or *'Amidah* prayer.

שְׁאִיפָתִי גְדוֹלָה הִיא לְחַבֵּר

צָרִיךְ אֲנִי לְיַשֵּׁב אֶת דַּעְתִּי בְּיַחַשׂ לְהַיְדִיעוֹת שֶׁל הָרָזִים הָעֶלְיוֹנִים עִם יְדִיעוֹת
הַפְּשָׁטִיּוֹת שֶׁל הַתּוֹרָה, וְאֵלֶּה בְּיַחַד עִם הַיְדִיעוֹת הָאֱנוֹשִׁיּוֹת, וְכָל הַהַרְגָּשׁוֹת
וְהַנְּטִיּוֹת הַנּוֹבְעוֹת מִמַּעְיְנֵי הַקֹּדֶשׁ עִם יַחוּשָׁן אֶל הַהַרְגָּשׁוֹת וְהַנְּטִיּוֹת הָעוֹלָמִיּוֹת
וְהַחֶבְרָתִיּוֹת, הַנֶּאֱמָרוֹת וְנֶחֱשָׁבוֹת בְּכָל דַּרְכֵי הָעִיּוּן וְהַסִּפְרוּת, וְהַכֹּל צָרִיךְ לִהְיוֹת
כָּלוּל בַּאֲגֻדָּה אַחַת בְּהַרְחָבַת הַדַּעַת, בִּגְבוּרָה וּבְטָהֳרָה. וְאִם לְפִי רֹב הַכַּמּוּת וַהֲמוֹנֵי
הַשְּׁטָפִים מִתְבַּלְבֶּלֶת הַכַּוָּנָה, וְהָרָצוֹן הָאֵיתָן מִתְרוֹפֵף, צָרִיךְ אֲנִי לִשְׁאוֹב מִמַּעְיַן
הָעֶלְיוֹן שֶׁל קֹדֶשׁ-קָדָשִׁים, שֶׁל גְּבוּרָה עֶלְיוֹנָה, עֹז יְשׁוּעוֹת, וְלַעֲמוֹד תָּמִיד בְּדֵעָה
קְבוּעָה בְּהֵיכַל הַקֹּדֶשׁ וּבְאוֹר הַחַיִּים הָאֲמִתִּיִּים וּבְשִׂמְחַת ד' וְהַשָּׂגַת אוֹר עוֹלָם.
וְכָל נִיצוֹץ מִתְלַקֵּט וּמִתּוֹסֵף לְאוֹר הָאֲבוּקָה הָעֶלְיוֹנָה, שֶׁמְּאִירָה אֶת דֶּרֶךְ הַחַיִּים
לָנוּ וּלְעוֹלָם כֻּלּוֹ.

&

Great Is My Aspiration to Connect

I need to formulate my opinion in relation to knowledge of the supernal mysteries [together] with simple readings of the Torah, and these together with human knowledge, and all the feelings and inclinations that flow from the springs of holiness with their relation to the worldly and societal feelings and inclinations, as thought and verbalized in all the disciplines of study and literature – and all needs to be included in a single bond, with broadmindedness, with bravery, and with purity. And if on account of the sheer quantity and the multitude of flows, the intention is confused and the mighty will is weakened, I need to draw from the supernal spring of the Holy of Holies a higher strength, the might of salvations, and stand always with a fixed opinion in the Holy Temple, and in the light of true life, and in the joy of the Lord and the grasp of the light of the world. And every spark is gathered and added to the light of the higher torch that illuminates the way of life for us and for the entire world.

❧

שְׁאִיפָתִי גְדוֹלָה הִיא לְחַבֵּר אֶת הַתּוֹרָה הָרוּחָנִית עִם הַתּוֹרָה הַמַּעֲשִׂית. בַּיָּמִים
הָרִאשׁוֹנִים, בִּימֵי הַנְּבִיאִים בְּוַדַּאי הָיוּ שְׁתֵּי הַתּוֹרוֹת מְחֻבָּרוֹת בְּחִבּוּר גָּמוּר,
וְגַם בִּימֵי הַתַּנָּאִים וְהָאָמוֹרָאִים גַּם־כֵּן, וּמַהֲלַךְ הַתַּלְמוּד הַיְרוּשַׁלְמִי הוּא בְּוַדַּאי
בְּצוּרָה שֶׁל אִגּוּדָם שֶׁל שְׁנֵי חֶלְקֵי הַתּוֹרָה הַלָּלוּ. אָמְנָם חֲתִימַת הַבַּבְלִי בָּאָה לִתֵּן
הָאֶפְשָׁרוּת לְאוֹר הַתּוֹרָה שֶׁיָּאִיר גַּם בַּמַּחֲשַׁכִּים. וְהַזְמַן דּוֹרֵשׁ כָּעֵת לְהַחֲזִיר אֶת
הַהוֹפָעָה לְאֵיתָנָהּ.

❧

קָשֶׁה לִי מְאֹד לַעֲסֹק בְּעִנְיְנֵי הֲלָכָה לְבַד, וְכֵן בְּעִנְיְנֵי אַגָּדָה לְבַד, בְּעִנְיְנֵי נִגְלֶה לְבַד,
וּבְעִנְיְנֵי נִסְתָּר לְבַד. כְּמוֹ־כֵן קָשֶׁה לִי לִנְטוֹת בָּרַעְיוֹן בְּדֶרֶךְ אֱמוּנָה פְּשׁוּטָה לְבַד,
אוֹ בְּדֶרֶךְ מֶחְקָר וְהִגָּיוֹן לְבַד. וְכֵן בִּתְכוּנַת הַהִתְבּוֹדְדוּת לְבַד, וּבִתְכוּנַת הָרֵעוּת
וְהַחֶבְרוּתִיּוּת לְבַד. כִּי כָל הַזְּרָמִים שׁוֹלְטִים בִּי: הָאֱמוּנָה וְהַחֲקִירָה, הָלֹאֻמִּיּוּת
וְהַמּוּסָר, הַהֲלָכָה וְהָאַגָּדָה, הַנִּגְלֶה וְהַנִּסְתָּר, הַבִּקֹּרֶת וְהַשִּׁירָה, אֶת הַכֹּל אֲנִי מְכֻרָח
לִסְפֹּג. וּמִתּוֹךְ הָאַחְדוּת שֶׁל הַמְּרוֹמִים הָעֶלְיוֹנִים, אֲנִי הוֹלֵךְ וְצוֹעֵד לְדָבְקָה בַּד'
בֶּאֱמֶת, לְהַעֲלוֹת אֶת אוֹר קֹדֶשׁ שֶׁל כְּנֶסֶת יִשְׂרָאֵל, בָּרַעְיוֹן וּבְמַעֲשֶׂה, לִמְקוֹר חַיֶּיהָ.
הִנְנִי חוֹלֵם חֲלוֹמוֹת שֶׁל גְּדוֹלֵי־גְּדוֹלוֹת, לַשְּׁחָקִים אֲנִי מַרְקִיעַ, מַעֲצוֹר אֵין לְרוּחַ
דִּמְיוֹנִי וְלִשְׁאִיפָתִי הַקְּבוּעָה. בָּאֲשֶׁר וּבְטוֹב, בַּטָּהוֹר וּבַקֹּדֶשׁ, אֲנִי מִשְׁתּוֹקֵק תָּמִיד
לְהִתְדַּבֵּק. הַטִּבְעִיּוּת הַטְּהוֹרָה שֶׁל הַיְצוּר, שֶׁל הָאֻמָּה, שֶׁל הָאִישׁ, שֶׁל הַשָּׁעָה, שֶׁל
הַנֶּצַח, וּמַה שֶּׁמַּקִּיף אוֹתָהּ, וּמַה שֶּׁמְמַלֵּא אֶת כָּל תֹּכֶן חַיֶּיהָ – הוּא מְשׂוֹשׂ חַיָּי. "כְּמוֹ
חֵלֶב וָדֶשֶׁן תִּשְׂבַּע נַפְשִׁי, וְשִׂפְתֵי רְנָנוֹת יְהַלֶּל־פִּי". "גָּדוֹל ד' וּמְהֻלָּל מְאֹד, וְלִגְדֻלָּתוֹ

---

1. See Lamentations 3:6; Sanhedrin 24a.
2. Psalms 63:6.

My aspiration to connect the spiritual Torah with the practical Torah is great. In the first days, in the days of the Prophets, certainly the two Torahs were completely connected. So too in the days of the *Tanna'im* [of the Mishnah] and the *Amora'im* [of the Gemara]. And the proceedings of the Talmud Yerushalmi are certainly formatted as a bond of these two portions of the Torah. Truly, the sealing of the Tamud Bavli came to enable the light of the Torah to illuminate even the dark places.[1] And now, the time demands restoration of the revelation to its might.

⌐

It is very difficult for me to engage strictly in matters of *Halakhah*, or strictly in matters of *Aggadah*; strictly in exoterica, or strictly in esoterica. Similarly, it is difficult for me to incline strictly to simple faith (*emunah peshutah*), or strictly to philosophy (*meḥkar*) and logic. And so it goes for strict isolation versus strict socializing. For all the streams control me: faith and philosophy; nationalism and morality; *Halakhah* and *Aggadah*; the exoteric and the esoteric; criticism and poetry. I must absorb everything. And out of the unity of the heights above, I advance to truly cleave to the Lord, to raise up the holy light of *Ecclesia Israel* (*Knesset Yisrael*) in thought and deed to the source of her life. I dream great dreams. I ascend to the skies. There is no stopping my imagination and my permanent aspiration. I forever long to cling to the fortune and to the good, to purity and to holiness. The pure nature of the creation, of the nation, of man, of the hour, of eternity; what surrounds [the pure nature], and what pervades all the contents of its life – this is the joy of my life.

"I am sated as with a rich feast; my mouth will praise with joyful lips."[2]

"Great is the Lord and much praised; and His greatness is unsearchable."[3]

---

3. Ibid., 145:3.

אֵין חֵקֶר". "אָבוֹא בִּגְבֻרוֹת ד' אֱלֹהִים, אַזְכִּיר צִדְקָתְךָ לְבַדֶּךָ". "אוֹדְךָ עַל כִּי נוֹרָאוֹת
נִפְלֵיתִי, נִפְלָאִים מַעֲשֶׂיךָ, וְנַפְשִׁי יֹדַעַת מְאֹד".

❦

אֵינִי יָכוֹל לְצַמְצֵם אֶת עַצְמִי בְּעִנְיָן אֶחָד, בְּדָבָר אֶחָד, בְּמַדְרֵגָה אַחַת וּבְסִגְנוֹן
אֶחָד, כִּי־אִם צָרִיךְ אֲנִי לִשְׁאֹב מִכָּל הַסִּגְנוֹנוֹת, מִכָּל הָעִנְיָנִים, מִכָּל הַמַּדְרֵגוֹת, מִכָּל
הַדְּבָרִים. וְאִם אֲנִי רוֹאֶה דֶּרֶךְ אַחַת שֶׁהִיא טוֹבָה בְּעֵינַי, וַאֲנִי רוֹצֶה לְהַמְשִׁיךְ רַק
אֵלֶיהָ, רוֹאֶה אֲנִי אַחַר־כָּךְ אֵיךְ שֶׁשְּׁאָר הַדְּרָכִים מְבַקְשִׁים מִמֶּנִּי אֶת תַּפְקִידָם. אֲנִי
צָרִיךְ לִכְרוֹת וְלִשְׁתּוֹת מַיִם מִבְּאֵרִי, בְּאֵר מַיִם חַיִּים, מֵחֵלֶק הַתּוֹרָה שֶׁבְּנִשְׁמָתִי,
מֵהָאוֹת הַמְיֻחֶדֶת לִי, שֶׁכָּל הָאוֹתִיּוֹת שֶׁבַּתּוֹרָה בָּאוֹת עַל־יְדֵי הַצִּנּוֹר הַזֶּה אֵלַי, וְכָל
הָעוֹלָם כֻּלּוֹ וְכָל עִנְיָנָיו מִתְיַחֲסִים אֵלַי עַל־פִּי זֶה הַתֹּכֶן. בִּתְמִימוּת לֵב, בְּרוּחַ נְכוֹנָה,
בְּנֶפֶשׁ נִדְכָּאָה, בִּגְבוּרָה וַעֲלִיָּה קְדוֹשָׁה אֲנִי צָרִיךְ לְקַבֵּל אֶת כָּל שִׁטְפֵי הַנְּהוֹרוֹת.
אַף־עַל־פִּי שֶׁהֵם בָּאִים אֶצְלִי פְּזוּרִים מְאֹד, סוֹפָם שֶׁיִּתְאַחֲדוּ. רַק לִשָּׂא עֵינַיִם לִמְקוֹר
הָאַחֲדוּת, לִמְקוֹר הַחַיִּים, לְהִתְדַּבֵּק בַּמַּחֲשָׁבָה הָעֶלְיוֹנָה, בִּקְדֻשַּׁת הַתּוֹרָה וְשָׁרְשָׁהּ,
בְּאוֹר חַיִּים שֶׁל שִׂמְחַת גִּילֵנוּ, שֶׁל צוּר יִשְׁעֵנוּ, בַּדֶּרֶךְ הַיְשָׁרָה שֶׁל הַמִּדּוֹת הַטּוֹבוֹת,
שֶׁל הַבִּנְיָן וְהַתִּקּוּן, שֶׁל הוֹד הָעוֹלָם, שֶׁל אֹשֶׁר הַחַיִּים, שֶׁל קְדֻשַּׁת הַיֵּשׁ, שֶׁל עֹמֶק
הַמְּצִיאוּת, לְהִתְפָּאֲרוֹ, לַהֲדָרוֹ, לְהוֹדוֹ וּפְאֵרוֹ שֶׁל כָּל הָעוֹלָמִים, לְבוֹרֵא כָּל הַנְּשָׁמוֹת,
לַאֲדוֹן כָּל הַמַּעֲשִׂים, לְפָאֵר חֵי הָעוֹלָמִים, לִמְקוֹר כָּל הַשִּׁירוֹת, לְיֹפִי הַנֶּאֱצָל שֶׁאֵין

---

4. Ibid., 71:16.
5. Ibid., 139:14.

"I come with [praise of] Your mighty acts, O Lord God; I will mention Your righteousness, You alone."[4]

"I shall thank You, for I am filled with awe, with wonder; Your works are wonderful, and my soul knows very well."[5]

～

I am not able to restrict myself to one subject, to one thing, to one level and one style, for I need to draw upon all the styles, all the subjects, all the levels, all the things. And if I see one way that is good in my eyes and wish to follow it exclusively, I see after how all the other ways ask of me their role. I need to dig and drink water from my well, a well of living waters; from the portion of Torah that is in my soul;[6] from my particular letter [of the Torah][7] that all the letters in the Torah come to me through this conduit; and the entire world and all its affairs relate to me according to this content. I need to receive all the floods of lights with a simple heart, with an upright spirit, with a contrite soul, with strength and holy joy. Though [the lights] come to me in a very scattered state, eventually they will unite. [I need] only to raise [my] eyes to the source of unity, to the source of life;

> to cleave to the supernal thought,
> to the holiness of the Torah and its root,
> to the light-of-life of our joy, of the Rock of our salvation,
> to the straight path of good traits, of building and perfection, of the majesty of the world, of the happiness of life, of the holiness of existence, of the depth of reality,
> to its glory,
> to its beauty,
> to the majesty of all the worlds,
> to the Creator of all the souls,
> to the Master of all the works,
> to the glory of the Life of the Worlds,
> to the source of all songs,

---

6. Mishna Avot 5:20.
7. See above, page 68, note 13.

לוֹ דְּגְמָא, לִמְקוֹר כָּל הָאֲמִתִּיּוֹת, לְרוֹם כָּל הַטּוֹבוֹת, לִדְבֵקוּת הַקֹּדֶשׁ, לִיסוֹד כָּל הַחַיִּים, לְמַעְיָן כָּל הַדֵּעוֹת, לִמְקוֹר הָאֱמֶת, לְאוֹר שֹׁרֶשׁ כָּל קֹדֶשׁ־קֳדָשִׁים, לְרֹאשׁ כָּל רֵאשִׁית וְכָל תַּכְלִית.

~

מָה אֶעֱשֶׂה אָנֹכִי, בַּמֶּה אֶהְיֶה עָסוּק? אִם עֵסֶק תְּמִידִי שָׁוֶה, בִּלְתִּי מְגֻוָּן, רָאוּי לִי, אוֹ עֵסֶק דּוֹלֵג, קוֹפֵץ, מִשְׁתַּנֶּה וּמִתְנוֹדֵד? עַל שְׁאֵלָה זוֹ אֵינִי צָרִיךְ פִּתְרוֹן. אִי הַכְשַׁרְתִּי לְעַסְקָנוּת קְבוּעָה, שָׁוָה וּבִלְתִּי מְגֻוֶּנֶת, הִיא לְמַעְלָה מִכָּל סָפֵק. אֲבָל הַהִתְעַסְּקוּת הַנּוֹדֶדֶת גַּם־כֵּן אֵינָהּ שָׁוָה לִי. כְּשֵׁם שֶׁאֲנִי מוֹצֵא בְעַצְמִי אִי הַכְשָׁרָה לִקְבִיעוּת, לַחֲדְגּוֹנִיּוּת, כָּכָה אֲנִי מוֹצֵא בְעַצְמִי נִגּוּד גָּמוּר לְפֵרוּרִים, לִשְׁבָרִים, לְבִלְתִּי־הַשְׁאָה וּבִלְתִּי־שִׁיטָתִיּוּת. מֻכְרָח אֲנִי לְגֹזֵר, שֶׁאֲנִי הִנְנִי חַדְגּוֹנִי בָּרוּחַ וְרַבְגּוֹנִי בַּנֶּפֶשׁ, כְּלוֹמַר – בַּעַל שִׁיטָה וְהַשְׁאָה בָּאִידֵיאָל, וְקוֹלֵט מִכֹּל וְנוֹטֶה לְכָל הַנִּגּוּדִים בַּמַּעֲשֶׂה וּבְפֹעַל הַצִּיּוּרִי, כְּדֵי לְהַרְאוֹת שֶׁגַּם בִּמְקוֹם הַפֵּרוּד שׁוֹכֶנֶת הָאַחְדוּת, וּבִמְקוֹם הַנִּגּוּדִים שָׁם שׁוֹרֶרֶת הַהַשְׁאָה, בִּמְקוֹם הַמְּרִיבָה שָׁם מְכוֹן הַשָּׁלוֹם. וְהַיּוֹצֵא מִזֶּה, שֶׁבִּמְקוֹם הַחֹל שָׁם מִשְׁכַּן הַקֹּדֶשׁ, וְאוֹר אֱלֹהִים חַיִּים – מְלֹא כָל הָאָרֶץ כְּבוֹדוֹ. זֹאת הִיא שְׁאִיפָתִי וּמִבְחַר מַאֲוַיֵּי.

~

<hr>

8. In Kabbalah, *ru'aḥ* is a higher level of the individual's psychology, while *nefesh* represents a lower level.

to the sublime beauty that is without compare,
to the source of all truths,
to the height of all goodness,
to holy communion,
to the foundation of all life,
to the spring of all opinions,
to the source of truth,
to the light of the root of the Holy of Holies,
to the head of every beginning and every end.

～

What should I do? In what should I engage? Is a steady, even, mono-chromatic endeavor appropriate for me; or [perhaps] an endeavor that is changing, in motion, and "jumpy"? I don't need a solution to this question. That I am unsuited for a steady, even, monochromatic endeavor – is beyond doubt. But a "mobile" endeavor also does not suit me. Just as I find myself unsuited for steadiness, for the monochromatic, so I find in myself total opposition to "crumbs," to fragments, to the unsystematic. I am forced to conclude that I am monochromatic in spirit (*ru'aḥ*) and polychromatic in soul (*nefesh*)[8] – which is to say, on the level of the ideal, [I am] a master of system, [while] in deed and action [I am] eclectic and open to all the oppositions.

[This arrangement is] in order to show that even in the place of separation, dwells unity; in the place of opposition, dwells equality; in the place of strife, dwells peace. And what results from this: In the place of the profane, there is the dwelling place of the holy. And the light of the Living God – "His glory fills the whole earth."[9]

This my aspiration and my fondest desire.

～

---

9. Isaiah 6:3.

צָרִיךְ אֲנִי לִשְׁאֹב מֵהַרְבֵּה מְקוֹרוֹת, שֶׁכֻּלָּם יוֹצְאִים מִמָּקוֹר אֶחָד.

⁓

וּמָה הִיא תְּשׁוּקָתִי הַתְּדִירִית, יוֹתֵר טוֹב לוֹמַר טִבְעִי הַקָּבוּעַ, טֶבַע נַפְשִׁי וּמַהֲלַךְ רַעְיוֹנַי? רַק לְהַתְחִיל מֵחָדָשׁ, מִבְּרֵאשִׁית. תָּמִיד הִנְנִי עוֹמֵד אֵצֶל הַהַתְחָלָה. הַיְדִיעוֹת הַבּוֹדְדוֹת וְהַמְּסֻבָּכוֹת לֹא יַרְחִיקוּנִי לְעוֹלָם מֵהַנְּקֻדָּה הָרֵאשִׁית, שֶׁהַכֹּל תָּלוּי בָּהּ. יוּכַל לִהְיוֹת שֶׁיֵּשׁ כָּאן מִן הַחֻלְשָׁה שֶׁל פַּחַד מֵהַהִתְרַחֲבוּת הַיְתֵרָה. אֲבָל אִי-אֶפְשָׁר כְּלָל לוֹמַר שֶׁאֵין כָּאן גַּרְעִין שֶׁל כִּשָּׁרוֹן טָמִיר, הַמּוֹשֵׁךְ אוֹתִי לְהִתְעַמֵּק בְּהָרֵאשִׁית, בִּתְחִלַּת הַכֹּל, בִּיסוֹדִיּוּת הַהֲוָיָה, בְּרֹז הַמְּצִיאוּת, בְּאִידֵיאַל הָאִידֵיאַלִים, בְּמָרוֹם וְקָדוֹשׁ.

⁓

אֵין לִי לְהִתְבַּיֵּשׁ וְלֹא לְהִתְפַּחֵד מִפְּנֵי חֵשֶׁק הַדְּבֵקוּת שֶׁלִּי, שֶׁהוּא, בָּרוּךְ ד', לִי טֶבַע קָבוּעַ מִשֹּׁרֶשׁ הַקְּדֻשָּׁה שֶׁבַּנִּשְׁמָה. וּלְהֶפֶךְ, כָּל מַה שֶׁאֲנִי רוֹצֶה לָגֹּנ לְגֹנֵנ קְדֻשָּׁה זוֹ, הִנְנִי תוֹעֶה וְנוֹפֵל. וְהִנְנִי חוֹזֵר וְנוֹשָׁע עַל-יְדֵי הִתְעוֹדְדוּת הַגְּדוֹלוֹת הַפְּנִימִית שֶׁלִּי, לָדַעַת שֶׁאֲנִי צָרִיךְ לִשׁוֹטֵט לְמַעְלָה מִכָּל הַפְּרָטִים, וּלְהִדַּבֵּק תָּמִיד בְּשֹׁרֶשׁ הַקֹּדֶשׁ שֶׁל הַתּוֹרָה וְשֶׁל כָּל הָעוֹלָמוֹת. וְאֵין לִי לָחוּשׁ מִשּׁוּם לַעַג, וַד' יִהְיֶה בְכִסְלִי וְשָׁמַר רַגְלִי מִלָּכֶד.[10]

⁓

עַל-יְדֵי הַשִּׁיטָה הַכְּלָלִית אֶזְכֶּה לַכֹּל, גַּם לְכָל הַפְּרָטִים, לַחָכְמוֹת פְּרָטִיּוֹת, לְדִינִים בְּרוּרִים בַּהֲלָכָה וְחִקּוּר דִּין, לְפִלְפּוּלִים וְלִדְרָשׁוֹת. אֲבָל כָּל אֵלֶּה רַק דֶּרֶךְ אַגָּב, וְהָעִקָּר הוּא מַה שֶׁאֲנִי וְדוֹרֵשׁ אוֹר הָאֱמֶת הָעֶלְיוֹנָה בְּכָל יְפָעוֹתֶיהָ.

---

10. Cf. Proverbs 3:26.

I need to draw from many sources, all of which emanate from one source.

~

And what is my permanent passion, better said, my permanent nature, the nature of my soul and the process of my thought? Only to begin anew, from the beginning – *Bereshit*. I stand forever at the beginning. Intricate information shall never distance me from the starting point, upon which all depends. There may be here an element of weakness brought on by fear of excessive expansion. But it is utterly impossible to deny the kernel of hidden talent here that draws me to go deeper into the beginning, into the beginning of all, into the foundation of existence, into the mystery of reality, into the ideal of ideals, into the lofty and holy.

~

I need not be ashamed nor cower because of the ardor of my cleaving (*devekut*) [to God], which is, thank the Lord, my permanent nature, from the root of holiness that is in the soul. The opposite – the more I want to hide this holiness, [the more] I stumble and fall. And I return and am rescued by encouragement of my inner greatness, to know that I need to sail above all the particulars, and to forever cling to the root of holiness of the Torah and of all the worlds. And I need not pay heed to any derision.
"And the Lord will be my trust and keep my foot from a trap."[10]

~

By way of the universal method, I shall merit all: all the particulars, the particular disciplines, clear *Halakhah* and legal inquiry, Talmudic dialectic (*pilpulim*) and sermons (*derashot*). Yet all of these are ancillary; the mainstay is my search for the higher truth in all of its manifestations.

---

11. Isaiah 58:14.

"אָז תִּתְעַנַּג עַל־ד', וְהִרְכַּבְתִּיךָ עַל־בָּמֳתֵי אָרֶץ, וְהַאֲכַלְתִּיךָ נַחֲלַת יַעֲקֹב אָבִיךָ,
כִּי פִּי ד' דִּבֵּר".

~

כַּמָּה אֲנִי צָרִיךְ לְהִתְיַשֵּׁב לְבָרֵר אֶת מַעֲמָדִי הַנַּפְשִׁי, עַד כַּמָּה אֲנִי רַשַּׁאי לְלֶחֶם עִם
רְגָשׁוֹתַי וּמַהֲלַךְ רַעְיוֹנוֹתַי, הַמּוֹלִיכִים אוֹתִי תָּמִיד לְצַד עֶלָּאָה, לְהָרוֹמֵם וְהַנִּשְׂגָּב,
לִהְיוֹת מַשְׁקִיף בְּרוֹמְמוּת הַקֹּדֶשׁ, בִּיסוֹדוֹת הַמּוּסָר הָעֶלְיוֹנִים, בְּמֶרְחֲבֵי הָאֲצִילוּת
הַנִּשְׁמָתִיִּים, וְהַחוֹבָה דּוֹחֶקֶת אוֹתִי אֶל הַצְּדָדִים הַמַּעֲשִׂיִּים. אֲבָל עַד כַּמָּה תּוּכַל
הַחוֹבָה הַמַּעֲשִׂית לִדְחֹק אֶת הָרוּחַ הָאֲצִילִי – זֹאת הִיא שְׁאֵלָה.

~

כַּמָּה גְדוֹלָה הִיא מִלְחַמְתִּי הַפְּנִימִית. לְבָבִי מָלֵא עֲרִיגָה רוּחָנִית גְּבוֹהָה וּרְחָבָה.
חָפֵץ אֲנִי שֶׁהַנֹּעַם הָאֱלֹהִי יִתְפַּשֵּׁט תָּמִיד בְּכָל קְרָבַי, לֹא מִפְּנֵי הֲנָאַת הָעֹנֶג שֶׁבּוֹ,
כִּי־אִם מִצַּד שֶׁכָּךְ צָרִיךְ לִהְיוֹת, מִצַּד שֶׁאַךְ זֶהוּ הַמַּעֲמָד שֶׁל הַמְּצִיאוּת, מִשּׁוּם שֶׁזֶּה
הוּא תֹּכֶן הַחַיִּים. וְהִנְנִי תָּמִיד הוֹמֶה, שׁוֹאֵג בְּעַצְמִיּוּתִי הַפְּנִימִית בְּקוֹל גָּדוֹל – אוֹר
אֱלֹהִים הָבוּ לִי, תַּעֲנוּג אֵל חַי וְשַׁעֲשׁוּעוֹ, גֹּדֶל יִפְעַת בִּקְרַת הֵיכַל מֶלֶךְ עוֹלָם, אֶל
אֱלֹהֵי אָבִי, אֲשֶׁר בְּכָל לִבִּי הִנְנִי נָתוּן לְאַהֲבָתוֹ, אֲשֶׁר פַּחְדּוֹ יְרוֹמְמֵנִי! וְנִשְׁמָתִי הוֹלֶכֶת
הִיא וּמִתְנַשֵּׂאת, מִתְעַלָּה הִיא עַל כָּל הַשְּׁפָלוּת, הַקַּטְנוּת וְהַגְּבוּלִים שֶׁחַיֵּי הַטֶּבַע,
הַגּוּפָה, הַסְּבִיבָה וְהַהַסְכָּמָה, מַגְבִּילִים אוֹתָהּ, לוֹחֲצִים אוֹתָהּ בִּצְבָתִים, מְשִׂימִים
אוֹתָהּ כְּלָה בְּסַד. וְהִנֵּה, שֶׁטֶף חִיּוּבִים בָּא, לִמּוּדִים וְדִקְדּוּקִים לְאֵין תַּכְלִית, סְבוּכֵי
רַעְיוֹנוֹת וְהוֹצָאַת פִּלְפּוּלִים מְדֻיָּקוֹת שֶׁל אוֹתִיּוֹת וְתֵבוֹת, בָּאָה וְסוֹבֶבֶת אֶת נִשְׁמָתִי
הַצַּחָה, הַחָפְשִׁית, הַקַּלָּה כִּכְרוּב, הַטְּהוֹרָה כְּעֶצֶם הַשָּׁמַיִם, הַשּׁוֹטֶפֶת כְּיָם שֶׁל אוֹר.
וַאֲנִי עוֹד לֹא בָּאתִי לְזֹאת הַמַּדְרֵגָה, לִסְכּוֹת מֵרֵאשִׁית עַד אַחֲרִית, לְהָבִין נֹעַם

"Then you shall delight in the Lord, and I will have you ride upon the high places of the earth, and I shall feed you the inheritance of Jacob, your father, for the mouth of the Lord has spoken."[11]

❧

How much I need to resolve, to clarify, my soul's status! To what extent am I permitted to fight with my feelings and my thought process, which forever lead me above, to the exalted and lofty; to observe the height of holiness, the higher principles of morality, the soulful expanses – even as obligations push me into practical aspects? But to what extent can practical obligation push away the supernal spirit? This is the question.

❧

How great is my inner war! My heart is full of a spiritual longing that is high and wide. I desire that the divine pleasantness expand always throughout my interior. Not because of the pleasure that comes with it, but because it should be so, because this is the [true] state of existence, because this is the content of life. And in my inner essence I am forever roaring in a loud voice: "Give me the light of God, the enjoyment of the Living God and His delight, the great beauty of 'visiting the palace'[12] of the King of the Universe, the God of my father, by Whose love I am totally enthralled, Whose fear raises me up!"

And my soul continues to rise, transcending all the lowliness, the pettiness, and the borders that nature, body, environment, and societal approval would impose upon her [i.e., the soul], even as they put her in a vise-grip. And, behold, a flood of obligations arrives, nitpicking studies, convoluted thoughts, Talmudic dialectics (*pilpulim*) derived from minute attention to letters and words – surrounding my soul that is clear, free, light as a cherub, pure as the heavens, flowing as a sea of light. And I still have not come to the level [of being able] to see from beginning to end, to understand the pleasantness of the [halakhic] discussion, to feel

---

12. Cf. Psalms 27:4.

שְׁמוּעָה, לְהַרְגִּישׁ מֶתֶק כָּל דִּקְדּוּק, לִהְיוֹת צוֹפֶה בָּאוֹר שֶׁבְּמַחְשַׁבֵּי עוֹלָם. וְהִנְנִי מָלֵא
מַכְאוֹבִים, וּמְצַפֶּה אֲנִי לִישׁוּעָה וְאוֹרָה, לְרוֹמְמוּת עֶלְיוֹנָה, לְהוֹפָעַת דֵּעָה וּנְהָרָה,
וּלְהַזֶּלֶת טַל שֶׁל חַיִּים גַּם בְּתוֹךְ אֵלֶּה הַצִּנּוֹרוֹת הַצָּרִים, אֲשֶׁר מֵהֶם אֵינַק וְאֶשְׂבַּע,
אֶתְעַנֵּג בְּנֹעַם ד', אַבִּיר תּוֹהַר הָרָצוֹן הָאִידֵאָלִי, רוּם חֶבְיוֹן עֹז עֶלְיוֹן, הַמְמַלֵּא כָל אוֹת
וָקוֹץ, כָּל הֲוָיָה וּפִלְפּוּל. "וָאֶשְׁתַּעֲשַׁע בְּמִצְוֹתֶיךָ אֲשֶׁר אָהָבְתִּי", "וָאָשִׂיחָה בְחֻקֶּיךָ".

~

כַּמָּה דִּקְדּוּק הַפְּרָטִים הַהֲלָכוֹתִיִּים וְהַפִּלְפּוּל מַעֲבִירִים אֶת רוּחַי הַשּׁוֹאֵף
לִגְדוֹלוֹת וּלְכֹלְלוֹת. וּמִכָּל־מָקוֹם, צָרִיךְ אֲנִי לְהִתְגַּבֵּר, וּלְהַכְשִׁיר אֶת עַצְמִי הַכְשָׁרָה
הֲגוּנָה, שֶׁאֶהְיֶה רָאוּי גַּם־כֵּן לְבֵרוּר הֲלָכָה, וְלִפְעָמִים גַּם לְפִלְפּוּלִים רְגִילִים, כִּי סוֹף־
כָּל־סוֹף לֹא יִשָּׁנֶה אָדָם מִמִּנְהַג הַמָּקוֹם, וּמִמִּדַּת דֶּרֶךְ־אֶרֶץ הִיא שֶׁלֹּא לִהְיוֹת עֵר בֵּין
הַיְשֵׁנִים וְלֹא יָשֵׁן בֵּין הָעֵרִים. וּכְשֶׁמְּקַבְּלִים אֵיזוֹ הַגְבָּלָה מִצַּד מִדַּת דֶּרֶךְ־אֶרֶץ, בָּאָה
הָהַרְחָבָה הָרוּחָנִית אֶל הַנֶּפֶשׁ מִצַּד הָרַעְיוֹן הַגָּדוֹל הָאָצוּר בִּכְלַל מִדַּת דֶּרֶךְ־אֶרֶץ,
הַמְתַקֵּן אֶת הַתַּרְבּוּת הַכְּלָלִית שֶׁל הַבְּרִיּוֹת.

~

הַכְּלָל הָאִידֵאָלִי לֹא יְגַלֶּה אֶת כֹּחוֹ כִּי־אִם עַל־יְדֵי הַפְּרָטִים הַמְרֻבִּים, הַמִּסְתַּדְּרִים
יָפֶה בְּהִתְאָרְגְנוּת הֲגוּנָה בְּחַיֵּי הָרוּחַ כְּמוֹ בְּחַיֵּי הַמַּעֲשֶׂה. וְהַפְּרָטִים – עֵרֶךְ אֵין
לָהֶם בְּלֹא הַנְּשָׁמָה הַכְּלָלִית. וּכְשֶׁהִנְנִי מַרְגִּישׁ עֲיֵפוּת רַבָּה מִפְּנֵי הַכֹּבֶד שֶׁל מַשָּׂא
הַפְּרָטִים, הַמְשַׁעֲמֵם וּמַכְבִּיד, הֶכְרַח הוּא לְהָשִׁיב אֶת הַנֶּפֶשׁ עַל־יְדֵי הַשִּׁקּוּי שֶׁל

---

13. Cf. Lamentations 3:6; Sanhedrin 24a.

14. See the following note.

15. Hebrew, *kots*. Cf. Song of Songs 5:2: *"she-roshi nimla tal, kevutsotai resisei laylah"* ("for my head is filled with dew, my locks with the drops of the night"). And see Song of Songs 5:11 (*"kevutsotav taltalim"*); Menaḥot 29b (*"al kol kots ve-kots tilei tilim shel halakhot"*).

the sweetness of every minutia, to discern the light in the "dark places" of the world.[13] And I am filled with pain, and anticipating salvation and light, exaltedness, the appearance of knowledge and illumination, and the secretion of the dew[14] of life even in these narrow ducts. From them, I shall be suckled and satiated; I shall rejoice in the pleasantness of the Lord; I shall recognize the purity of the ideal will, the height of the hidden strength that fills every letter and crownlet,[15] every Talmudic discussion.

"And I shall delight in Your commandments which I have loved."[16]
"And I will converse in Your laws."[17]

~

How much the nitpicking details of halakhic disputation (*pilpul*) sometimes cloud my spirit, which aspires to generalities and to universals! Nevertheless, I need to overcome and prepare myself sufficiently, so that I will also be up to the task of clarification of *Halakhah* (*birur halakhah*), and at times even ordinary disputations (*pilpulim*), for "at the end of the day," a person must not deviate from local custom,[18] and proper etiquette dictates that "one not be awake among sleepers, nor sleeping among the awake."[19] And when we receive some restriction as a result of etiquette, the spiritual expansiveness comes to the soul [precisely] from the great conception stored within etiquette that perfects the general culture of people.

~

The ideal universal reveals its power only through the many particulars that are well organized in the life of the spirit, as well as in practical life. And the particulars have no value without the universal soul. And when I feel great fatigue because of the heavy burden of the particulars, whose effect is sheer boredom – it is a must to revive the soul by the

16. Psalms 119:47.
17. Ibid., 119:48.
18. Bava Metsi'a 86b.
19. Derekh Erets Zuta 5:5.

הַהוֹפָעָה הַכְּלָלִית. וּכְשֶׁהַהַבְהָקָה הַכְּלָלִית מַשְׁטֶּפֶת בְּפַלְגֵי מֵימֶיהָ אֶת הֲמוֹן בִּנְיָנֵינוּ
הַפְּרָטִיִּים הַחֲטוּבִים, הִנְנוּ שָׁבִים לַעֲבֹד הַפְּרָטִים מִתּוֹךְ דַּיְקָנוּת וּזְרִיזוּת.

~

לִפְעָמִים אֵינִי יָכוֹל לִלְמוֹד, וַאֲנִי נוֹטֶה לִשְׁעֲמוּם. וְזֶהוּ מִפְּנֵי שֶׁאֲנִי צָרִיךְ לִפְנוֹת
לְהַמַּחֲשָׁבָה הַפְּנִימִית שֶׁל עַצְמִי, אוֹ לְהַרְחָבַת הַהַרְגָּשָׁה הָעַצְמִית שֶׁלִּי שֶׁהֵן בְּאוֹתָהּ
שָׁעָה יוֹתֵר בְּמַעֲלָה מִלִּמּוּד רָגִיל אוֹ מֵעֲבוֹדָה אַחֶרֶת.

~

צָרִיךְ אֲנִי לְעֵצָה, שֶׁאוֹתָהּ הַשִּׂמְחָה וְקוֹרַת הָרוּחַ שֶׁאֲנִי מַרְגִּישׁ בְּשִׁיטַת מַחְשְׁבוֹתַי
הָרוּחָנִיּוֹת, וּבְעֵסֶק הַדֵּעוֹת וְהַנִּסְתָּרוֹת, תִּהְיֶה עִמָּדִי גַּם־כֵּן בְּעֵת עֲשִׂיַּת הַמִּצְווֹת
הַמַּעֲשִׂיּוֹת וְהַתְּפִלָּה, וּבְעֵת הָעֵסֶק בְּגוּפֵי תוֹרָה הַנִּגְלֵית.

~

אֲנִי צָרִיךְ לְהַמְשִׁיךְ אֶת הָעֹנֶג הַקָּדוֹשׁ שֶׁל הַדְּבֵקוּת הָאֱלֹהִית הַשִּׂכְלִית בְּכָל מַה
שֶׁאֲנִי לוֹמֵד, עוֹשֶׂה, מִתְפַּלֵּל וּמְדַבֵּר. הַנִּגְלוֹת הַהֲלָכוֹתִיּוֹת יֵעָשׂוּ רְטֻבִים, מְלֵאֵי חַיֵּי
נֹעַם שֶׁל קֹדֶשׁ עֶלְיוֹן; יְדִיעָה צְלוּלָה תֶּחָדֹר, לְהָבִין, לְהַשְׂכִּיל וּלְהַרְגִּישׁ, אֵיךְ כָּל
הָאֳרָחוֹת הַסְּבוּכוֹת שֶׁל עָמְקֵי הַהֲלָכוֹת, הוֹלְכוֹת וּבָאוֹת מֵאוֹתוֹ הַמַּעְיָן הַמָּתוֹק
וְהַנָּעִים, שֶׁכָּל הַתַּעֲנוּגִים הַקְּדוֹשִׁים וְכָל מִתְקֵי זִיוֵי הָעֲדָנִים נוֹבְעִים מִשָּׁם.

~

אֵינִי יָכוֹל לָזוּז מֵהַדְּבֵקוּת הָאֱלֹהִית. וְעַל־כֵּן אֲנִי מְחֻיָּב לְהִשְׁתַּדֵּל שֶׁאֶרְאֶה אֶת הָאוֹר
הָאֱלֹהִי וְנָעֲמוֹ בְּכָל מִלֵּי דִרְשׁוּת, בְּכָל דִּבּוּר וּבְכָל מַעֲשֶׂה וּתְנוּעָה, בֵּין שֶׁל עַצְמִי בֵּין

elixir of the universal manifestation. And once the universal flash floods our numerous precise, particular constructions, we resume working the particulars in a punctilious, punctual manner.

❧

Sometimes I am unable to study, and I am listless. And this is because I need to turn to my inner thought, or to the expansion of my emotion, which at that hour is on a higher level than ordinary study or other [spiritual] work.

❧

I am in need of counsel [as to how might] the same happiness and satisfaction that I feel in my spiritual thoughts and in the study of esoterica be with me also at the time that I perform practical commandments and pray, and at the time that I study the corpus of the exoteric Torah.

❧

I need to extend the holy joy of intellectual communion (*devekut*) with the divinity into whatever I learn, do, pray, and speak. The exoteric laws (*halakhot*) will become "moist," full of the pleasant life of the highest holiness; a lucid knowledge will penetrate [enabling one] to understand, to feel how all the complicated ways – the depths of the laws (*halakhot*) – proceed from that sweet spring, from which flow all the holy delights and all the sweet splendors.

❧

I cannot budge from divine communion (*devekut*). Therefore, I am obligated to try to see the divine light and its pleasantness in all optional

שֶׁל אֲחֵרִים, וְקַל־וָחֹמֶר לְהַרְגִּישׁ אֶת גִּלּוּי הָאוֹר הָעֶלְיוֹן דֶּרֶךְ צִנּוֹרוֹת הָאֱמֶת וְהַצֶּדֶק
בְּכָל הַתּוֹרָה כֻּלָּהּ, גַּם בִּפְשָׁטֶיהָ, וּבַהֲוָיוֹת הַהֲלָכוֹתִיּוֹת וְהַפִּלְפּוּלִים. וְזֶהוּ הַטַּעַם
מַה שֶּׁאֲנִי נוֹטֶה תָּמִיד לְצַדֵּד אֶת הַפִּלְפּוּל בְּאֹפֶן הַהִגָּיוֹן הָרְעִיוֹנִי, שֶׁיֵּשׁ בּוֹ גַּם־כֵּן
רֶגֶשׁ הַלֵּב, וְהַכֹּל הוּא מִתּוֹךְ הַנְּטִיָּה הַפְּנִימִית, שֶׁאֲנִי חָפֵץ בְּכָל לֵב שֶׁהָאוֹר הָאֱלֹהִי
בְּתַעֲנוּגוֹ וְאוֹרוֹ יִהְיֶה מְגֻלֶּה לַכֹּל, וְשֶׁהַכֹּל יִתְעַדְּנוּ וְיִתְעַנְּגוּ בּוֹ. וְהִנְנִי צָרִיךְ אֹמֶץ
תְּמִידִי שֶׁלֹּא לָזוּז מִמַּעֲלָה זוֹ, וּלְהַרְבּוֹת אֶת אוֹרָהּ, וְלִסֹל יָפֶה אֶת מְסִלָּתָהּ, וּלְהַכְלִיל
אֶת כָּל דַּרְכֵי הַלִּמּוּד וְהַהַנְהָגָה בְּדֶרֶךְ כְּלָלִי זֶה, שֶׁהוּא אֹרַח צַדִּיקִים הַהוֹלֵךְ וָאוֹר עַד
נְכוֹן הַיּוֹם. וְהִתְאַמְּצוּת שֶׁל הַהַדְרָכָה בְּחֵלֶק הַתּוֹרָה הָעַצְמִי, שֶׁהַנְּטִיָּה הַנִּשְׁמָתִית
מְסַיְּעָה לָהּ, הִיא הַדֶּרֶךְ הַיּוֹתֵר בְּטוּחָה שֶׁל הַכִּוּוּן לְשֹׁרֶשׁ הַנְּשָׁמָה, וְהַנְהָלָתָהּ בָּאֹרַח
הָרָאוּי לָהּ. וְאַף־עַל־פִּי שֶׁהָעוֹלָם כֻּלּוֹ נִדְמֶה לוֹ שֶׁאֵין לוֹ שַׁיָּכוּת לָזֶה כְּלָל, מִכָּל־
מָקוֹם יֵשׁ בְּתוֹכִיּוּת הַלֵּב נְטִיָּה לְהָאִיר אוֹר ד' בְּאוֹתָהּ הַנְּקֻדָּה שֶׁהָרֶגֶשׁ עִם הַשֵּׂכֶל
וְכָל כֹּחַ הַחַיִּים מִתְחַבְּרִים בּוֹ. אָמְנָם כְּדֵי לְהָאִיר אֶת הָאוֹר יָפֶה, כְּדֵי שֶׁיַּעֲשֶׂה אֶת
פְּעֻלָּתוֹ בֶּאֱמֶת, צָרִיךְ לָשׁוּב בִּתְשׁוּבָה גְמוּרָה מֵאַהֲבָה, וּלְפִי גֹּדֶל מַעֲלַת הַתְּשׁוּבָה
יִתְגַּדֵּל כֹּחַ הַהַשְׁפָּעָה עַל הָעוֹלָם כֻּלּוֹ. וְדֶרֶךְ הַתְּשׁוּבָה צָרִיךְ לִהְיוֹת בַּכֹּל, בַּמַּעֲשִׂים
וּבַמִּדּוֹת, בַּדִּבּוּר וּבַמַּחֲשָׁבָה. וּמִכָּל־מָקוֹם אֵין לִדְחוֹת כָּל נְקֻדָּה טוֹבָה, וְכָל חֵלֶק
מֵחֶלְקֵי הַתְּשׁוּבָה שֶׁעוֹלֶה עַל הַלֵּב, צְרִיכִים לְהִזְדָּרֵז וּלְהוֹצִיאוֹ אֶל הַפֹּעַל, בְּדַעַת
וְשִׂמְחָה וּבִטָּחוֹן וְעֹמֶק אֱמוּנָה.

~

---

20. I.e., matters neither required nor forbidden by *Halakhah*.

21. Proverbs 4:18.

22. Mishna Avot 5:20.

matters (*milei di-reshut*),[20] in every speech, action, and movement, whether my own or others'; and all the more so [I am obligated] to feel the revelation of the supernal light through the channels of truth and righteousness in the entire Torah – including its simple meanings, halakhic disputations, and *pilpul*. And this is the reason that I always frame the *pilpul* in a conceptual manner, which includes heartfelt emotion as well. All derives from my inner inclination, that with all my heart I wish that the divine light and its pleasure be revealed to all, and that all may find pleasure in it. I need constant encouragement not to move from this level, [but rather] increase its light, and pave its path, and subsume all the methods of study and conduct in this universal way, which is the "way of the righteous [as the light of dawn], shining brighter and brighter until noon."[21]

And the striving in one's very own portion of Torah,[22] which is aided by the soul's inclination, is the surest way of aiming for the root of the soul and leading her in the way that is appropriate for her. And though the entire world imagines that it has no relevance, nevertheless, within the heart there is an inclination to shine the light of the Lord in the point where emotion and intellect and all the power of life connect. However, in order to illuminate well, so that it be truly effective, one needs to return with "complete return" (*teshuvah gemurah*)[23] of love.

And in proportion to the level of the return will be the strength of its influence upon the entire world. And the way of the return needs to be in all: in deeds and in character traits;[24] in speech and in thought. Nevertheless, one must not reject any good point and we must act with alacrity to actualize – with knowledge, happiness, assurance, and the depth of faith – any aspect of return that arises in the heart.

⁓

23. Cf. Maimonides, *MT, Hil. Teshuvah* 2:1.
24. Maimonides, *MT, Hil. Teshuvah* 7:3.

אֲנִי צָרִיךְ לְהַעֲמִיק אֶת הַהַרְגָּשׁוֹת, וְלִמְצֹא אֶת הֶאָרַת הַנְּשָׁמָה הַטִּבְעִית שֶׁבָּהֶן, וְאַחַר־כָּךְ לְהִתְפַּשֵּׁט בְּשֵׂכֶל קָדוֹשׁ וְטָהוֹר, רָחָב וּמַקִּיף, לְהַשְׂכִּיל בְּצַחְצוּחָם שֶׁל הַמַּשְׂכָּלוֹת הַגְּנוּזִים בַּהַרְגָּשׁוֹת, שֶׁהֵן מִתְגַּלּוֹת עַל־פִּי טֶבַע הַקְּדֻשָּׁה שֶׁיֵּשׁ בָּהֶם, כַּמָּה בְחִינוֹת שֶׁל גִּלּוּיִים עֶלְיוֹנִים, אֲפִלּוּ בְּצוּרָה שֶׁל קַטְנוּת וְכֵהוּת, כְּעֶרֶךְ דַּל שֶׁלִּי, מִכָּל־מָקוֹם כָּל הַמַּדְרֵגוֹת הַיּוֹתֵר גְּבוֹהוֹת, כְּלוּלוֹת הֵן גַּם בְּתוֹךְ הַנִּיצוֹץ הַיּוֹתֵר קָטָן, מֵרֵאשִׁית זִיהֲרָא עִלָּאָה דְּאָדָם הָרִאשׁוֹן, עַד תַּחְתִּית מַדְרֵגוֹת הַדִּמְיוֹן וְהָרֶגֶשׁ, בְּכִשְׁרוֹן הַדּוּמֶה לַכִּשְׁרוֹן שֶׁל פִּיּוּט וְשִׁירָה וּמְלִיצָה, וְכָל הַתְּעוֹרְרוּת שֶׁל רוּחַ נְדִיבָה, הַכֹּל מֵאֵת ד׳ יָצָאָה. "הִפְלָא עֵצָה הִגְדִּיל תּוּשִׁיָּה".

&

יֵשׁ שֶׁקָּשָׁה לִי הַשְּׁקִידָה, מִפְּנֵי שֶׁטֶף הַחִדּוּשׁ שֶׁמִּתְעוֹרֵר הָרוּחַ בְּכָל חֵלֶק קָטָן שֶׁל לִמּוּד. אַף־עַל־פִּי שֶׁאֵין הַדְּבָרִים מִתְבָּרְרִים, כִּי־אִם הוֹלְכִים וְעוֹלִים בְּצוּרָה כֵהָה, בְּכָל־זֹאת עֲתִידִים הֵם לָבוֹא לִידֵי בֵרוּר. וְעַל־כָּל־פָּנִים לֹא מִפְּנֵי רִשּׁוּל רוּחָנִי בָא עִכּוּב זֶה שֶׁל הַשְּׁקִידָה, כִּי־אִם מִפְּנֵי תּוֹסְפוֹת בְּרָכָה, שֶׁצְּרִיכִים לְפָגְשָׁהּ בְּכָבוֹד וְשִׂמְחָה, וּלְהִשְׁתַּדֵּל לְהִנָּצֵל מֵהַמִּגְרָעוֹת שֶׁבָּהּ.

&

אֲנִי צָרִיךְ לְהִתְאַמֵּץ שֶׁאוּכַל לִסּוֹבֵב עִנְיָן מְיֻחָד בְּלֹא קְפִיצָה מֵרַעְיוֹן לְרַעְיוֹן. אַף־עַל־פִּי שֶׁעֶצֶם הַקְּפִיצָה שֶׁמֵּעִנְיָן לְעִנְיָן בָּא מִפְּנֵי מְהִירוּת הַהַשָּׂגָה, וְהַחֵשֶׁק לְהַכְלִיל הַרְבֵּה נוֹשְׂאִים, וְהַשְׁלָמַת הִתְרַחֲבוּת דֵּעָה בְּרוּחַ נָאֱצָל, בְּכָל־זֹאת מוֹנֵעַ הוּא כֹּחַ זֶה אֶת הַהִתְכַּנְּסוּת שֶׁל הָרְכוּשׁ הַמּוּסָרִי, הַמַּדָּעִי וְהַתּוֹרָנִי. אָמְנָם צָרִיךְ אֲנִי מְאֹד לְפַשֵּׁר אֶת הָעִנְיָן, כְּלוֹמַר שֶׁתִּהְיֶה הַהִתְכַּנְּסוּת הַמְיֻחָדָה שֶׁל

---

25. Aramaic, *"zihara 'ila'ah de-Adam ha-Rishon."* The term is taken from Lurianic Kabbalah. See Rabbi Ḥayyim Vital, *Sha'ar ha-Gilgulim, Hakdamah* 32. Cf. Bava Metsi'a 84a: *"Ha-hu zaharurei… me-'eyn shufreh de-Adam ha-Rishon."*

I need to deepen the feelings and find the natural illumination of the soul that is in them, and after – with an intellect, holy and pure, broad and encompassing – understand in a polished manner the philosophical axioms hidden in the feelings, which are revealed by the nature of the holiness that is in them. How many aspects of supernal revelations – even in a form of "smallness" and darkness, as my poor value – nevertheless, all the highest levels are included in the smallest spark, from the "supernal splendor of Adam"[25] until the bottommost levels of imagination and emotion, in a talent resembling that of poetry and song and epigram, and every arousal of a generous spirit – all has come out from the Lord!

"Wonderful is His counsel, and great His wisdom."[26]

Sometimes diligence is difficult for me because of the flood of novellae that is aroused by the spirit in every detail of learning. Though the things are not clarified, but rather come up in a murky manner – despite this, in the future, they will come clear. At any rate, this block to diligence comes about not because of spiritual carelessness, but because of the additional blessing, which must be met with honor and happiness, while trying to be spared its drawbacks.

I need to make an effort to be able to encompass a certain subject without jumping from thought to thought. Though the jumping from subject to subject comes from a quick grasp, and the desire to include many subjects, and the completion of a broad knowledge – despite this, this power prevents the focus on the wealth of ethics, science, and Torah. Truly, I very much need to reach a compromise, whereby the special focus

26. Isaiah 28:29.

הָעִנְיָן הַמְּפֹרָט, הִתְבַּסְּסוּת כָּזֹאת, שֶׁלֹּא תְשׁוֹלֵל מֵהָעִנְיָן הַמְּיֻחָד אֶת הַהַשְׁפָּעוֹת הָעֲשִׁירוֹת שֶׁל כָּל הָעִנְיָנִים הַשׁוֹנִים. שֶׁבֶּאֱמֶת הֲלֹא הָרִכּוּשׁ הָרוּחָנִי, כְּהַמְּצִיאוּת כֻּלָּהּ, מְחֻבָּר הוּא זֶה בָזֶה, וְיוֹנֵק זֶה מִזֶּה, וְדִבְרֵי תוֹרָה בְּיִחוּד דּוֹדִים הֵם זֶה לְזֶה וְרֵעִים הֵם זֶה לְזֶה. וְהֶעְרָה זוֹ אֵינָהּ רַק פְּרָטִית, כִּי־אִם כְּלָלִית הִיא, נוֹגַעַת בְּכָל עֲבוֹדָה וּבְכָל מִצְוָה. כְּשֶׁאָדָם עוֹשֶׂה פְּעֻלָּה טוֹבָה אַחַת, צְרִיכָה מַחֲשַׁבְתּוֹ לִהְיוֹת מְרֻכֶּזֶת בְּזוֹ הַפְּעֻלָּה הַמְּיֻחָדָה, אֲבָל יַחַד־עִם־זֶה צָרִיךְ הוּא לְהַרְחִיב אֶת רַעְיוֹנוֹ עַל כָּל הַמִּצְווֹת כֻּלָּן, וְעַל כָּל סְעִיפֵי הָעֲבוֹדָה, בְּאֹפֶן שֶׁבַּמִּצְוָה הַזֹּאת הַיְחִידָה יִהְיוּ כְלוּלִין כָּל הַמִּצְווֹת עִם כָּל סְעִיפֵיהֶן, כָּל פְּרָטֶיהָ וְדִקְדּוּקֶיהָ וְכַוָּנוֹתֶיהָ, וְתַרְיַ"ג מִצְווֹת הַתְּלוּיִין בָּהּ.

~

אָנֹכִי, שֶׁשְּׁקִידָתִי הָעִיּוּנִית הִיא לִי כָּל־כָּךְ טִבְעִית, כְּשֶׁאֲנִי כָּל־כָּךְ מִתְבַּטֵּל מִשְּׁקִידָה לִמּוּדִית, אֵין זֶה בָא כִּי־אִם מֵרֹב גַּעְגּוּעַ לְהַיְסוֹד הָעִיּוּנִי, הָרָחָב וְהַמֻּפְשָׁט, הַמִּתְעַלֶּה מִכָּל לַחַץ שֶׁל צִמְצוּם וְשֶׁל פְּרָטִיּוּת. אֲבָל גַּם עִם כָּל הָאִידֵיאָלִיּוֹת שֶׁיֵּשׁ בַּבַּטָּלָה זוֹ, אֵינָהּ יוֹצֵאת מִכְּלַל בַּטָּלָה, וּצְרִיכִים לְהִלָּחֵם כְּנֶגְדָּהּ. אֲבָל הַמִּלְחָמָה מֻכְרַחַת לִהְיוֹת לֹא לִלְחֹץ אֶת הַחֵפֶשׁ, אֶת הָאִידֵיאָלִיּוּת הָעֶלְיוֹנָה שֶׁהִיא גִּלּוּי אוֹר הַקֹּדֶשׁ שֶׁבַּשְּׁאִיפָה הַפְּנִימִית שֶׁל הָרוּחַ, אֶלָּא לְכוֹנֵן מְסִלּוֹת אֵיךְ לִמְצֹא אֶת מַשְׂאַת הַנֶּפֶשׁ הַכְּלָלִית גַּם מִתּוֹךְ הַהִתְבַּלְּטוּת שֶׁל הַפְּרָטִים, וְהַהַעֲמָקָה הָעִיּוּנִית וְהַמַּעֲשִׂית שֶׁלָּהֶם בַּתּוֹרָה וּבַחָכְמָה, בְּרֶגֶשׁ וּבַמַּעֲשֶׂה.

~

---

27. Song of Songs Rabbah 1:2.

upon the specific subject will be such that it will not deprive the subject of the rich influences of all the various subjects. For in truth, is not spiritual wealth – like all of existence – interconnected and interdependent? Especially "words of Torah are lovers to one another and friends to one another."[27] And this comment [of the Sages] is not specific [to the study of Torah], but is universal, touching on every [spiritual] service and every commandment. When one does one good action, one's thought must be concentrated on this specific action, but together with this, one must expand one's thought to all the commandments, and all the thoughts of [spiritual] service, in such a manner that in this single commandment will be included all the commandments: "all its particulars, minutiae, and intentions, and the six hundred thirteen commandments dependent on it."[28]

☙

I, for whom studiousness comes naturally – when I slack off from study, this comes about purely because of longing for the broad, abstract theoretical foundation that transcends the stress of specialization. Yet with all of the idealism associated with this slacking off from Torah study (*batalah*) – it is still slacking off, and one must battle it. But the battle must not oppress the freedom, the lofty idealism which is the revelation of the holy light in the inner aspiration of the spirit; rather, [it must] blaze a trail how to find the universal aspiration even within the prominent particulars, and their theoretical and practical depth in Torah and in wisdom, in feeling and in action.

☙

---

28. Kabbalistic meditation before performing a commandment.

אֲנִי נִתְבָּע מִנִּשְׁמָתִי, אַחַר כָּל לִמּוּד וְעִיּוּן, אַחַר כָּל צִיּוּר וְהַשְׁכָּלָה, לְשַׁחְרֵר אֶת
עַצְמִי מֵאוֹתָם הַכְּבָלִים הָרוּחָנִיִּים, שֶׁהַמַּסְגֵּר הַצִּיּוּרִי הַמְפֹרָט אָסַר בָּהֶם אֶת הָרוּחַ,
וּלְשׁוֹטֵט בְּעוֹלָם הַחֵרוּת עַל־יְדֵי הַתַּמְצִית שֶׁל הַהֲאָרָה הַצְּפוּנָה בְּכָל אוֹתָן הָעִנְיָנִים
הַנִּלְמָדִים וְהַמְצֻיָּרִים בִּפְרָטֵיהֶם.

⸻

אָנֹכִי חֲסֵרָה לִי אַהֲבָה עַצְמִית טִבְעִית כָּרָאוּי, מַה שֶׁהוּא לְכָל הָאֲנָשִׁים טֶבַע חָזָק
קָבוּעַ, וּבִשְׁבִיל כָּךְ חֲסֵרִים לִי כַּמָּה דְּבָרִים מוֹעִילִים, הַנּוֹבְעִים מִמְּקוֹר הָאַהֲבָה
הָעַצְמִית הַחֲזָקָה. וְצָרִיךְ אֲנִי לִקְנוֹת אֶת הַכֹּל בִּיגִיעָה וּבְהַרְחָבַת הַשֵּׂכֶל, וּלְהַכְנִיס
אֶת הַכֹּחַ שֶׁל הָאַהֲבָה־לַכֹּל לְתוֹכִיּוּת הַנֶּפֶשׁ הַפְּרָטִית שֶׁלִּי. מִפְּנֵי גֹדֶל הַצִּמָּאוֹן
הָרוּחָנִי שֶׁלִּי, גַּם מִפְּנֵי כַּמָּה פְּגָמִים שֶׁצָּרִיךְ לְתַקֵּן אֶת הַנְּשָׁמָה שֶׁתָּאִיר יָפֶה בְּרוּחַ
וְנֶפֶשׁ שֶׁלִּי, וּלְתַקֵּן אֶת הָרוּחַ וְהַנֶּפֶשׁ יָפֶה, אֲנִי צָרִיךְ לְהַזְרִיחַ הַזְרָחָה רַבָּה שֶׁל מַשִּׂגִים
פְּנִימִיִּים עַל־יְדֵי מֶחְקָר וְקַבָּלָה, בְּלִמּוּד וּמַחֲשָׁבָה, וְאֵינִי מוֹצֵא עֵת בְּכָל עֵת נְעִימוּת
הַתּוֹרָה בְּהַחֲלָקִים הַנִּגְלִים, בַּגְּמָרָא וּפוֹסְקִים. וּמִכָּל־מָקוֹם אֲנִי צָרִיךְ לָזֶה עַצְמִי בְּכָל
מִינֵי זֵרוּז לֶאֱחוֹז בַּנִּגְלֶה בְּרִיהֲטָא וּבְעִיּוּן וּלְחַדֵּשׁ, כִּי אֲנִי מְסֻגָּל בָּרוּךְ ד' לְחַדֵּשׁ הַרְבֵּה,
בֵּין בַּהֲלָכָה, בֵּין בְּאַגָּדָה, בְּכָל חֶלְקֵי פַּרְדֵּ"ס. גַּם אֲנִי צָרִיךְ לְעַיֵּן בְּהַרְחָבַת הַדַּעַת
בִּשְׁאָר מַדָּעִים, וְלַעֲסוֹק בְּהִתְרַחֲבוּת הָרֶגֶשׁ בְּכָל הָרַעְיוֹנוֹת הַחֲדָשִׁים שֶׁל תְּחִיַּת
הָאֻמָּה וּבִנְיַן הָאָרֶץ וְעֹמֶק דַּעַת הַיְשׁוּעָה, שֶׁנַּעֲשָׂה לְיִשְׂרָאֵל עַל־יְדֵי הִתְגַּדְּלוּת
יִשּׁוּב אֶרֶץ־יִשְׂרָאֵל בְּיָמֵינוּ. וּבִכְלָל אֲנִי צָרִיךְ לְהַרְחִיב אֶת דַּעְתִּי מְאֹד, וְאֵינִי צָרִיךְ
לְהִתְיָרֵא מֵחֹפֶשׁ הָרוּחַ כְּלָל.

⸻

<hr />

29. Hebrew, *'olam ha-ḥerut*. This is a translation of the Aramaic *'alma de-ḥeru*, a Kab-
balistic term synonymous with the *sefirah* of *Binah*. See, e.g., *Shemonah Kevatsim*
8:238, or *Orot ha-Kodesh*, vol. 3, p. 186.
30. I.e., universal love.

My soul demands that after every study session, after every intellectual imaging, I free myself of those spiritual shackles in which the detailed imaging bound the spirit, and I traverse the "world of freedom"[29] through the distillation of the illumination hidden in all those subjects learned and imaged in detail.

~

I am lacking the natural self-love that is appropriate, something that for all people is a strong, permanent nature. And for this reason, I am lacking several useful elements that flow from the source of strong self-love. So, I need to acquire all [this] through a conscious effort, by internalizing the power of love for all[30] within my individual soul. Because of my great spiritual thirst; also because of some defects that I need to fix in order that the *neshamah* will illuminate well my *ru'aḥ* and *nefesh*, as well as fixing the *ru'aḥ* and the *nefesh*[31] – I need much enlightenment of inner concepts through philosophy and Kabbalah, through study and thought. I don't always find the pleasantness of Torah in the exoteric portions, in the Talmud and the halakhic codes. Nevertheless, I must prod myself to hold on to the exoteric – both superficial study and in-depth study – and to come up with novel ideas, for, thank the Lord, I have a gift for originality – whether it be in *Halakhah* or *Aggadah* – in all the levels of *PaRDeS* (*Peshat, Remez, Derash, Sod*).[32]

I also need to study in a broadminded manner other sciences, and expand my feeling for all the new conceptions of national renascence and building the Land [of Israel] and awareness of the salvation being performed for Israel through the growth of the *Yishuv* of the Land of Israel in our day. In general, I need to greatly broaden my mind, and I need not fear at all freedom of the spirit.

~

---

31. *Neshamah, ru'aḥ* and *nefesh* are three levels of the soul, from highest to lowest.
32. Traditionally, Torah exegesis is divided into these four levels: the simple meaning (*peshat*); the allegorical (*remez*); the homiletical (*derash*); and the secret (*sod*). The acronym is *PaRDeS*, which means "orchard."

תַּלְמִידֵי חֲכָמִים כָּל מַה שֶׁהֵם יוֹתֵר גְּדוֹלִים בְּמַעֲלָה, וְשֶׁפַע הַשֵּׂכֶל גָּדוֹל אֶצְלָם, אֵינָם קְבוּעִים כָּל־כָּךְ בְּטֶבַע תְּכוּנוֹתֵיהֶם, וְעַל־כֵּן הֵם צְרִיכִים שְׁמִירָה תְּמִידִית וְהַתּוֹרָה מְשַׁמַּרְתָּם. כְּגוֹן אֲנִי, שֶׁהִנְנִי מְסֻגָּל לְמַרְאוֹת וְחֶזְיוֹנוֹת רוּחָנִיִּים, לְמַעְלָה מִן הַשֵּׂכֶל הַהֶגְיוֹנִי, יֵשׁ שֶׁאַף־עַל־פִּי שֶׁלֹּא הוֹצֵאתִי אֶל הַפֹּעַל עֲדַיִן אֶת הַכֹּחַ הַזֶּה, מִפְּנֵי כַּמָּה מְנִיעוֹת, מִכָּל־מָקוֹם לִפְעָמִים גַּם הַהֶכְשֵׁר לְבַדּוֹ מוֹנֵעַ אֶת הַשֵּׂכֶל הַהֶגְיוֹנִי מִשְּׁלִיטָתוֹ הַמְּלֵאָה. וְצָרִיךְ אֲנִי תָּמִיד לְהִסְתַּיֵּעַ בַּסְּגֻלָּה הָרוּחָנִית הַפְּנִימִית, כַּמָּה שֶׁהִיא מוֹפִיעָה עָלַי, אֲפִלּוּ בְּהִתְנוֹצְצוּת מוּעֶטֶת. וּמִכָּל־מָקוֹם אֲנִי צָרִיךְ לְהִתְחַזֵּק וְלָדַעַת, שֶׁסְּגֻלָּתִי הַפְּנִימִית תַּעֲשֶׂה אֶת שֶׁלָּהּ, וְתַכְרִיעַ אוֹתִי וְאֶת הָעוֹלָם לְכַף זְכוּת.

The higher the Torah sages (*talmidei ḥakhamim*), the greater their influx of intellect, the less fixed is their character – and therefore, they are in need of constant guarding, and the Torah guards over them. I, for example, who have a gift for spiritual vision beyond rational thought – though I haven't yet actualized this ability on account of several obstacles, nevertheless, sometimes the very predisposition [to visions] prevents rational thought from [exercising] complete control. And I need always to be aided by the inner spiritual gift, as much as it appears to me, even if it be but a flicker of light. At any rate, I need to be strong and to know that my inner gift will do its part and "tip the scales in my favor and in favor of the [entire] world."[33]

---

33. Cf. Maimonides, *MT, Hil. Teshuvah* 3:4.

לַעֲבֹד עֲבוֹדַת ד'

דַּקָּה הִיא הַרְגָּשָׁתִי כְּשֶׁאֲנִי רוֹאֶה סִפּוּרֵי הַקְּדוֹשִׁים הַצַּדִּיקִים, נִבְהָל וּמִשְׁתּוֹמֵם אֲנִי, בּוֹשׁ אֲנִי מִפְּנֵי קְדֻשָּׁתָם, וַאֲנִי מִתְחַלְחֵל מְאֹד מֵרוֹב עֲווֹנוֹתַי. וּבְכָל זֹאת מִתְחַזֵּק אֲנִי בְּשֵׂכֶל טוֹב. חוֹזֵר אֲנִי בִּתְשׁוּבָה, לְכָל הַפָּחוֹת בְּרַעְיוֹן וּבְהַסְכָּמַת הָרָצוֹן, וְשָׁב אֲנִי לְלִמּוּדַי וְעִיּוּנַי וְלָמַדְתִּי שֶׁאֲנִי יָכוֹל לְסַבְלָה שֶׁלֹּא אֶתְבַּטֵּל מִצִּיּוּרֵי וְהַשָּׂגָתִי, מֵעֲבוֹדָתִי וְהַשְׂכָּלָתִי, שֶׁהִיא מְגַמַּת הַשְּׁלֵמוּת הָרְאוּיָה לְפָנַי.

~

הַבּוּשָׁה הַגְּדוֹלָה, שֶׁאֲנִי מִתְבַּיֵּשׁ מִמַּעֲשֵׂי הַצַּדִּיקִים וּמַדְרֵגוֹתֵיהֶם, וְהַיִּרְאָה הַפְּנִימִית הַחוֹדֶרֶת הַבָּאָה אֵלַי עַל־יְדֵי הַשְׁקָפוֹת הַלָּלוּ, הֵן אוֹת עַל יְחוּסִי לַמִּדּוֹת הַנִּשְׂגָּבוֹת הַלָּלוּ. וּמִפְּנֵי כָּךְ יֵשׁ לִי הַהֶכְרֵחַ לְהִתְגַּבֵּר וּלְהִתְאַמֵּץ בְּטָהֳרָה וּבִקְדֻשָּׁה, בְּשֵׂכֶל טוֹב וְעֹמֶק הָעִיּוּן, בִּדְבָרִים גְּדוֹלִים וּקְדוֹשִׁים, בְּנִפְלְאוֹת הַתּוֹרָה וּבְעֹמֶק הָאֱמוּנָה בִּגְדֻלָּתָן שֶׁל יִשְׂרָאֵל, בְּאַהֲבַת הַבְּרִיּוֹת, וְעַל כֻּלָּם אַהֲבַת ד' הָעֶלְיוֹנָה.

~

To Serve the Lord

I am very sensitive when I see the stories of the holy saints (*tsaddikim*). I am taken aback and astonished. Confronted with their holiness, I am ashamed, and I shudder on account of my many sins. Despite this, I regain my senses. I return (*teshuvah*), at least in thought and resolution. I return to my studies and to the [spiritual] measure that I can tolerate – that will not cancel my imaging and my comprehension, my [spiritual] service and my intellection – which is the direction of perfection appropriate for me.

❧

The great shame that I experience when confronted with the deeds of the saints (*tsaddikim*) and their [spiritual] levels, and the inner fear that penetrates me when I view these – are a sign of my relation to these lofty character traits. As a result, it is imperative for me to be fortified with purity and holiness; with sound reason and deep study; with great and holy matters; with the wonders of the Torah; and with deep faith in the greatness of Israel; with love of humanity; and above all, the supernal love of the Lord.

❧

לֹא דָבָר רֵיק הוּא לְגַמְרֵי, מַה שֶּׁאֲנִי מַרְגִּישׁ בְּעַצְמִי קְצָת יַחַשׂ לְכָל הַמַּדְרֵגוֹת הַגְּדוֹלוֹת שֶׁאֲנִי קוֹרֵא מִצַּדִּיקִים גְּדוֹלִים קְדוֹשֵׁי עֶלְיוֹן, אַף־עַל־פִּי שֶׁאֲנִי אִישׁ רָשׁ וְנִקְלֶה בְּתַכְלִית הַבִּזָּיוֹן וְהַשִּׁפְלוּת הַגְּמוּרָה.

⮜

אַף־עַל־פִּי שֶׁאֲנִי חוֹשֵׁק הַרְבֵּה לְכַמָּה מַדְרֵגוֹת, מִכָּל־מָקוֹם אֲנִי צָרִיךְ לָדַעַת וּלְבָרֵר מַהוּ הָעֵסֶק הַמְיֻחָד שֶׁלִּי. וּמְקַוֶּה אֲנִי לְרַחֲמֵי שָׁמַיִם, שֶׁיִּפָּתַח שַׁעֲרֵי אוֹרָה, שַׁעֲרֵי גְּבוּרָה, שַׁעֲרֵי קְדֻשָּׁה, שַׁעֲרֵי צְדָקָה, קוֹמְמִיּוּת, שַׁעֲרֵי תְּשׁוּעָה וְשַׁעֲרֵי תְּשׁוּבָה שְׁלֵמָה לְהָבִין וּלְהַשְׂכִּיל, לָדַעַת וּלְהַרְגִּישׁ מַה שֶּׁאֲנִי צָרִיךְ לְעַצְמִי, שֶׁהוּא גַם־כֵּן מְעֹרָב עִם כַּמָּה עִנְיָנִים הַנּוֹגְעִים לָעוֹלָם לְיִשְׂרָאֵל וְלַבְּרִיּוֹת. יְמִין ד׳ רוֹמֵמָה וְעוֹשָׂה חָיִל, וְחֶסֶד ד׳ מֵעוֹלָם עַל יְרֵאָיו לְזֹכְרֵי בְּרִיתוֹ וּלְשֹׁמְרֵי פִקֻּדָיו לַעֲשׂוֹתָם.

⮜

חָפֵץ אֲנִי בִּתְשׁוּקָה וַחֲפִיצָה גְּמוּרָה לַעֲבֹד עֲבוֹדַת ד׳, עֲבוֹדַת קֹדֶשׁ עֶלְיוֹנָה, לְמַעְלָה לְמַעְלָה מִכָּל חֹק שֶׁל טֶבַע. אֲנִי רוֹצֶה לְהַכְנִיס בְּתוֹךְ הַטֶּבַע כֻּלּוֹ אֶת הָאוֹר הַחֶפְצִי שֶׁל תְּשׁוּקַת קֹדֶשׁ הַקֳּדָשִׁים שֶׁל הָאִידֵיאַלִיּוּת הָאֱלֹהִית. אֲנִי מִתְיַחֵד עִם כָּל פֶּרֶק שִׁירָה, עִם כָּל הַמְשׁוֹרְרִים, אֲבָל בְּכָל הַיֵּשׁ, הָעוֹלִים בַּשִּׁיר, וּמִתְעַלִּים בַּשִּׁיר, וְנוֹתְנִים הוֹד וְהָדָר לְפָאֵר חֵי הָעוֹלָמִים, בָּרוּךְ הוּא וּבָרוּךְ שְׁמוֹ.

⮜

1. From the Sephardic rite of the *Havdalah* service on Saturday night.
2. Psalms 118:16.
3. Ibid., 103:17. Missing from Rav Kook's quotation are the words *"ve-'ad 'olam."*
4. Cf. Psalms 103:18.
5. Hebrew, *ide'aliyut*. Rav Kook employs this Greek term, out of the Platonic philosophic tradition, as a synonym for the Kabbalistic term for emanation, *atsilut*. See Rabbi Yosef Avivi, *Kabbalat ha-RAYaH*, vol. 1, pp. 62, 247; vol. 4, *Millon ha-RAYaH*, p. 1678, s.v. *ha-ide'aliyut ha-Elohit.*
   Rabbi Tsevi Yehudah Kook justified his father's juxtaposition of terms based on the

It is not totally a vain thing that I feel in me a slight relation to all the great levels of the saints (*tsaddikim*), the holy ones (*kedoshei 'elyon*) that I read about – though I am a poor and extremely lowly man.

~

Though I greatly desire many [spiritual] levels, nevertheless, I need to know and to clarify what is my special endeavor. And I hope for heavenly compassion that will open "gates of light, gates of strength, gates of holiness, gates of charity, [gates of] uprightness, gates of salvation, and gates of complete return (*teshuvah*)"[1] – to understand and to intellectualize, to know and to feel what I need for myself, which is also mixed with several matters affecting the world, Israel, and humanity.

"The right hand of the Lord is exalted and does valiantly."[2]

And "the lovingkindness of the Lord is eternal upon those that fear Him."[3]

"For those who remember His covenant, and for those who keep His precepts to do them."[4]

~

I wish with a passionate desire to serve the Lord, a holy service that transcends every law of nature. I want to bring into all of nature the volitional light – the desire of the Holy of Holies – of the godly ideality.[5] I unite with every "chapter of song" (*perek shirah*),[6] with all the singers of all existence, who ascend in song and are uplifted by song, and give homage to glorify the Life of the Worlds, blessed is He and blessed is His name.

~

saying of the *Zohar* that the Greeks "are close to the way of faith" (*Zohar* II, 237a; *Zohar Ḥadash, Yitro*, 38b), a saying that Rav Kook was fond of quoting. Evidently, Rav Kook interpreted the *Zohar* as observing the proximity of Platonic philosophy to Kabbalah. See Ḥayyim Avihu Schwarz, *Mi-Tokh ha-Torah ha-Go'elet* (Jerusalem, 1989), vol. 3, pp. 215–216. And see the exchange between Rabbi David Cohen (the "Nazir") and Rabbi Tsevi Yehudah Kook concerning "*idealim elohiyim*," in *Dodi li-Tsevi*, ed. Harel Cohen (Jerusalem, 2005), Letters 19 and 20, pp. 48–50, 51.

6. *Perek Shirah* is a work of antiquity of unknown provenance. In it, each creature is assigned a verse from the Bible, which it utters in praise of the Creator.

לֹא אוּכַל לְהַכְחִיד בְּקִרְבִּי אֶת הָרֶוַח הַשּׁוֹקֵק לְאֶחָד בְּהָעֲבוֹדָה הָרוֹמְמָה שֶׁל הָעֲלָאַת
הַנִּיצוֹצוֹת הַקְּדוֹשִׁים, שֶׁל כָּל הַמַּגִּיעַ לַחוּג הַשִּׁמּוּשׁ שֶׁל כָּל הַצְּרָכִים הַגַּשְׁמִיִּים וְכָל
הַקִּנְיָנִים שֶׁהֵם בָּאִים בְּמַגָּעִי וּגְבוּלִי. וְאוֹתוֹ קוֹרַת הָרוּחַ הַמַּגִּיעַ לִי, אֲפִלּוּ עַל־פִּי
הַדִּמְיוֹן הַכֵּהֶה מֵהַצִּיּוּר הַקָּדוֹשׁ שֶׁל עֲבוֹדָה תְּמִימָה וּקְדוֹשָׁה זוֹ, הוּא מְמַלְּאֵנִי עֹז
וּתְעַצוּמוֹת, שֶׁיָּבוֹאוּ לִכְלַל תִּקּוּן עַל־יְדֵי הִתְרַחֲבוּת אוֹר הַתּוֹרָה וְהָעֲבוֹדָה, בְּכָל
הַצְּדָדִים הַהוֹלְכִים וּמִסְתַּעֲפִים. "יַגְדִּיל תּוֹרָה וְיַאְדִּיר".

~

מִפְּנֵי שֶׁאֲנִי צָרִיךְ לִהְיוֹת תָּמִיד קָשׁוּר בִּדְבֵקוּת שֶׁל קְדֻשָּׁה, וּבְיִחוּדֵי שְׁמוֹת
הַקְּדוֹשִׁים, בְּמַחֲשָׁבוֹת רוֹמְמוֹת וְנִשְׂגָּבוֹת, וּבִשְׁפָלוּת אֲמִתִּית, בְּשִׂמְחָה גְּדוֹלָה
וּבִגְבוּרַת אֱמֶת, עַל־כֵּן בְּכָל עֵת שֶׁמִּתְעַלֶּמֶת מִמֶּנִּי לְשָׁעָה אֱמוּנָה גְּדוֹלָה זוֹ בְּהֶהְכָּרַח
שֶׁל הַנְהָגָתִי, וְשׁוֹכֵחַ אֲנִי כַּמָּה גָדוֹל הוּא צַד הַהֶפֶךְ שֶׁבְּנֶפֶשׁ הַטְּמֵאָה, שֶׁהִנְנִי
מֻכְרָח לַעֲמֹד לְנֶגְדָּהּ בְּכֹחַ כָּל־כָּךְ גָּדוֹל וְנִשְׂגָּב, הִנְנִי מוֹצֵא אֶת עַצְמִי כָּל־כָּךְ נֶעֱלָב
וְנָמוֹג. וְהִנְנִי חוֹזֵר לְאֵיתָנִי בְּהֶאָרָה הֲגוּנָה בְּשׁוּב אֵלַי רוּחַ נְדִיבָה, לְדַעַת וּלְהַשְׂכִּיל
אֵיךְ לְהִתְקַשֵּׁר תָּמִיד בְּאַהֲבָה וְיִרְאָה וְשִׂמְחָה וּגְבוּרָה, בֶּאֱמוּנָה רַבָּה וּקְדוֹשָׁה
בְּחַיֵּי הַחַיִּים, אוֹר חֵי הָעוֹלָמִים, צוּר יִשְׂרָאֵל וְגוֹאֲלוֹ, הַמְרַחֵם עַל הָאָרֶץ וּמְרַחֵם
עַל הַבְּרִיּוֹת, הַמְשַׁלֵּם שָׂכָר טוֹב לִירֵאָיו, חַי לָעַד וְקַיָּם לָנֶצַח, בָּרוּךְ הוּא, מַצְמִיחַ
יְשׁוּעוֹת, בּוֹרֵא רְפוּאוֹת נוֹרָא תְהִלּוֹת, אֲדוֹן הַנִּפְלָאוֹת, נוֹתֵן נְשָׁמָה לָעָם וְרוּחַ

---

7. The Halakhic definition of "perfect service" (*'avodah tamah*) is "a service that is not
followed by another service" (*'avodah she-ein aḥareha 'avodah*) (Yoma 24b). The
great masters of Ḥasidism invoked this Halakhic terminology to explain their novel
concept of *'avodah be-gashmiyut*, i.e., serving the Lord when engaging in mundane
activities. For example, eating should be done not merely as a means to an end, say,
in order to have strength to study Torah, but as an end in and of itself, by "raising up
the sparks of holiness" in the very act of eating. See Rabbi Tsevi Hirsch Eichenstein of
Zydachov, *Sur me-Ra' va-'Aseh Tov: Hakdamah ve-Derekh le-'Ets Ḥayyim* (Jerusalem,
1997), pp. 112–113.

I cannot repress within me the spirit that longs to embrace the lofty service of "uplifting holy sparks" (*ha'ala'at nitsotsot kedoshim*) vis-à-vis all the physical needs and all the acquisitions that enter my orbit. And that satisfaction that I derive – even according to the weak imaging of this holy "perfect service" (*'avodah temimah*)[7] – fills me with strength, [seeing] that all these physical aspects achieve correction (*tikkun*) through the broadening of the light of Torah and [spiritual] service.[8]

"He will make the Torah great and mighty."[9]

~

Since I need always to be in a state of holy communion (*devekut*), of unifications (*yihudim*) of divine names, of lofty thoughts, of true humility, of great happiness and true courage – therefore, whenever this great faith is concealed from me, by the necessity of my [acting in a capacity of] leadership, and I forget how great is the opposite side that is in the impure soul, with which I must contend by [summoning] a great and lofty power – I find myself wretched and discouraged. [Yet] I return to my strength with a decent illumination when a generous spirit returns to me: to know how to connect always with love and fear and happiness and courage, with great and holy faith to the Life of Lives,[10] the light of the Life of the Worlds, the Rock of Israel and its salvation, "Who has compassion on the earth and has compassion on the creations, Who pays a good reward to those who fear Him, Who lives forever and exists for eternity, Blessed is He."[11]

"He sprouts salvations, creates cures, is revered in praises, master of wonders."[12]

---

8. See Rabbi Nahman of Breslov, *Likkutei MOHaRaN* I, 33:3 for the notion that there are "letters of Torah" in places where one would least expect them.
9. Isaiah 42:21.
10. Hebrew, *Hayyei ha-Hayyim*. The source of the expression is the Aramaic *Hayyin de-Hayyin* of the *Idra*; see *Zohar* III, 130b.
11. From the *Barukh she-'Amar* blessing recited before *Pesukei de-Zimra* in the morning service.
12. From the *Yotser* prayer recited in the morning service.

לַהוֹלְכִים בְּאַרְצוֹת הַחַיִּים, לְהָכִין לְבָבָם אֵלָיו וּלְהַעֲלוֹת נֶפֶשׁ כָּל חַי לִמְרוֹמֵי אֲשֶׁר
וְעֵדֶן גָּדוֹל, לְהַשְׂבִּיעַ הַכֹּל מִטּוּבוֹ. "נוֹתֵן לֶחֶם לְכָל־בָּשָׂר – אֵל הַשָּׁמַיִם, כִּי לְעוֹלָם
חַסְדּוֹ". "בָּרוּךְ ד׳ אֱלֹהֵי יִשְׂרָאֵל מִן־הָעוֹלָם וְעַד הָעוֹלָם", "וִיבָרְכוּ שֵׁם כְּבֹדֶךָ וּמְרוֹמַם
עַל־כָּל־בְּרָכָה וּתְהִלָּה".

&

אֵינִי יָכוֹל לְהַכְחִישׁ אֶת רְצוֹנִי הַפְּנִימִי, אֶת חֵשֶׁק הָעַצְמִי שֶׁל הַנְּשָׁמָה, שֶׁתָּמִיד הוּא
מִתְגַּלֶּה מִתּוֹךְ מַעֲמַקֵּי לְבָבִי, שֶׁהוּא חֵפֶץ נֶאֱמָן, מָלֵא חֲרָדוּת. וְהַחֲרָדוּת הַזֹּאת
מְלֵאָה הִיא עֹצֶם שֶׁל קְדֻשָּׁה. כִּי לִדְבַר ד׳ אֲנִי חָרֵד. מוֹרָא שָׁמַיִם הוּא שִׂיחִי וְשִׂיגִי
הָעַצְמִי הַפְּנִימִי, בּוֹ כָּל מַעְיָנָי. הַחֶבְרָה, הַסְּבִיבָה וְהַחַיִּים הַמַּעֲשִׂיִּים, הֵם מֻנָּחִים עַל
דַּרְכִּי כְּאַבְנֵי מִכְשׁוֹל, שֶׁאֵינָם מֻנָּחִים לִתְשׁוּקָתִי הַקְּדוֹשָׁה, הַמְּלֵאָה אוֹר הַקֹּדֶשׁ
שֶׁל יִרְאַת ד׳, הַמְכֻלְלָה בְּאַהֲבָה תוֹכִית, לָצֵאת אֶל הַגָּלוּי בְּכָל עֵת, לְהִתְאַמֵּץ בְּכָל
הַמִּדּוֹת כֻּלָּן. וְהִנְנִי, בְּכָל עֵת בּוֹאִי בְּחֶבְרַת בְּנֵי אָדָם, בָּא בִּמְבוּכָה, וְהַהִסְתַּתְּרָה שֶׁל
תְּכוּנַת הַיִּרְאָה מִתְגַּבֶּרֶת הִיא מְאֹד, עַד שֶׁהִנְנִי מוֹצֵא אֶת עַצְמִי עָלוּב וְנֶעֱזָב. אָמְנָם
תּוֹחַלְתִּי לַד׳ הִיא.

&

מִטִּבְעִי אֲנִי נִתְבָּע לַעֲשׂוֹת כָּל הַדְּבָרִים לְשֵׁם פָּעֳלָם וּלְדַבֵּר בָּם לִשְׁמָן. וְכָל מִינֵי
הַפְּנִיּוֹת וּפִגְמֵי הַמַּחֲשָׁבוֹת וְהָרְצוֹנוֹת הֵנָּה אֶצְלִי רַק צְדָדִים חִיצוֹנִיִּים, שֶׁאִם אֶתְחַזֵּק
בֶּאֱמוּנָה גְּדוֹלָה בִּסְגֻלַּת אוֹר נִשְׁמָתִי, הַמְאֻחֶדֶת עִם עֲנָוָה טְהוֹרָה, אָז אֲנַצֵּחַ אֶת

---

13. Isaiah 42:5.
14. Psalms 116:9.
15. Ibid., 136:25.

"He gives soul to the people,"[13] and spirit to those who walk "in the Lands of Life,"[14] to prepare their heart for Him, and to raise up the soul of every living being to the heights of happiness and great pleasure, to satiate all from His goodness.

"He gives bread to all flesh – the God of heaven – for His lovingkindness is forever."[15]

"Blessed be the Lord, God of Israel, from eternity to eternity."[16]

"And they shall bless the name of Your glory, that is exalted above all blessing and praise."[17]

～

I cannot deny my inner will, the soul's essential passion that is forever revealed from the depths of my heart. It is a faithful desire, full of anxiety. And this anxiety is full of a mighty holiness, for "I tremble at the word of the Lord."[18]

The fear of heaven is my essential inner conversation; it is my entire interest. The society, the surroundings, and practical life are like stumbling blocks on my way. They do not allow my holy passion, full of the holy light of the fear of the Lord, included in an inner love, to be revealed on every occasion; to be fortified by all the character traits. And whenever I enter the company of people, I become perplexed, and the hiding of the characteristic of fear prevails to the point that I find myself wretched and abandoned. However, my hope is the Lord.

～

By my nature, I am summoned to do everything for the sake of the Creator and to speak [Torah] for its own sake. Any types of ulterior motivation, and imperfect thoughts and wills, are for me purely external aspects. If I be strong – with great faith in the gift of the light of my soul, united

---

16. Ibid., 106:48.
17. Nehemiah 9:5.
18. Isaiah 66:5.

הַכֹּל, וְאוֹר ד' יָאִיר עָלַי בִּבְהִירוּת וְהַרְחָבָה, וְאוּכַל לְדַבֵּר דִּבְרֵי אֱמֶת, בְּלֹא שׁוּם
פַּחַד וּבְלֹא שׁוּם מַשּׂוֹא פָנִים בָּעוֹלָם.

צָרִיךְ אֲנִי לְהִתְרַחֵק מִכָּל קַפְּדָנוּת בָּעוֹלָם, וּבִפְרָט מִקַּפְּדָנוּת שֶׁיֵּשׁ בָּהּ מִנִּיצוֹצֵי גֵּאוּת
חָלִילָה. וְכָל זֶה בְּאֹמֶץ רָצוֹן, בְּהִסְתַּכְּלוּת בְּהִירָה, בְּיִרְאַת ד' טְהוֹרָה.

אִם אֲנִי מֻכְרָח לִהְיוֹת אִישׁ רִיב לְכָל הָעוֹלָם, מִצַּד הַנְּטִיָּה שֶׁל הָאֱמֶת הָעֲמֻקָּה
שֶׁבְּנַפְשִׁי, שֶׁאֵינָהּ סוֹבֶלֶת שׁוּם הַטָּיָה שֶׁל שֶׁקֶר, אִי-אֶפְשָׁר לִי לִהְיוֹת אִישׁ אַחֵר,
וְצָרִיךְ אֲנִי לְהוֹצִיא מִן הַכֹּחַ אֶל הַפֹּעַל רַק אֶת יְסוֹדוֹת הָאֱמֶת הָעִקָּרִיִּים הַצְּפוּנִים
בְּרוּחִי, בְּלֹא שׁוּם הִתְחַשְּׁבוּת עִם מַה שֶׁחוֹשֵׁב הָעוֹלָם בְּכָל הַסְכָּמוֹתָיו. זֶהוּ הַפִּתְגָּם
שֶׁל דּוֹרֵשׁ הָאֱמֶת, הַמִּתְעוֹרֵר בִּגְבוּרָתוֹ הָעֶלְיוֹנָה. זֹאת הִיא גְּבוּרַת עוֹלָם הַמְקֻשֶּׁרֶת
עִם גּוֹרַל הַנֵּצַח שֶׁל יִשְׂרָאֵל, הָאֵזוֹר בִּגְבוּרָה.

בְּיַלְדוּתִי הָיִיתִי מַרְגִּישׁ סֵרָחוֹן שֶׁל בֵּית הַכִּסֵּא מִבָּתֵּי הַתְּפִלּוֹת שֶׁל הַגּוֹיִים, אַף-עַל-
פִּי שֶׁהָיוּ לְכָאוֹרָה נְקִיִּים מְאֹד, וְעָמְדוּ בְּתוֹךְ גַּן שֶׁל עֵצִים נְטוּעִים.

שׂוֹנֵא אֲנִי אֶת הַגַּאֲוָה תַּכְלִית הַשִּׂנְאָה. הִיא אֵינָה מִתְעוֹרֶרֶת בְּקִרְבִּי מִצַּד עֶצֶם מַהוּתִי
וְטִבְעִי. כָּל צִדְדֵי הַשְּׁלִילָה שֶׁלִּי הֵם עוֹמְדִים לְפָנַי תָּמִיד בְּעֹמֶק גָּלוּיִם. רַק הַמַּעֲמָדִים
הַחִיצוֹנִיִּים, הַהִתְעָרְבוּת עִם הַבְּרִיּוֹת, הַהֶכְרֵחַ שֶׁל הִתְקַטְּנוּת הַנְּשָׁמָה בִּשְׁבִיל צָרְכֵי

with pure humility – then I will overcome all, and the light of the Lord will shine upon me bright and broad. And I will be able to speak words of truth without any fear or any partiality whatsoever.

❧

I need to stay far away from being demanding, especially demandingness (*kapdanut*) in which there are sparks of haughtiness, God forbid. And this [will be accomplished] by firm will, by clear perspective, by pure fear of the Lord.

❧

If I must be contentious to the whole world, as a result of the deep truthfulness that is in my soul, which does not tolerate any falsehood – I cannot be another person, and I need to actualize the essential elements of truth that are hidden in my spirit, without any consideration for what the world (with all its consensus) thinks. This is the motto of the seeker of truth who is aroused with supernal courage. This is an eternal courage that is connected to the eternal destiny of Israel, girded with courage.[19]

❧

When I was a child, I would sense a stench of the outhouse coming from the houses of worship of the gentiles, though they were seemingly very clean and stood in a garden planted with trees.

❧

I utterly detest pride. Pride is not aroused in my midst by my essential nature. All my negative features constantly stand before me fully disclosed. It is only outer occasions, mixing with people, the imperative of shrinking the soul for the sake of societal needs – that awaken

---

19. Cf. the morning blessing, "Who girds Israel with courage" (*'ozer Yisrael bi-gevurah*).

הַחַיִּים הַחֶבְרוּתִיִּים שֶׁל הֶהָמוֹן, הֵם מְעִירִים אֶת הַגֹּעַל שֶׁל תְּכוּנַת הַגַּאֲוָה, שֶׁצְּרִיכִים
לָקַחַת חֵלֶק מַשֶּׁהוּ מִמֶּנָּה לְצֹרֶךְ הַהַנְהָגָה, וּלְהַמְעִיט לִפְעָמִים עַל-יָדָהּ אֶת הָאוֹרָה
הָעֶלְיוֹנָה, כְּשֶׁהִיא מִתְפַּלֶּשֶׁת יוֹתֵר מֵהֲשׁוּרָה, שֶׁיּוּכַל הַגּוּף בְּחֻלְשָׁתוֹ לְקַבְּלָהּ. אֲבָל
חֶרְפָּתָהּ בְּעֶצֶם, וְהַכִּעוּר וְהַשֶּׁקֶר שֶׁבָּהּ, מְכַר לִי בְּעֶצֶם בְּהֵירוּתוֹ.

⁓

הַנְּקֻדָּה הַפְּנִימִית שֶׁלִּי הִיא גְּדוֹלָה עַד מְאֹד, אֵינִי צָרִיךְ לְהִתְבַּיֵּשׁ בָּהּ כְּלָל, וְאֵין
זֶה בִּכְלָל גַּאֲוָה כְּלָל. כָּל עִקַּר מַחֲשָׁבוֹת שֶׁל גַּאֲוָה שֶׁבָּאִים בִּי הוּא רַק מִפְּנֵי גֹּדֶל
פְּנִימִיּוּת הַנְּקֻדָּה שֶׁבְּנִשְׁמָתִי, וּכְשֶׁאֲנִי רוֹצֶה לְיַחֵס אֶת הַגֹּדֶל הַזֶּה לְכִשְׁרוֹנוֹת
אֲחֵרִים, לְמַעֲשִׂים אוֹ לִידִיעוֹת, הֲרֵינִי נִלְקֶה בְּגַאֲוָה וְיוֹצְאִים עַל-יְדֵי זֶה מִכְשׁוֹלִים
רַבִּים. אֲנִי צָרִיךְ בֶּאֱמֶת לִהְיוֹת עָנָו שֶׁבָּעֲנָוִים, שָׁפָל שֶׁבַּשְּׁפָלִים, וּבֶאֱמֶת יֵשׁ בִּי
כֹּחַ לִהְיוֹת עַנְוְתָן וְשָׁפָל בֶּרֶךְ וּמְמֻלָּא בְּכָל טוֹב וָחֶסֶד, כִּי הִנְנִי טוֹב לַכֹּל וְרוֹצֶה אֲנִי
בְּטוֹבַת הַכֹּל. אֵינִי צָרִיךְ כְּלָל לְהִמָּשֵׁךְ אַחֲרֵי הַמַּחֲשָׁבוֹת הַקְּטַנּוֹת שֶׁל הָעוֹלָם, לֹא
אַחֲרֵי הַמַּחֲשָׁבוֹת שֶׁל הַבְלֵי הָעוֹלָם וְלֹא אַחֲרֵי הַמַּחֲשָׁבוֹת שֶׁל קְדֻשָּׁה שֶׁל הָעוֹלָם,
שֶׁהֵן בְּמַדְרֵגַת הֶבֶל לְגַבֵּי אוֹר הַשֵּׂכֶל הָאֲמִתִּי שֶׁל הִתְנוֹצְצוּת הַנְּקֻדָּה הַפְּנִימִית
הַבָּאָה מֵאוֹרוֹ שֶׁל מָשִׁיחַ, שֶׁל כְּהֻנָּה גְדוֹלָה, שֶׁל רוּחַ הַקֹּדֶשׁ, שֶׁהִיא נְעוּצָה בְּקִרְבִּי
בֶּאֱמֶת. אֲנִי צָרִיךְ לְהִתְגַּבֵּר עַל כָּל הַמִּכְשׁוֹלִים וּלְהַכִּיר אֶת כֹּחִי, לְהַאֲמִין בְּאוֹר
פְּנִימִיּוּת נִקְדָּתִי, שֶׁהוּא אוֹר ד'. "נַפְשִׁי אִוִּיתִךָ בַּלַּיְלָה אַף-רוּחִי בְקִרְבִּי" – נַפְשִׁי
אַנְתְּ וְרוּחִי אַנְתְּ. אַף-עַל-פִּי שֶׁהַנְּקֻדָּה הַזֹּאת הִיא מְסֻגֶּרֶת וּמְעֻלֶּפֶת בִּקְלִפּוֹת גַּסּוֹת
מְאֹד, מִכָּל-מָקוֹם תְּנַצֵּחַ אֶת הַכֹּל, וְתֵיטִיב לַכֹּל, כְּמוֹ שֶׁהִיא חֲפֵצָה בֶּאֱמֶת לְהֵיטִיב,
וּכְמוֹ שֶׁאֲנִי יוֹדֵעַ פְּנִימִיּוּת נִקְדַּת רְצוֹנִי. אֲנִי צָרִיךְ לִהְיוֹת מָלֵא עֲנָוָה, בּוּשָׁה, יִרְאַת
חֵטְא, וּגְבוּרָה וְעֹזּוּת דִּקְדֻשָּׁה, שֶׁלֹּא לִפֹּל מִשּׁוּם דָּבָר, מִשּׁוּם כִּשָּׁלוֹן, מִשּׁוּם דִּבּוּר

---

20. Hebrew, *mashehu*. See Sotah 5a: "an eighth of an eighth."
21. Isaiah 26:9.
22. *Zohar* III, 67a.

the disgusting characteristic of pride. For the sake of leadership, we must partake of it slightly,[20] and occasionally dim thereby the light from above when it is overly invasive – more than the infirm body could receive. But the essential disgrace, the ugliness and falsity [of pride] – I clearly recognize.

～

My inner "point" (*nekudah*) is very great. I need not be ashamed of it at all. And this is not at all pride [on my part]. Any prideful thoughts that come to me are only due to the greatness of the point that is in my soul. It is when I wish to attribute this greatness to other talents, to deeds or to knowledge, that I am stricken with pride, whereby come about many stumbling blocks. I truly need to be the most humble, the lowliest of men. And in truth, I am capable of being humble and lowly, and full of goodness and lovingkindness – for I am good to all and desire the good of all. I need not follow at all the small thoughts of the world – neither temporal thoughts nor thoughts of holiness, for [the world's thoughts of holiness] are vanity compared to the true light of intellect – the spark of the inner point coming from the light of Messiah, of the high priesthood (*kehunah gedolah*), of divine inspiration (*ru'ah ha-kodesh*) that is truly planted in my midst. I need to overcome all the obstacles and to recognize my strength; to believe in the light of my inner point, which is the light of the Lord.

"My soul, I desired You by night; even my spirit in my midst, [I sought You]."[21]

"You are my soul; You are my spirit."[22]

Though this point is enclosed in very coarse *kelipot* ("husks" or "shells"),[23] nevertheless, it shall overcome all, and benefit all, as is its true desire. I know the inner point of my will. I need to be full of humility, bashfulness, fear of sin, courage, and "holy brazenness" (*'azut di-kedushah*),[24]

---

23. A Kabbalistic term for forces of impurity.
24. A Hasidic term. See, e.g., Rabbi Nahman of Breslov, *Likkutei MOHaRaN* I, 22:11.

שֶׁל הָעוֹלָם, וּמִשּׁוּם מַחְשָׁבָה מַחֲרֶדֶת אֶת פְּנִימִיּוּתִי. הַנְּקֻדָּה הַזֹּאת צְרִיכָה לִהְיוֹת
נִשְׁמֶרֶת מְאֹד מִמַּגַּע זָרִים, מִפְּנִיּוֹת גַּסּוֹת, שֶׁל תַּאֲווֹת חָמְרִיּוֹת, שֶׁל כְּבוֹד הַמְדֻמֶּה,
וְשֶׁל שְׁאָר דִּמְיוֹנוֹת כּוֹזְבִים. וְצָרִיךְ לְהִתְאַזֵּר בְּכֹחַ גָּדוֹל, בְּדַעַת וּבְיֹשֶׁר, וּבְאַהֲבַת
הַכֹּל, וּבְיִחוּד בְּאַהֲבַת הָאָדָם וְאַהֲבַת יִשְׂרָאֵל, וּלְזַכּוֹת אֶת הָרַבִּים, וְלָדוּן לְכַף זְכוּת
גַּם אֶת הַגְּרוּעִים מְאֹד, וּלְהִשָּׁמֵר עִם זֶה מִכָּל דָּבָר רַע וּמִדָּה רָעָה, שֶׁיּוּכַל לְהִכָּנֵס
בַּלֵּב בְּיִחוּד עַל־יְדֵי מַה שֶׁדָּנִים אֶת הַכֹּל לְכַף זְכוּת. כִּי דַוְקָא עַל־יְדֵי נְטִיָּה זוֹ שֶׁל
חֶסֶד עֶלְיוֹן שֶׁבְּלִבָבִי אֲנִי צָרִיךְ לִהְיוֹת נִשְׁמָר מִכָּל רַע, מִכָּל דֹּמֶה לְכִיעוּר, וּמִפְּנֵי
זֶה אֲנִי נוֹטֶה לְהָקֵל בְּהוֹרָאָה. וַאֲנִי צָרִיךְ לְהִשָּׁמֵר מְאֹד מִכִּשָּׁלוֹן חַס וְשָׁלוֹם וְלִבְטֹחַ
בְּחֶסֶד עֶלְיוֹן שֶׁיִּשְׁמֹר רַגְלֵי מִלָּכֶד.

❧

בְּוַדַּאי אֵין הָעוֹלָם יוֹדְעִים אֶת עֶרְכִּי, אֶת עֹמֶק שִׂכְלִי, אֶת רֹחַב הַקָּפַת דַּעְתִּי,
כְּשֵׁם שֶׁאֵינָם יוֹדְעִים אֶת חֶסְרוֹנוֹתַי, אֶת שִׁפְלוּתִי, אֶת פְּגָמַי, וְאֶת חֶסְרוֹן יְדִיעָתִי.
מִכָּל־מָקוֹם אִם הָיוּ רַבִּים מַכִּירִים אֶת פְּנִימִיּוּת הַטּוֹב הַמֵּהוּתִי שֶׁמֵּאִיר בְּקִרְבִּי,
הָיוּ נוֹהֲרִים אַחֲרַי, מִתְאַבְּקִים בַּעֲפַר רַגְלַי, וּמְצַפִּים הָיוּ לְכָל תְּנוּעָה מִתְּנוּעוֹתַי,
לִלְמוֹד מֵהֶן דַּעַת וְאוֹר וְאוֹר חַיִּים. אֲפִלּוּ בְּעֵת הַהַסְתָּרָה, בְּעֵת הַנְּפִילָה, הָאוֹר הַפְּנִימִי
עוֹשֶׂה אֶת שֶׁלּוֹ. אֲנִי אֵינִי צָרִיךְ לְהִתְבַּיֵּשׁ כְּלָל מִלְּדַבֵּר עַל־דְּבַר עַצְמִי, וּבָזֶה אֶזְכֶּה
לְעַנְוָה בָּאֱמֶת. אֲנִי צָרִיךְ לִבְקֹעַ בְּמִדְבַּר דְּרָכִים. אֲנִי צָרִיךְ לְהַרְאוֹת אֵיךְ עַל־יְדֵי אוֹר
תְּחִיַּת יִשְׂרָאֵל בְּאֶרֶץ־יִשְׂרָאֵל אוֹרוֹ שֶׁל מָשִׁיחַ מִתְגַּלֶּה, וְאוֹר שֶׁל תְּחִיַּת הַמֵּתִים
מִתְנוֹצֵץ. וַאֲפִלּוּ אוֹתָם דְּאָבִיקוּ בַּעֲבֵרָה טוּבָא, וְהַקְּשׁוּרִים בְּמִינוּת, שֶׁעֲלֵיהֶם נֶאֱמַר

---

25. Cf. the prayer of Rabbi Neḥunyah ben ha-Kanah upon entering the studyhouse (Berakhot 28b).

so that I not fall on account of anything, any failure, any chatter, any thought that would intimidate my inwardness. This point needs to be much guarded from foreign touch, from coarse distractions of corporeal desires, of imagined honor, and of other illusions. And I need to be girded with great strength, with knowledge and integrity, with love of all, and especially love of humanity and love of Israel, and to bring many to merit, and to judge meritoriously even the worst; while at the same time being on guard against any evil likely to enter the heart, especially when giving all the benefit of the doubt. Precisely because of this inclination of supernal lovingkindness in my heart, I need to be on guard against all evil, against anything resembling evil. Because of this [inclination to lovingkindness] I am generally lenient in my legal rulings. And I need to be vigilant against stumbling [in *Halakhah*],[25] God forbid, and to trust in supernal lovingkindness which "will keep my foot from a trap."[26]

❧

Certainly the world does not know my value, the depth of my intellect, the scope of my knowledge – just as it does not know my deficiencies, my baseness, my defects, and my lack of knowledge. Nevertheless, if the masses would recognize the inwardness of the essential good that shines inside me, they would throng me, sit at the dust of my feet, and observe each and every one of my movements, in order to learn from them knowledge and the light of life. Even at a time of hiding [of the divine light], at a time of fall, the inner light does its part. I need not be ashamed at all to speak about myself – by this I will merit to true humility. I need to carve ways in the desert. I need to show how through the light of Israel's renascence in the Land of Israel, the light of Messiah is revealed, and the light of resurrection of the dead shines. And even those "who are tightly bound to sin,"[27] and those connected to heresy, concerning

---

26. Cf. Proverbs 3:26.
27. 'Avodah Zarah 17a.

"כָּל־בָּאֶיהָ לֹא יְשׁוּבוּן וְלֹא־יַשִּׂיגוּ אָרְחוֹת חַיִּים" – עַכְשָׁו עַל־יְדֵי שֶׁל תְּחִיַּת הַמֵּתִים הַכְּלָלִית גַּם הֵם יִזְכּוּ לִתְחִיָּה, יִחְיוּ וְיָקוּמוּ עַל רַגְלֵיהֶם בְּתוֹךְ בְּנֵי יִשְׂרָאֵל, יִזְכְּרוּ וְיָשׁוּבוּ אֶל ד', וְשָׁבוּ וְחָי.

❧

צָרִיךְ אֲנִי לִגְעוֹר בְּכָל הַמַּחֲשָׁבוֹת הַמּוֹרִידוֹת אֶת הָרוּחַ, שֶׁהֵן מוֹנְעוֹת אֶת שִׂמְחַת הַנְּשָׁמָה הַפְּנִימִית וְאֶת גַּאֲוַת ד' שֶׁבְּתוֹכִיּוּתָה. אֵין לִי לְהִתְפָּעֵל מִפַּחַד כָּל הַמִּכְשׁוֹלוֹת שֶׁהֵן עֲלוּלוֹת לְהִזְדַּמֵּן לְאִישׁ כָּמוֹנִי יוֹתֵר מִלְּרֹב בְּנֵי אָדָם, שֶׁהַצִּמְצוּם שֶׁל הַחוּשִׁים וְהַשֵּׂכֶל הַחָמְרִי הוּא מְקוֹם קְבִיעוּתָם. אֲנִי צָרִיךְ לְהַכִּיר אֶת תִּפְאַרְתִּי הַפְּנִימִית. דַּוְקָא עַל־יְדֵי מַה שֶׁאַכִּיר אֶת סְגֻלַּת נִשְׁמָתִי אַכִּיר אֶת גְּדֻלָּתָם שֶׁל יִשְׂרָאֵל, וּמִזֶּה אָבוֹא לְהִתְרַחֲבוּת הַדֵּעָה בִּגְדֻלַּת ד', הַמַּרְחִיבָה אֶת הָעוֹלָם בְּרֹחַב הַדְּרוֹר הָעֶלְיוֹן. עַל־יְדֵי מַה שֶׁאֲנִי סוֹלֵחַ לְעַצְמִי עַל כָּל חֲטָאַי אוּכַל לַהֲפֹךְ לִזְכוּת גַּם אֶת כָּל הַחֲטָאִים שֶׁל כָּל פּוֹשְׁעֵי יִשְׂרָאֵל, וּלְהַצְדִּיק אֶת הַבְּרִיּוֹת כֻּלָּם, וּלְהַמְשִׁיךְ עַל יִשְׂרָאֵל חֶסֶד עֶלְיוֹן תָּמִיד.

❧

עַל־פִּי הַרְגָּשַׁת הַנְּשָׁמָה אֵינִי יָכוֹל לְדַבֵּר דְּבָרִים בְּטֵלִים וִיתֵרִים, וּבְעֵת שֶׁהַהִתְעוֹרְרוּת הַגּוּפָנִית הַחִיצוֹנָה מְבִיאָה אוֹתִי לִידֵי כָךְ, לְדַבֵּר כְּדֶרֶךְ שֶׁרֹב הָעוֹלָם מְדַבֵּר עַל־פִּי שֶׁטֶף דִּבּוּרִי, מַרְגִּישׁ אֲנִי מַחֲאָתָהּ שֶׁל הַנְּשָׁמָה בִּפְנִימִיּוּתִי. וְצָרִיךְ אֲנִי לְהַדְרָכָה כָּזֹאת, שֶׁתִּתֵּן לִי יְסוֹד לְהַרְגִּישׁ אֶת תַּהֲלוּכוֹתֶיהָ שֶׁל הַנְּשָׁמָה, וּלְהַשְׁלִיט אוֹתָהּ בַּחַיִּים, בְּכָל הַתְּנוּעוֹת וּבְכָל הַדִּבּוּרִים.

❧

---

28. Proverbs 2:19; 'Avodah Zarah 17a.

29. Psalms 22:28.

142

whom it is said, "None that enter therein return, neither do they attain ways of life"[28] – now, through the light of the collective resurrection of the dead, they too will merit resurrection. They will come [back] to life and stand on their feet in the midst of the Children of Israel.

"They shall remember and return to the Lord."[29]

"They shall return and live."[30]

❧

I need to tell off all the thoughts that bring down the spirit; that prevent the inner joy of the soul and the pride of the Lord that is in [the soul]. I should not be intimidated by all the obstacles that are likely to befall someone such as myself more than most people (whose permanent state is the constriction of the senses and the material mind). I need to recognize my inner glory. Precisely by recognizing the gift of my soul, I will recognize the greatness of Israel, and from this, I will come to expansion of consciousness of the Lord's greatness, which [in turn] expands the world in the expanse of the higher freedom. By forgiving myself for all my sins, I will be able also to cast in a positive light the sins of all the renegades of Israel (*posh'ei Yisrael*), and to justify all people, and to always draw down on Israel supernal lovingkindness.

❧

The sensitivity of the soul does not allow me to speak of empty, extraneous matters. And on those occasions that the outer bodily arousal brings me to such a situation, to speak in the flowing manner that most people speak, I feel within me the protest of the soul. I need a kind of direction that will provide me with a foundation, [a way] to be sensitive to the process of the soul and to put [the soul] in control of life, in all the movements and all the utterances.

❧

---

30. Cf. Zechariah 10:9.

דְּבָרִים בְּטֵלִים אֵינָם לְפִי תְכוּנָתִי כְּלָל. וַאֲפִלּוּ כְּדֵי לְפַכֵּחַ אֶת הַדַּעַת, אֲנִי צָרִיךְ
לְמִשְׁקָל גָּדוֹל אֵיזֶה סֵדֶר לָאֱחֹז שֶׁיִּהְיֶה הַדָּבָר רָצוּי. וְעַל־פִּי־רֹב, כְּשֶׁהַמַּחֲשָׁבָה הִיא
מְיֻשֶּׁבֶת, אֶפְשָׁר גַּם לְפִכּוּחַ הַדַּעַת לִהְיוֹת בְּתֹכֶן שֶׁיֵּשׁ בּוֹ חָכְמָה פְּנִימִית, בַּדַּעַת
אוֹ עַל־כָּל־פָּנִים בָּרֶגֶשׁ.

❧

קְדֻשָּׁה גְדוֹלָה אֲנִי צָרִיךְ לִשְׁאֹב מִכָּל שִׂיחַ וְשִׂיג.

❧

לֹא לְחִנָּם מִזְדַּמֵּן לִי לְדַבֵּר דְּבָרִים עוֹלָמִיִּים, כָּל דָּבָר מִזְדַּמֵּן בְּעִתּוֹ וּבִזְמַנּוֹ.

❧

מִכָּל אָדָם, בֵּין קָטָן בֵּין גָּדוֹל, בֵּין אִישׁ בֵּין אִשָּׁה, בֵּין נָכְרִי בֵּין יִשְׂרָאֵל, אֲנִי צָרִיךְ
לִלְמֹד, הַבָּנוֹת, הַשְׁקָפוֹת, הַרְגָּשׁוֹת, נְטִיּוֹת, שְׁאִיפוֹת, אִמּוּצִים, הִתְעוֹרְרוּת, שְׂמָחוֹת,
חֲרִיצוּת, תְּמִימוּת, גְּבוּרָה, תִּפְאֶרֶת, וְדֶרֶךְ־אֶרֶץ.

❧

לִי חָסְרָה אַהֲבַת עוֹלָם־הַזֶּה, וְזֶה מְסַבֵּב לִי חִסָּרוֹן גָּדוֹל בְּרוּחָנִיּוּת, גַּם לְמּוּד
תּוֹרָה וְעֵסֶק בַּמִּצְוֹות שֶׁלֹּא לִשְׁמָהּ – שֶׁמִּתּוֹךְ שֶׁלֹּא לִשְׁמָהּ בָּא לִשְׁמָהּ. וַאֲנִי צָרִיךְ
הַדְרָכָה בְּאֵיזֶה אֹפֶן לֶאֱחֹז בַּדְּרָכִים הַלָּלוּ, שֶׁהֵם מִצַּד עַצְמָם יְרִידוֹת, מִכָּל־מָקוֹם
הֵם צֹרֶךְ עֲלִיָּה.

❧

---

31. Literally, "the way of the earth."
32. Pesaḥim 50b.

Idle talk does not fit my character at all. Even for the sake of "sobering up," I need to weigh greatly how much [idle talk] is desirable. Usually, when there is peace of mind, "sobriety" can also be achieved through some content possessing inner wisdom – knowledge or, at least, emotion.

◦

I need to draw great holiness from every verbal exchange.

◦

Not for naught do I have the occasion to speak of worldly matters. Everything comes about in its time.

◦

From every person – small or great, man or woman, Jew or non-Jew – I need to learn understandings, perspectives, feelings, tendencies, aspirations, strength, awakening, joy, industriousness, simplicity, courage, glory, and manners (*derekh erets*).[31]

◦

I am lacking love of this world, and this causes me great deficiency in spiritual matters. [It deprives me of] studying Torah and engaging in commandments for ulterior motivation (*she-lo' li-shmah*) – "because from ulterior motivation, one [eventually] comes to [studying Torah] for its own sake."[32] So I need direction in what manner to adopt these ways, which in and of themselves are "descents" – yet necessary for "ascent."[33]

◦

33. "*Yeridah le-tsorekh 'aliyah*" (Makkot 7b).

נָבוֹךְ אֲנִי מְאֹד בְּעִנְיְנֵי אֲכִילָתִי. מִלְחָמָה גְדוֹלָה יֵשׁ לִי בָּזֶה. מְאֹד הָיִיתִי רוֹצֶה
לְהִתְעַנּוֹת, וּלְהִתְעַנּוֹת כָּרָאוּי, וְעַל־כָּל־פָּנִים לֶאֱכֹל מְעַט מְאֹד. וּלְאִידָךְ גִּיסָא צָרִיךְ
אֲנִי, בֵּין מִצַּד הַבְּרִיאוּת בֵּין מִצַּד הַנְּטִיּוֹת הַקְּדוֹשׁוֹת, שֶׁהֵן גְּנוּזוֹת בְּמַעֲמַקַּי, וִיכוֹלוֹת
לִהְיוֹת לְאוֹרִים גְּדוֹלִים, לִדְבָרִים שֶׁכָּל גְּדוֹלֵי עוֹלָם מִתְנַשְּׂאִים עַל־יָדָם לִמְרוֹמֵי
גְבוֹהִים – מִצַּד כָּל אֵלֶּה צָרִיךְ אֲנִי לֶאֱכֹל כָּרָאוּי, וְלִפְעָמִים גַּם הַרְבֵּה. וּמִתּוֹךְ קִלְקוּל
הָעִכּוּל שֶׁלִּי קָשְׁתָה לִי הָאֲכִילָה, וּמִתּוֹךְ פִּזּוּר הַנֶּפֶשׁ שֶׁאֲנִי סוֹבֵל עַל־פִּי־רֹב, קָשְׁתָה
לִי הַהַכְרָעָה בְּסֵדֶר הָאֲכִילָה, וְיִשּׁוּב הַדַּעַת הַגָּמוּר, הַנִּדְרָשׁ לִקְדֻשָּׁה שֶׁל חָכְמָה
עֶלְיוֹנָה, הַנִּדְרָשׁ לַאֲכִילָה שֶׁבִּקְדֻשַּׁת אֱמֶת, הַנָּאוֹתָה לְטַהֲרַת הַנְּשָׁמָה, לְהַעֲלָאַת
הָרָצוֹן לְפָאֵר וּלְרוֹמֵם קֹדֶשׁ ד' בְּעוֹלָמוֹ. וְאִם קָשֶׁה הָיָה לִי בְּאֶרֶץ־יִשְׂרָאֵל, כַּמָּה
קָשֶׁה הַדָּבָר בְּחוּץ־לָאָרֶץ, וּמִכָּל־מָקוֹם מְקַוֶּה אֲנִי לְחֶסֶד עֶלְיוֹן, שֶׁהַכֹּל יִתְחַדֵּשׁ
לְטוֹבָה, לְאוֹר גָּדוֹל, לְתִפְאֶרֶת עוֹלָמִים, לִבְרָכָה וְלִישׁוּעָה, לְאוֹר תּוֹרָה וְנֵר מִצְוָה,
וּבְמַעְגְּלֵי צֶדֶק יַדְרִיכֵנִי צוּר יִשְׁעֵנוּ, יְפָאֵר עֲנִיִּים בִּישׁוּעָה. "וְאֶת־דַּכָּא וּשְׁפַל רוּחַ",
"וְאֶת־עַם עָנִי תּוֹשִׁיעַ".

&

לָשׁוּב אֲנִי צָרִיךְ מִכָּל פִּגְמֵי בְרָכוֹת, בִּיחוּד בִּרְכוֹת הַנֶּהֱנִין, שֶׁגּוֹרְמִים שֶׁהַנִּיצוֹצוֹת,
כֹּחוֹת הַחַיִּים שֶׁל הַמְּזוֹנוֹת, לֹא נִטְהֲרוּ כָּרָאוּי, וְלִפְעָמִים עוֹד הֻשְׁפְּלוּ, וְגוֹרְמִים
שְׁפָלוּת וְטִשְׁטוּשׁ הָאוֹר.

&

34. Cf. Proverbs 6:23.
35. Cf. Psalms 23:3.
36. Psalms 149:4.

I am very perplexed when it comes to eating. I am very conflicted. I would very much want to fast, and to fast properly, or at the very least, to eat abstemiously. On the other hand, I need – whether for health reasons or on account of holy inclinations hidden in my depths and capable of becoming great lights, things that [spiritually] lift great people to the highest heights – to eat well, and sometimes a lot. Because my digestion is poor, eating is difficult for me. And because of the scatterbrained state (*pizur ha-nefesh*) from which I generally suffer, it is difficult for me to decide when it comes to eating.

[I am lacking] the complete peace of mind that is required for the holiness of supernal wisdom; that is required for eating in a state of true holiness, that is conducive to purity of the soul, to uplifting the will to glorify the holiness of the Lord in His world. And if it was difficult for me in the Land of Israel, how [much more] difficult is it outside of the Land. Nevertheless, I am hoping for supernal lovingkindness, [whereby] all will be renewed for good, for a great light, for eternal glory, for blessing and for salvation, for the "light of Torah and the candle of the commandment."[34] And the Rock of our salvation will direct me in "circles of righteousness."[35] "He will adorn the humble with salvation,"[36] "and the contrite and humble of spirit."[37] "And You will save a poor people."[38]

◈

I need to return (*teshuvah*) from all the defective blessings, especially blessings over food (*birkhot ha-nehenin*), responsible for the "sparks" (*nitsotsot*), the vital force of the food, not being properly purified, and sometimes even being lowered. [The defective blessings] cause baseness and blurring of the [spiritual] light.[39]

◈

37. Isaiah 57:15.
38. II Samuel 22:28.
39. See Rabbi Ḥayyim Vital, *Likkutei Torah* (Vilna, 1880), 'Ekev, 94b–97a.

עִקַּר חֶסְרוֹנִי הוּא חֻלְשַׁת הָרָצוֹן, וְגַם חֻלְשַׁת הַגּוּף. וְלִפְעָמִים כְּשֶׁאֲנִי רוֹצֶה לַעֲסֹק
בִּתְשׁוּבָה וּבְיִרְאָה, נֶחֱלָשׁ יוֹתֵר הָרָצוֹן, וַאֲנִי צָרִיךְ אַחַר־כָּךְ לְתַקֵּן הַרְבֵּה יוֹתֵר.
עַל־כֵּן אֲנִי צָרִיךְ לְמַזֵּג בְּתוֹךְ הַתְּשׁוּבָה גְבוּרָה פְּנִימִית מְלֵאָה חֶסֶד, לְהַגְבִּיר
וּלְחַזֵּק אֶת הָרָצוֹן, וּלְהִשְׁתַּדֵּל בְּחִזּוּק הַכֹּחַ הַגּוּפָנִי. וְעֶזְרַת ד׳ תּוֹפִיעַ עָלַי שֶׁיִּהְיֶה
הַכֹּל בְּסֵדֶר נָכוֹן.

⁓

אֲקַוֶּה לִשְׁפָלוּת פְּנִימִית אֲמִתִּית, שֶׁלֹּא דַי שֶׁלֹּא תַחֲלִישׁ אֶת הַגְּבוּרָה הַנַּפְשִׁית וְאֶת
שִׂמְחָתָהּ הָרוּחָנִית, אֶת הִתְפַּתְּחוּת כִּשְׁרוֹנוֹתֶיהָ וְאֶת הוֹסָפַת אוֹרָהּ, כִּי־אִם הִיא הִיא
דַוְקָא תְּבַסֵּס אוֹתָם. "טוֹב שְׁפַל־רוּחַ אֶת־עֲנָוִים".

⁓

לְהַגְבִּיר הָרָצוֹן אֲנִי צָרִיךְ, לְשַׁחְרְרוֹ מִכָּל שִׁעְבּוּד שֶׁל דִּמְיוֹן. אָז יִהְיֶה קָשׁוּר יַחַד
לַתּוֹרָה וְלַתְּפִלָּה, לִדְבֵקוּת אֱלֹהִית שִׂכְלִית, וּלְהִתְעוֹרְרוּת נַפְשִׁית בְּעֹמֶק הַקֹּדֶשׁ.
וּזְכוּתָא דְּאֶרֶץ־יִשְׂרָאֵל תַּעֲמֹד לִי גַּם בְּגָלוּתִי, לַהֲשִׁיבֵנִי לְאֶרֶץ הַקֹּדֶשׁ בְּרַחֲמִים רַבִּים.

⁓

בִּגְבוּרָה גְדוֹלָה אֲנִי צָרִיךְ לְהִתְגַּבֵּר עַל רַעְיוֹנוֹת מַשְׁפִּילֵי רוּחַ מַקְדִּירֵי הַשְׂכָלָה, אֲפִלּוּ
כְּשֶׁהֵם לְבוּשִׁים בְּיִרְאַת שָׁמַיִם וּבֶאֱמֶת.

⁓

---

40. In the Kabbalistic reckoning of the *sefirot*, *Gevurah* (Strength) and *Ḥesed* (Loving-kindness) are diametrically opposed.

My main deficiency is weakness of will and also bodily weakness. And sometimes, when I want to engage in return (*teshuvah*) and fear [of the Lord], the will becomes even weaker, and afterwards, I need to correct much more. So I need to combine within the return (*teshuvah*) an inner strength (*gevurah*) full of lovingkindness (*ḥesed*),[40] in order to strengthen the will, and to try to strengthen the stamina of the body. And the Lord's help will appear to me so that all will be in proper order.

~

I am hoping for true inner lowliness. Not only will it not weaken the soul's courage and spiritual joy, the development of [the soul's] talents and the enhancement of its light – but precisely [the lowliness] will put them on a firm basis.

"It is better to be of a lowly spirit with the humble."[41]

~

I need to strengthen the will, to free it of any imaginary servitude. Then [the will] shall be connected to Torah and to prayer, to intellectual divine communion, and to a spiritual arousal in the depth of holiness. And "the merit of the Land of Israel"[42] will stand by me even in my exile, to return me to the Holy Land with great mercy.

~

I need great strength to overcome thoughts that lower the morale and darken the intellect – even if they be cloaked in fear of heaven and in truth.

~

---

41. Proverbs 16:19.
42. 'Arakhin 32b.

הַזְּכוּכִים שֶׁאֲנִי מְזַכֵּךְ אֶת עַצְמִי, אֶת מַחְשְׁבוֹתַי, רַעְיוֹנוֹתַי, מִדּוֹתַי וְהַרְגָּשׁוֹתַי, הֵם
יִהְיוּ זְכוּכִים כּוֹלְלִים לְכָל הָעוֹלָם כֻּלּוֹ.

~

הוֹשִׁיעֵנִי ד׳, פְּדֵנִי מֵעֹשֶׁק אָדָם, זַכֵּנִי לְצַחְצֵחַ כָּל מַהוּתִי בְּצַחְצָחוֹת אֱמֶת. חַזֵּק וְאַמֵּץ
רְצוֹנִי וְכֹחוֹתַי, לָלֶכֶת בַּמְּסִלָּה הַיְשָׁרָה שֶׁל אוֹר קְדֻשַּׁת יָשְׁרֶךָ, כִּי מֵישָׁרִים תִּרְצֶה,
אַתָּה ד׳ אֱלֹהָי.

~

לְפָנֶיךָ שִׂיחִי אֶשְׁפֹּךְ, רִבּוֹן כָּל הָעוֹלָמִים. לֹא תְעַכְּבֵנִי גְדֻלָּתְךָ לָגֶשֶׁת אֵלֶיךָ, כִּי הֲלֹא
הַגְּדֻלָּה הִיא הָעֲנָוָה, וְאֵין סוֹף לָהֶנָּה, כְּמוֹ לְכָל מִדּוֹתֶיךָ. יְדִיעָתִי בְּשִׁפְלוּתִי וְאַפְסוּתִי,
גַּם־כֵּן לֹא תִמְנַע בַּעֲדִי אֶת הָעֹז לְקָרְבָה אֵלֶיךָ, אוֹר הַחַיִּים וּמְקוֹר הַטּוֹב, כִּי אֵין קֵץ
לַגֹּדֶל אֲשֶׁר יִרְחַשׁ לְבָבִי אֵלַי, בַּאֲשֶׁר אֲנִי אֶחָד מִיְּצוּרֶיךָ. וְאִם־כִּי יֵשׁ בִּבְרִיאוֹתֶיךָ
כָּאֵלֶּה שֶׁאֲנִי מַבִּיט עֲלֵיהֶם מִגָּבוֹהַּ וְהֵם נִקְלִים בְּעֵינַי, הֲלֹא רַק סִכְלוּתִי גּוֹרֶמֶת לְכָךְ.
וְאַתָּה מְקוֹר הַחָכְמָה, הֲלֹא תֵדַע גְּדֻלָּתְךָ לְבַדֶּךָ, וּבְכֹחַ הַגָּדֵל הַזֶּה הֲלֹא נֶעֱרָכִים הֵם
בֶּאֱמֶת כָּל בְּרוּאֶיךָ, בַּאֲשֶׁר הֵם מַעֲשֶׂיךָ, אֵל גָּדוֹל וְנוֹרָא. וְגַם אֲנִי דַּי לִי הַגֹּדֶל לְהֵחָשֵׁב
אֶחָד מִמַּעֲשֵׂי יָדֶיךָ, שֶׁהוּא מְכַסֶּה עַל כָּל מִגְרְעוֹתַי. וְהִנְנִי בְּחֶרְדַּת קֹדֶשׁ נִגָּשׁ אֵלֶיךָ,
מַלְכִּי, הוֹשִׁיעֵנִי, מִכָּל פִּשְׁעֵי הַצִּילֵנִי, וּמִכָּל אוֹיְבַי פְּדֵנִי. הוֹשִׁיעָה נָּא, הוֹשִׁיעָה נָּא, אָב
רַחוּם וְחַנּוּן עַל כָּל הַמַּעֲשִׂים. "לַד׳ הַיְשׁוּעָה, עַל־עַמְּךָ בִרְכָתֶךָ סֶּלָה".

The purifications that I put myself through – my thoughts, my concepts, my character traits, and my feelings – they will be general purifications for the entire world.

◠

Save me, O Lord. Redeem me from man's exploitation. Grant me the merit to truthfully polish my entire essence. Strengthen and fortify my will and my abilities to go on the straight path of Your holy light, for Lord, my God, You desire straightness.

◠

I pour out my speech before You, Master of all the worlds. Your greatness will not preclude my approaching You, for the greatness is humility,[43] to which there is no end, just as [there is no end] to all Your attributes. My knowledge of my lowliness and nothingness will also not deprive me of the might [required] to come close to You, Light of Life and Source of Good, for there is no end to my self-esteem, inasmuch as I am one of Your creations. And though there are among Your creations such that I look down upon and regard them lightly – only my foolishness causes this. And You, source of wisdom, know Your exclusive greatness, and by the power of this greatness, all of Your creations are truly valuable, because they are Your handiwork, O great and fearful God.

And I too, that I have the distinction of being considered one of Your handiwork, is sufficient for me to cover all my shortcomings. With holy trepidation I approach You, my King. Save me from all my sins, and redeem me from all my enemies. "Please save, please save,"[44] Merciful Father, compassionate to all the creations.

"Salvation belongs to the Lord; Your blessings be upon Your people. *Selah*."[45]

---

45. Ibid., 3:9.

לָשׁוּב לְפָנָיו בִּתְשׁוּבָה

מִלְחָמָה פְּנִימִית אֲנִי נִלְחָם זֶה כַּמָּה, רוּחַ חָזָק דּוֹחֵף אוֹתִי לְדַבֵּר עַל־דְּבַר
הַתְּשׁוּבָה. כָּל רַעְיוֹנוֹתַי רַק בָּה הֵם מְרֻכָּזִים. הַתְּשׁוּבָה הִיא תּוֹפֶסֶת אֶת הַחֵלֶק
הַיוֹתֵר גָּדוֹל בַּתּוֹרָה וּבַחַיִּים, עָלֶיהָ בְּנוּיוֹת כָּל הַתִּקְווֹת הָאִישִׁיּוֹת וְהַצִּבּוּרִיּוֹת.
הִיא הַמִּצְוָה, שֶׁהִיא מִצַּד אֶחָד קַלָּה שֶׁבַּקַּלּוֹת, הַרְהוּר תְּשׁוּבָה הֲרֵי הוּא כְּבָר
תְּשׁוּבָה, וּמִצַּד אֶחָד הֲרֵי הִיא קָשָׁה שֶׁבַּקָּשׁוֹת, שֶׁהֲרֵי לֹא יָצְאָה עֲדַיִן אֶל הַפֹּעַל
בָּעוֹלָם וּבַחַיִּים. הִנְנִי מוֹצֵא אֶת עַצְמִי נוֹטֶה לְדַבֵּר וְלַחְשֹׁב תָּמִיד רַק אוֹדוֹתָהּ.
הַרְבֵּה כָּתְבוּ – תּוֹרָה, נְבִיאִים וַחֲכָמִים – אוֹדוֹתָהּ, וּלְדוֹרֵנוּ עֲדַיִן הַדְּבָרִים
סְתוּמִים. הַסִּפְרוּת הַחֲדָשָׁה, הַמְשׁוֹטֶטֶת בְּכָל הַזָּוִיּוֹת שֶׁיֵּשׁ שָׁם שִׁירָה וְחַיִּים,
לֹא חָדְרָה כְּלָל לְתוֹךְ אוֹצַר הַחַיִּים הַנִּפְלָא הַזֶּה, אוֹצַר הַתְּשׁוּבָה, לֹא הִתְחִילָה
כְּלָל לְהִתְעַנְיֵן בּוֹ, לָדַעַת אֶת תְּכוּנָתוֹ וְעֶרְכּוֹ, אֲפִלּוּ מִצִּדּוֹ הַפִּיּוּטִי, שֶׁהוּא מְלֵב
לְאֵין־חֵקֶר, וְקַל־וָחֹמֶר שֶׁלֹא נָקְפָה אֶצְבַּע עֲדַיִן עַל־דְּבַר צִדּוֹ הַמַּעֲשִׂי, בְּיִחוּד בְּמַה
שֶׁנּוֹגֵעַ לְמַצָּבֵי הַחַיִּים הַחֲדָשִׁים שֶׁלָּנוּ. אָנֹכִי הִנְנִי נִדְחָף מֵעַצְמוּתִי הַפְּנִימִית לְדַבֵּר

To Return to Him

For some time, I have been fighting an inner battle. A strong spirit pushes me to speak about return (*teshuvah*). All my thoughts focus only on return. Return occupies the greatest part of Torah and life. Upon it are built all the hopes of the individual and the community. It is the commandment that, on the one hand, is the easiest to perform, [for the very] thought of return (*hirhur teshuvah*) is already [considered] return,[1] and, on the other hand, it is the most difficult [commandment] of all, for it has yet to be actualized in the world and in life.

I find myself inclined to speak and to think only about [return]. Many wrote about it – Torah, prophets, and sages – but for our generation the things remain closed. The new literature that takes an interest in all angles where there is song and life has not penetrated at all into this wonderful treasury of life, the treasury of *teshuvah*; it has not even begun to take an interest in it, to know its character and its value. [Modern literature has not taken note] even of the poetic aspect [of return], which is inestimably heartwarming – all the more so, it has not yet "raised a finger" in regard to its practical side, especially what is relevant to our new life-situations.

---

1. Kiddushin 49b.

עַל־דְּבַר הַתְּשׁוּבָה, וְהִנְנִי נִסְלָד בְּעַצְמִי מִמַּחֲשַׁבְתִּי: הַרְאוּי אָנֹכִי לְדַבֵּר עַל־דְּבַר
הַתְּשׁוּבָה? כָּתְבוּ עַל־דְּבַר הַתְּשׁוּבָה גְדוֹלֵי הַדּוֹרוֹת שֶׁעָבְרוּ, הַנְּבִיאִים וְהַחֲכָמִים
הַיּוֹתֵר טְהוֹרִים, הַחֲסִידִים הַיּוֹתֵר גְדוֹלִים, וְאֵיךְ אוּכַל אָנֹכִי לְהִתְיַצֵּב בִּקְהָלָם?
אֲבָל לֹא תוּכַל כָּל חֻלְשָׁה בָעוֹלָם לְפָטְרֵנִי מִתְּבִיעָתִי הַפְּנִימִית. מֻכְרָח אֲנִי לְדַבֵּר
עַל־דְּבַר הַתְּשׁוּבָה, וְדַוְקָא בְּצִדָּה הַסִּפְרוּתִי וְהַמַּעֲשִׂי, לַהֲבָנַת הַתֹּכֶן שֶׁלָּהּ בְּדוֹרֵנוּ,
וּלְהַגְשָׁמָתָהּ בַּחַיִּים, בְּחַיֵּי הַפְּרָט וּבְחַיֵּי הַכְּלָל.

❧

הִנְנִי רוֹאֶה אֵיךְ הָעֲווֹנוֹת הֵם עוֹמְדִים כִּמְחִיצָה נֶגֶד הָאוֹר הַבָּהִיר הָאֱלֹהִי, הַזּוֹרֵחַ
בְּרֹב זָהֳרוֹ עַל כָּל נְשָׁמָה, וְהֵם מַחְשִׁיכִים וּמַאֲפִילִים אֶת הַנְּשָׁמָה. הַתְּשׁוּבָה, אָמְנָם
אֲפִלּוּ אוֹתָהּ שֶׁהִיא מַחֲשַׁבְתִּית בְּעָלְמָא, גַּם הִיא פּוֹעֶלֶת יְשׁוּעָה גְדוֹלָה, אֲבָל לִידֵי
גְאֻלָּה שְׁלֵמָה בָּאָה הַנְּשָׁמָה דַּוְקָא עַל־יְדֵי הַהוֹצָאָה לַפֹּעַל אֶת הַתְּשׁוּבָה שֶׁבַּכֹּחַ.
וּמִכָּל־מָקוֹם, כֵּיוָן שֶׁהָרַעְיוֹן קָשׁוּר לִקְדֻשָּׁה וּלְחֵפֶץ הַתְּשׁוּבָה, אֵין מַה לְּפַחֵד כְּלָל;
וַדַּאי יָזְמִין ד' יִתְבָּרַךְ אֶת כָּל הַדְּרָכִים, שֶׁהַתְּשׁוּבָה הַגְּמוּרָה, הַמְּאִירָה אֶת כָּל
הַמַּחֲשַׁכִּים בְּאוֹר חַיֶּיהָ, הִיא נִקְנֵית עַל־יָדָן. וּכְפִי גֹדֶל עֶרְכָּהּ שֶׁל הַתְּשׁוּבָה, כָּךְ
הַתּוֹרָה מִתְבָּרֶכֶת וְיוֹתֵר הִיא מִתְבָּרֶרֶת, וְהַלִּמּוּד נַעֲשֶׂה צַח וּבָהִיר, וְ"לֵב־נִשְׁבָּר
וְנִדְכֶּה, אֱלֹהִים, לֹא תִבְזֶה".

❧

רוֹאֶה אֲנִי אֵיךְ קְלִפַּת נֹגַהּ שֶׁשָּׁרָשֶׁיהָ בִּיסוֹדָהּ בַּנֶּפֶשׁ הַבַּהֲמִית, אוֹרֶבֶת הִיא עַל
הַנְּטִיּוֹת הַנַּפְשִׁיּוֹת לְהַמְשִׁיךְ אוֹתָן אֵלֶיהָ, לְהַשְׁפִּיל אֶת רוּחַ הָאָדָם, לְטַשְׁטֵשׁ אֶת

2. Maimonides, MT, *Hil. Teshuvah* 2:1.
3. Cf. Y. Berakhot 5:1.
4. Psalms 51:19.

From my inner essence, I am compelled to speak about return (*teshuvah*). And here I recoil from my thought: Am I worthy to speak about return? The greats of past generations wrote about return – the purest prophets and sages, the greatest saints – and how could I stand in their company? But no weakness in the world can exempt me from my inner demand. I am forced to speak about return, precisely its literary and practical aspects, for the sake of understanding its content in our generation, and for the sake of its materialization in life, in the life of the individual, and in the life of the collective.

⁓

I see how the sins stand as a divider obstructing the bright divine light that shines brilliantly upon every soul. [The sins] darken and obscure the soul. Return (*teshuvah*) – even mental return – effects great salvation. Yet, the soul arrives at complete redemption only through actualization of the return. Nevertheless, once thought is connected to holiness and to the desire to return, one need not be afraid at all. Certainly, the Lord, blessed be He, will make available all the ways by which "complete return" (*teshuvah gemurah*)[2] – that illuminates all the dark places with the light of its life – is acquired. And in proportion to the value of the return, so the [study of] "Torah is blessed"[3] and becomes clarified, pure, and lucid.

"A broken and contrite heart, O God, You will not despise."[4]

⁓

I see how *kelipat nogah* ("the bright *kelipah*")[5] which basically resides in the animal soul (*nefesh behemit*), ambushes the soul's proclivities, in order to draw them to [the *kelipah*], to bring low the spirit of man, to blur

---

5. According to Lurianic Kabbalah, there are three impure *kelipot* (literally "husks" or "shells") and then another, fourth *kelipah* which is *nogah*, "bright" or "translucent" (see the verse in Ezekiel 1:4). *Kelipat nogah*, which resides in the *nefesh behemit*, or "animal soul," is what one might term "borderline *kelipah*." See Rabbi Ḥayyim Vital, *'Ets Ḥayyim* 49:2–5; and Rabbi Shneur Zalman of Lyady, *Tanya*, chap. 1.

אוֹרוֹ, לְמַעֵט שִׁלְטוֹן הַקֹּדֶשׁ בָּעוֹלָם. וְעַל־יְדֵי תּוֹסֶפֶת עֲבוֹדָה וְיִרְאָה יְתֵרָה, חוֹשֶׁבֶת
הִיא לְהַחֲלִישׁ אֶת כֹּחַ הָרָצוֹן, שְׁלִיטַת הַחֹג שֶׁבַּקְּדֻשָּׁה הַפְּנִימִית. וְאָז בְּכָל עֵת
הִתְעוֹרְרוּת הַכֹּחוֹת הַבַּהֲמִיִּים עַל־יְדֵי פְּעֻלּוֹת גּוּפָנִיּוֹת, בָּאָה הִיא וּמְהַמֶּמֶת אֶת
הָרָצוֹן הֶחָלוּשׁ, הַמִּדְכָּא עַל־יְדֵי הַפְּגִיעָה שֶׁל צִדְקוּת הַרְבֵּה יוֹתֵר מִן הַמִּדָּה, וְעַל־
יְדֵי הָעַצְבוּת הַמְדֻלְדֶּלֶת הַמְצוֹרָפָה לָזֶה, וּבָזֶה עוֹשֶׁקֶת הִיא נְשָׁמוֹת וְכֹחוֹת, וּכְחֶתֶף
תָּאָרֹב, וּבוֹגְדִים בָּאָדָם תּוֹסִיף. אָמְנָם, ד' לֹא יַעֲזֹב אֶת חֲסִידָיו, וְשֶׁבַע יִפּוֹל צַדִּיק
וָקָם, וְכַאֲרִי וְלָבִיא יִתְחַזֵּק אִישׁ אֲשֶׁר נֹכַח ד' דַּרְכּוֹ, וְיָשֵׂם פָּנָיו אֶל תּוֹרָה, אֶל הַיֹּשֶׁר
וְהַצֶּדֶק, אֶל הַתְּפִלָּה הָרַעֲנַנָּה, הַמְלֵאָה שְׂמָחוֹת וָעֹז, וְעֵת לִדְרֹשׁ אֶת ד'. "דִּרְשׁוּ ד'
וְעֻזּוֹ, בַּקְּשׁוּ פָנָיו תָּמִיד".

❧

לֹא יִסֹּג אָחוֹר לִבִּי מִכָּל עִצְּבוֹן שֶׁבָּעוֹלָם, כִּי אֵדַע שֶׁיֵּשׁ בָּזֶה מִשּׁוּם הִתְגַּלּוּתוֹ שֶׁל
הַגֵּרָעוֹן שֶׁבַּנֶּפֶשׁ בְּכָל דַּרְגוֹתֶיהָ, מִצַּדָּהּ הַפְּרָטִי אוֹ מִצַּד יַחוּשָׂהּ אֶל הַכְּלָל. וְיִהְיוּ לִי
הָעַצְבוֹנוֹת לְהוֹרָאַת מְקוֹמוֹת הַמַּכְאוֹב, כְּדֵי לְתַקֵּן וּלְמַלֵּא אוֹר, בְּמַעֲשֶׂה, בְּשֵׂכֶל,
בְּרַעְיוֹן אוֹ בְצִיּוּר. וְכָל הַדְּרָכִים מְפֻלָּשִׁים הֵם, כִּי חֶסֶד ד' גָּדוֹל מְאֹד. "כִּי־חַסְדְּךָ
גָּדוֹל עָלָי, וְהִצַּלְתָּ נַפְשִׁי מִשְּׁאוֹל תַּחְתִּיָּה".

❧

---

6. Cf. Ecclesiastes 7:16.

There is a famous saying attributed to Rabbi Yisrael Meir Kagan of Radin ("Ḥafets Ḥayyim") that sometimes Satan attacks us frontally by telling us outright not to perform a commandment; other times, Satan sneaks up from behind, telling us to perform a commandment to excess. (An example would be tempting us to stay up late at night to study Torah, so that we will miss the morning prayer.) This is the meaning of the phrase in the evening prayer *Hashkiveinu*: "And remove Satan from before us and from behind us."

his light, to lessen the rule of holiness in the world. Through additional [spiritual] service and excessive fear, [the *kelipah*] thinks to weaken the willpower, the control that is in the inner holiness. And then, whenever there is an arousal of the animalistic powers through bodily actions, [the *kelipah*] comes and stuns the weakened will that has been depressed by the damage inflicted by "excessive righteousness"[6] and by the accompanying debilitating sadness. In this way, [the *kelipah*] exploits souls and powers. "She lies in wait as a robber and increases traitors among men."[7] However, "the Lord will not forsake His saints,"[8] and "a righteous man falls seven times and rises up again."[9] A man whose destination is the Lord will be strong as a lion and head to the Torah, to straightness and righteousness, to fresh prayer that is full of joy and might. It is a time to seek the Lord.

"Seek the Lord and His might; seek His face continually."[10]

My heart will not retreat from any of the grief that exists in the world, for I know that in this [grief] there is some revelation of the deficiency of the soul in all of its levels, whether as [an] individual, or as it relates to the collective. So these griefs serve to locate for me the places of pain, in order to fix and illuminate [them] – with deed, with intellect, with thought, or with imaging. And all the ways are wide open, for the lovingkindness of the Lord is very great.

"For Your lovingkindness is great toward me; and You delivered my soul from the lowest She'ol."[11]

7. Proverbs 23:28.
8. Psalms 37:28.
9. Proverbs 24:16.
10. Psalms 105:4.
11. Ibid., 86:13.

אֲנִי לֹא אֶפֹּל מִמַּדְרֵגָתִי מִשּׁוּם נְטִיָּה זָרָה, כִּי אֵדַע כִּי כָל הַנְּפִילוֹת גַּם הֵן נְדָרְשׁוֹת. וְאִם־כִּי מְאֹד צְרִיכִים לְהִתְאַמֵּץ לִהְיוֹת תָּמִיד שָׁרוּי בְּמַצָּב הָאוֹרָה, שִׂמְחַת הַקֹּדֶשׁ וְחֵשֶׁק הַתּוֹרָה וְהָעֲבוֹדָה, מִכָּל־מָקוֹם גַּם כַּאֲשֶׁר יַעַבְרוּ צְלָלִים, וְהָרוּחַ נֶעְכֶּרֶת מְעַט, וּפְעֻלּוֹת קְצוּפוֹת יוֹצְאוֹת אֶל הַפֹּעַל, וְהַגּוּפָנִיּוּת הַזּוֹעֲמָה מִתְגַּבֶּרֶת, לֹא אֶפְחַד פַּחַד, כִּי מִיָּד אָשׁוּב בִּתְשׁוּבָה, וְהַמַּצָּב הַנִּשְׁפָּל יִהְיֶה לְפָנַי לְמָקוֹר לִמּוּד בְּאֵיזֶה אֹפֶן לְסַדֵּר אֶת הַמְּסִלּוֹת לְיָמִים יָבוֹאוּ. "ד' לִי לֹא אִירָא".

~

אִם מִתְגַּבֵּר הַיֵּצֶר בְּכָל יוֹם בְּדַרְכֵי תֹהוּ חֲדָשִׁים, אֵדַע כִּי בָא לִסְלֹל דֶּרֶךְ לְהַעֲלוֹת כָּל הַיָּמִים לְאוֹר הַחַיִּים הָעֶלְיוֹנִים. "בָּרוּךְ ד' יוֹם יוֹם". "וַיְהִי כְּדַבְּרָהּ אֶל־יוֹסֵף יוֹם יוֹם, וְלֹא־שָׁמַע אֵלֶיהָ".

~

סוֹף־כָּל־סוֹף תִּקְוָתִי חֲזָקָה הִיא, שֶׁיְזַכֵּנִי ד' יִתְבָּרֵךְ לָשׁוּב לְפָנָיו בִּתְשׁוּבָה גְמוּרָה וּשְׁלֵמָה, בְּאַהֲבָה גְדוֹלָה, וּבְשֵׂכֶל צָלוּל וּבָהִיר מְאֹד.

~

הַעֲבֵר חֶרְפָּתִי, הָסֵר דְּאַגָתִי, מְחֵה פְשָׁעַי, כְּדֵי שֶׁאוּכַל לְהִתְפַּלֵּל לְפָנֶיךָ בִּמְאוֹר פָּנִים, לַעֲסֹק בְּמִצְוֹתֶיךָ וּבְתוֹרָתְךָ בְּשִׂמְחַת קֹדֶשׁ. אָזְכֶּה נָא לְשַׂמֵּחַ אֶת בְּרִיּוֹתֶיךָ, לְרוֹמֵם וּלְפָאֵר אֶת יְרֵאֶיךָ. זַכֵּנִי לְהַרְבּוֹת טוֹבָה וָחֶסֶד וּבְרָכָה בָּעוֹלָם. "יֵבֹשׁוּ זֵדִים כִּי־שֶׁקֶר

---

12. Ibid., 118:6.
13. See *Zohar* I, 129a, 224.
14. Psalms 68:20.

I will not allow any strange inclination to dislodge me from my [spiritual] level, for I know that all the falls are also required. And though we must strive to be always in a state of light, holy joy, and passion for Torah and [spiritual] service, nevertheless, even when shadows pass over the spirit and it is somewhat sullied, resulting in wrathful actions, and the body's rage is overwhelming – I shall not fear, for immediately, I shall return (*teshuvah*), and this sorry state will serve to educate me how to map [my] ways in days to come.

"The Lord is for me; I shall not fear."[12]

If every day the [evil] inclination asserts itself with new ways of misleading, I know that it comes to pave a way to uplift all the days to the light of the higher life.[13]

"Blessed be the Lord day by day."[14]

"And it came to pass, as she spoke to Joseph day by day, and he would not listen to her."[15]

In the end, it is my strong hope that the Lord, blessed be He, will grant me the merit to return to Him with a whole and "complete return" (*teshuvah gemurah*),[16] with great love, and with very lucid intellect.

Remove my shame, dispel my worry, erase my sin, so that I might pray to You with the light of [Your] countenance, [that I might] engage in Your commandments and in Your Torah with holy happiness. May I merit to gladden Your creations; to uplift and exalt Your fearers. Grant

15. Genesis 39:10.
16. See Maimonides, *MT, Hil. Teshuvah* 2:1.

159

עִוְּתוּנִי״, וַאֲנִי בְּפִקּוּדֶיךָ אֶשְׁתַּעֲשַׁע. הַצִּילֵנִי מִכָּל חֻלְשָׁה, מִכָּל רִפְיוֹן, וּמִכָּל מִדָּה
רָעָה. הָאִירָה עֵינַי בְּהָאֲרַת שְׂשׂוֹן יִשְׁעֶךָ. הוֹשִׁיעָה אֶת עַמֶּךָ. תֵּן בְּלֵב עַם קָדְשֶׁךָ
יִרְאָתְךָ וּפַחַד הֲדַר־גְּאוֹן־עֻזֶּךָ. סָמְכֵם בְּאַהֲבָתֶךָ, יַשְּׁרֵם נָא בְּיֹשֶׁר מְסִלָּתֶךָ, הוֹפִיעָה
בְּלִבָּם הָאֲרַת חֶמְדַּת נְעִימַת קְדֻשַּׁת שַׁבַּת קָדְשֶׁךָ, וְהָשִׁיבֵם אֶל נַחֲלָתֶךָ, בִּמְהֵרָה,
בִּמְהֵרָה, בְּיָמֵינוּ בְּקָרוֹב.

---

17. Psalms 119:78.
18. Cf. Psalms 119:16.

me the merit to increase goodness and lovingkindness and blessing in the world. "Let the insolent be dismayed, for they have wronged me without cause,"[17] and I will delight in Your precepts.[18] Save me from any weakness, from any slackness, and from any bad trait. Enlighten me with the joy of Your salvation. "Save Your people."[19] Put into the heart of Your holy people Your awe and the fear of Your might. Support them with Your love. Straighten them on Your path. Manifest in their heart the light, the delight, the pleasantness of Your holy Sabbath. And restore them to Your inheritance [i.e., the Land of Israel], speedily, speedily, in our days soon.

19. Psalms 28:9.

הַשִּׂמְחָה שֶׁל אֶרֶץ-יִשְׂרָאֵל

מִמְּנוּחַת הַנֶּפֶשׁ וּמֵעֲבוֹדָה פְּנִימִית, בְּכָל צוּרָה שֶׁהִיא, לֹא יוּכַל שׁוּם דָּבָר לְהַפְרִיעַ, אֲפִלּוּ מַה שֶּׁנִּתְגָּרַשְׁתִּי מֵאֶרֶץ הַקֹּדֶשׁ וְהִנְנִי שָׁרוּי בְּאֶרֶץ הָעַמִּים. עַד אֲשֶׁר יְרַחֲמֵנִי ד' יִתְבָּרַךְ מִמְּקוֹר הָרַחֲמִים, בָּרוּךְ הוּא, לַהֲשִׁיבֵנִי לְאֶרֶץ הַקֹּדֶשׁ בְּרֹב חֲסָדָיו, בְּכָל מָקוֹם מָקְטָר מֻגָּשׁ לִשְׁמוֹ וּמִנְחָה טְהוֹרָה, בְּחִזּוּק וֶאֱמוּץ.

~

אֲוִירָא דְאֶרֶץ-יִשְׂרָאֵל הוֹלֵךְ עִמִּי, בָּרוּךְ ד', גַּם בְּגָלוּתִי.

~

162

The Joy of the Land of Israel

Nothing can disturb [my] peace of mind and inner work of any description – not even the fact that I was driven from the Holy Land and here I am in the "Land of the Peoples." Until which time as the Lord, may He be blessed, will have compassion upon me – from the source of compassion – to return me to the Holy Land with His abundant lovingkindness. "In every place, incense and pure oblation are offered to My name."[1]

With strength and encouragement.

❧

The air of the Land of Israel accompanies me, the Lord be blessed, even in my exile.

❧

---

1. Malachi 1:11.

אַף־עַל־פִּי שֶׁנּוֹדֵד אֲנִי בַּגּוֹלָה, אַף־עַל־פִּי שֶׁלָּקוּי אֲנִי בְּמַכְאוֹבִים רַבִּים, נַפְשִׁיִּים וְגוּפָנִיִּים, מִכָּל־מָקוֹם חֶסֶד ד׳ לֹא יַעַזְבֵנִי. וְהִנְנִי צָרִיךְ לְהִתְרוֹמֵם אֶל הַגֹּדֶל שֶׁל הַחֵרוּת הָעֶלְיוֹנָה, כַּאֲשֶׁר הָיְתָה בָּאֱמָנָה אִתִּי בְּאֶרֶץ הַקֹּדֶשׁ. וּמִטַּל אֶרֶץ חַיִּים יַרְוֵנִי צוּר יִשְׁעֵנוּ בְּרָכָה, וִיחַזְּקֵנִי וִיאַמְּצֵנִי בְּכָל מֵצַר גָּלוּתִי. עַד אֲשֶׁר יוֹשִׁיעֵנִי בְּיֵשַׁע עַמּוֹ, וִישִׁיבֵנִי אֶל אַדְמַת קָדְשׁוֹ, לַעֲבֹד לְפָנָיו בַּעֲבוֹדָה תַמָּה, בְּיֹשֶׁר לֵב, בַּעֲנָוָה, בְּיִרְאָה, בִּגְבוּרָה, בְּאַהֲבָה, וְיִישֵׁר דַּרְכּוֹ לְפָנַי, לִפְדֵּנִי מַעֹשֶׁק אָדָם, לְתַקֵּן כָּל הַפְּגָמִים, לְהָשִׁיב אֶת נִדָּחַי.

&

הַלֵּב מִתְגַּעְגֵּעַ אַחֲרֵי הַהַשָּׂגָה שֶׁל אֶרֶץ־יִשְׂרָאֵל, אַחֲרֵי הָאֱמוּנָה שֶׁל אֶרֶץ־יִשְׂרָאֵל, אַחֲרֵי הַקְּדֻשָּׁה שֶׁל אֶרֶץ־יִשְׂרָאֵל. אַיֵּה לוֹקְחִים אֶת הַשִּׂמְחָה שֶׁל אֶרֶץ־יִשְׂרָאֵל, אֶת הַשַּׁלְוָה הַפְּנִימִית שֶׁל אֶרֶץ־יִשְׂרָאֵל, אֶת הַדְּבֵקוּת שֶׁל אֶרֶץ־יִשְׂרָאֵל, אֶת הָאֱמֶת שֶׁל אֶרֶץ־יִשְׂרָאֵל, אֶת הָעֹז וְהָאֹמֶץ שֶׁל אֶרֶץ־יִשְׂרָאֵל, אֶת הַבִּטָּחוֹן שֶׁל אֶרֶץ־ יִשְׂרָאֵל? חוּסָה ד׳, רַחֵם נָא אֵל רַחוּם וְחַנּוּן, חֲמוֹל נָא, וְזַכֵּנִי נָא לָשׁוּב אֵלֶיךָ בִּתְשׁוּבָה שְׁלֵמָה, וַהֲשִׁיבֵנִי נָא אֶל אֶרֶץ חֶמְדָּתֶךָ. זַכֵּנִי נָא לִרְאוֹת בְּשִׂמְחַת גּוֹיֶךָ, לְהִתְהַלֵּל עִם נַחֲלָתֶךָ. רַחֵם, רַחֵם, אָב הָרַחֲמָן, חוּס נָא, הוֹשִׁיעָה נָּא, הָאֵל הַמּוֹשִׁיעַ.

---

2. Cf. Esther 2:20.
3. Yoma 24b.

Even though I am wandering in exile; even though I am afflicted by many pains, spiritual and physical, nevertheless, the lovingkindness of the Lord will not forsake me. Here I need to ascend to the greatness of the higher freedom, "as it was when it was brought up with me"[2] in the Land of Israel. And from the dew of the Land of Life, the Rock of our salvation will saturate me with blessing, and will strengthen and fortify me throughout the straits of my exile. Until which time as He will save me with the salvation of His people, and return me to its holy soil, to serve Him with a "perfect service,"[3] with straight heart, with humility, with fear, with courage, with love; and straighten His way before me, to redeem me from the exploitation of man, to fix all the flaws, to gather in my dispersed.[4]

∾

The heart longs for the [spiritual] attainment of the Land of Israel, for the faith of the Land of Israel, for the sanctity of the Land of Israel. Where does one acquire the joy of the Land of Israel, the inner calm of the Land of Israel, the communion (*devekut*) of the Land of Israel, the truth of the Land of Israel, the might and courage of the Land of Israel, the trust of the Land of Israel? Have mercy, O Lord. Merciful and compassionate God, have mercy, and grant me the merit to return to You with whole return (*teshuvah shelemah*), and please return me to the Land of Your delight. Please privilege me to see the rejoicing of Your nation, to be praised with Your inheritance. Merciful Father, have mercy, please have mercy.

"Please save."[5]

"God Who saves."[6]

4. An allusion to the ingathering of scattered soul-powers. See Rabbi Shneur Zalman of Lyady, *Likkutei Torah, Ki Tetse* (II), 36a (par. 3). Cf. *Shemonah Kevatsim* 8:213; *Orot ha-Teshuvah* 15:10.
5. Psalms 118:25.
6. Blessing recited after reading the *Megillah*.

גְּדוֹלָה הִיא אַהֲבָתִי

פִּגְמֵי הַמַּרְבִּים לֹא יְעַכְּבוּנִי מִלְּזַכּוֹת אֶת הָרַבִּים, כִּי חָפֵץ אֲנִי לְהֵטִיב, וְחָפֵץ אֲנִי
בְּטוֹבַת הַבְּרִיּוֹת, וְחָפֵץ אֲנִי בְּבֵרוּר – לַחְפֹּץ בֶּאֱמֶת לִהְיוֹת טוֹב. וּלְבָבִי מָלֵא אֵשׁ
קֹדֶשׁ שֶׁל יְדִידוּת נְעִימַת חִבַּת יִשְׂרָאֵל וְשֶׁל כָּל הָעוֹלָם כֻּלּוֹ, לְהַעֲלוֹת אֶת הַכֹּל
לִמְקוֹר הַטּוֹב. וְרָצוֹן זֶה – רָצוֹן קָדוֹשׁ הוּא, צָרִיךְ אֲנִי לְהוֹדוֹת בִּקְדֻשָּׁתוֹ.

❧

אוֹהֵב אֲנִי אֶת הַבְּרִיּוֹת. בְּשׁוּם אֹפֶן לֹא אֲשַׁנֶּה מִדָּתִי בִּפְנִימִיּוּתִי, עַל הַכֹּל אֲנִי מוֹצֵא
זְכוּת וְצַד טוֹבָה, עַל הַכֹּל מַמָּשׁ. וְאוֹר ד׳ עַל כֹּל יוֹפִיעַ, וְרַחֲמָיו עַל כָּל מַעֲשָׂיו.

---

1. The Hebrew construction *"ḥafets laḥpots"* ("desire to desire" or "want to want") is
    reminiscent of the Aramaic term of the Kabbalah: *"ra'ava de-ra'avin,"* usually trans-
    lated as "will of wills," but which may be translated as "the will to will." See *Idra
    Rabba* in *Zohar* III, 129a; and Rabbi David Cohen (the "Nazir"), *Kol ha-Nevu'ah*
    (Jerusalem: Mossad Harav Kook, 1979), p. 198, s.v. *Retson ha-Retsonot* (quoting
    Rabbi Moshe Cordovero in *Sefer Elimah*), and pp. 284–285, s.v. *Ratson ve-Hanhagah*
    (quoting Rabbi Moshe Ḥayyim Luzzatto in *Adir ba-Marom*).
    The great Polish Ḥasidic master, Rabbi Ya'akov Yitzḥak of Peshiskha (Polish, Przy-
    sucha), known as *"Ha-Yehudi Ha-Kadosh"* ("the Holy Jew"), is quoted as saying: "A

Great Is My Love

My many defects will not prevent me from finding merit in the masses, because I desire to benefit [others], and I desire the good of humanity, and I certainly desire – to truly desire to be good.[1] And my heart is full of a holy fire of friendship, of love of Israel and of the entire world, to uplift all to the source of good. And this will – is a holy will. I need to admit its holiness.

≈

I love humanity. In no way will I change my inner character. I find merit and a good side in all – literally, in all. And the light of the Lord will appear to all, and "His mercy extends to all His works."[2]

person must have the will to serve the Lord, and not necessarily the will, but even the will to have the will to serve the Lord. By this too, one is included among those who serve the Lord. And not necessarily the will to have the will, but even one who has only the will to have the will to have the will – even a hundred times over – is also called one who serves the Lord." See *Torat ha-Yehudi ha-Kadosh*, ed. Yosef Yeruḥam Fishel Hager (Jerusalem: Ma'yan ha-Ḥasidut, 2018), vol. 2, pp. 164–166, s.v. *Ratson*. (I am indebted to my dear friend Rabbi Nachman Schneider for bringing this quote to my awareness.)

2. Psalms 145:9.

～

הַנְּשָׁמוֹת הַנְּפוּלוֹת שֶׁיֵּשׁ לָהֶן יַחַשׁ אֵלַי, מוֹסִיפוֹת בִּי כֹּחַ. מְרַחֵם אֲנִי עֲלֵיהֶן, חָפֵץ אֲנִי בְּתִקּוּנָן וְטוֹבָתָן, בְּאוֹרָן וְיִשְׁעָן, וְהֵן מַרְגִּישׁוֹת חַיּוּת וַהֲשָׁבַת נֶפֶשׁ בְּעֶצֶם דִּכְאוֹנָן. צְמֵאוֹת הֵן לְאוֹר ד' וְטוּבוֹ, שְׂמֵחוֹת הֵן כִּי יֵשׁ מִי שֶׁמַּגִּיד יָשְׁרָן, מִי שֶׁמַּמְלִיץ עֲלֵיהֶן. וַאֲנִי יוֹדֵעַ כַּמָּה עָמֹק עָמֹק בְּלִבְבָם שֶׁל אֵלֶּה הַנְּפוּלִים אוֹר ד' בּוֹעֵר, רוּחַ מִמָּרוֹם נוֹשֵׁב, כַּמָּה בִּפְנִימִיּוּת נַפְשָׁם חֲפֵצִים הֵם לָלֶכֶת בְּדֶרֶךְ אוֹרָה, בְּדֶרֶךְ יְשָׁרָה וְטוֹבָה. בָּטוּחַ אֲנִי כִּי סוֹף־כָּל־סוֹף עֲזְרַת ד' לָהֶם תָּבוֹא, אוֹר ד' וְטוּבוֹ עֲלֵיהֶם יוֹפִיעַ. בִּתְשׁוּבָה גְדוֹלָה יָשׁוּבוּ, בְּאַהֲבָה רַבָּה יִתְקָרְבוּ, וְאוֹר הַיֹּשֶׁר וְהַצֶּדֶק הַמֵּאִיר בִּפְנִימִיּוּתָם, הָיוֹ יִהְיֶה לְלַהֲבַת אוֹרִים גְּדוֹלִים, וְ"הָעָם הַהֹלְכִים בַּחֹשֶׁךְ רָאוּ אוֹר גָּדוֹל, יֹשְׁבֵי בְּאֶרֶץ צַלְמָוֶת אוֹר נָגַהּ עֲלֵיהֶם".

～

גְּדוֹלָה הִיא אַהֲבָתִי לְכָל הַיְצוּרִים, לְכָל הַמְּצִיאוּת. חָלִילָה לִי לְהַכְנִים בְּלִבָבִי גַּם זִיק קָטָן שֶׁל מַשְׂטֵמָה, שֶׁל שִׂנְאַת הַבְּרִיּוֹת. הִנְנִי מַרְגִּישׁ בַּמִּלֹּא קִרְבִּי אֶת אַהֲבָתִי הַגְּדוֹלָה לְכָל הַבְּרִיּוֹת, וּבְיוֹתֵר מִזֶּה לִבְנֵי אָדָם, וּבְמִדָּה יוֹתֵר עֶלְיוֹנָה לִבְנֵי־יִשְׂרָאֵל, וּבְכַמָּה מַעֲלוֹת בַּקֹּדֶשׁ לְיִרְאֵי ד', לְשׁוֹמְרֵי תוֹרָה וּמִצְוָה, וְקַל־וָחֹמֶר לְתַלְמִידֵי חֲכָמִים. אֵינִי חָפֵץ בִּפְחִיתַת הַכָּבוֹד שֶׁל שׁוּם אָדָם. אֲנִי רוֹצֶה שֶׁהַכֹּל יִתְעַלּוּ, הַכֹּל יִתְכַּבְּדוּ, יִתְרוֹמְמוּ וְיִתְפָּאֲרוּ. הִנְנִי צָרִיךְ לְהַכִּיר אֶת תּוֹכִיּוּת רְצוֹנִי, אֶת נְקֻדַּת חֵפֶץ נִשְׁמָתִי, לְמַעַן אֵדַע לְכַוֵּן אֶת דַּרְכִּי אַךְ לְמַעְלָה לְמַעְלָה.

～

---

3. Cf. Job 33:23. See Rabbi Nathan Sternhartz of Breslov, *Likkutei Halakhot, Hil. 'Eruv Tehumin* 6:6.

﹏

The fallen souls that relate to me, add strength to me. I have compassion upon them. I desire their fixing (*tikkun*) and their good, their light and their salvation, and [thereby] they sense a vitality and a resuscitation in the midst of their depression. They are thirsting for the light of the Lord and His goodness. They are happy that there is someone to tell of their straightness; someone who recommends them.[3] And I know how deeply the light of the Lord burns in the hearts of these fallen [souls] – a wind from above blows; how much in the interior of their soul they desire to go in the way of light, in a straight and good way. I am certain that eventually the aid of the Lord will come to them; the light of the Lord and His goodness will appear to them. They will return in a great return (*teshuvah*); they will come close with a great love. And the light of rectitude and righteousness that lights their interior will become a flame of great lights.

"The people who walk in darkness saw a great light; the dwellers in the land of the shadow of death, upon them the light shone."[4]

﹏

My love is great for all the creations, for all of existence. Far be it from me to allow even a small spark of hatred, of misanthropy, to enter my heart. Here I feel filling my interior my great love for all the creations, and especially for humanity, and beyond that, for the Children of Israel, and several degrees of holiness [higher], for fearers of the Lord, for observers of Torah and commandments, and all the more so, for Torah scholars. I do not wish the dishonor of any man. I want all to be honored, uplifted, and glorified. I need to recognize my inner will, the point of my soul's desire, so that I might know [how] to direct my way ever upward.

﹏

4. Isaiah 9:1.

אֲנִי אוֹהֵב אֶת הַכֹּל. אֵינִי יָכוֹל שֶׁלֹּא לֶאֱהֹב אֶת הַבְּרִיּוֹת, אֶת כָּל הָעַמִּים. רוֹצֶה אֲנִי בְּכָל מַעֲמַקֵּי לֵב בְּתִפְאֶרֶת הַכֹּל, בְּתַקָּנַת הַכֹּל. אַהֲבָתִי לְיִשְׂרָאֵל הִיא יוֹתֵר נִלְהָבָה, יוֹתֵר עֲמֻקָּה, אֲבָל הַחֵפֶץ הַפְּנִימִי מִתְפַּשֵּׁט הוּא בְּעִזּוּז אַהֲבָתוֹ עַל הַכֹּל מַמָּשׁ. אֵין לִי כָּל צֹרֶךְ לָכֹף אֶת רֶגֶשׁ אַהֲבָה זֶה, הוּא נוֹבֵעַ יָשָׁר מֵעֹמֶק הַקֹּדֶשׁ שֶׁל הַחָכְמָה שֶׁל הַנְּשָׁמָה הָאֱלֹהִית.

⌇

כַּמָּה הוֹמֶה הוּא הַלֵּב לֶאֱהֹב אֶת הַכֹּל, אֶת כָּל הַבְּרִיּוֹת, אֶת כָּל הַמַּעֲשִׂים, אֶת כָּל הַיְצוּר, אֶת כָּל הֲמוֹן מַעֲשֵׂי יוֹצֵר כֹּל, אֶת שָׁרְשֵׁי הַמַּעֲשִׂים, אֶת הַחַיִּים, אֶת הָעֹז, הַכֹּחַ, הַהוֹד הַמִּתְנַשֵּׂא, הַחָכְמָה, הַבִּינָה, הַדַּעַת, הַתִּפְאֶרֶת, הַנֶּצַח וְהַהוֹד, הַיְסוֹד וְהַמַּלְכוּת. מַה יָּקְרוּ רֵעֶיךָ אֵל, וּמַה חָמְדָה לִבִּי לְאַהֲבַת כָּל הַנְּשָׁמוֹת, וּלְיֹפִי הַטּוֹבוֹת וְהַגְּמוּרוֹת שֶׁבָּהֶן! מַה נָּעֲמוּ וּמָתְקוּ הַנְּפָשׁוֹת הָעֲדִינוֹת שֶׁל נְדִיבֵי הַלֵּב, שֶׁל הוֹגֵי הַדֵּעָה, שֶׁל קְדוֹשֵׁי הַחֵפֶץ, שֶׁל תּוֹפְשֵׂי הַתּוֹרָה, אַדִּירֵי הָאֱמוּנָה, גִּבּוֹרֵי הָרוּחַ, חוֹשְׁבֵי הַהִגָּיוֹן וְהַשִּׁירָה, מְקַדִּישֵׁי הַקֹּדֶשׁ, מְשׁפְּרֵי הַחַיִּים וְהָעוֹלָם! מַה עָצְמוּ רָאשֵׁיהֶם! מַה נֶחְמְדוּ חֲסִידֵי עוֹלָם, מוֹחוֹת מְמֻלָּאִים אֲצִילוּת וְתִפְאֶרֶת קְדֻשָּׁה! מַה אֲהַבְתִּים כֻּלָּם יַחַד! מַה עָצְמָה יְדִידוּתִי לְכָל חַד וְחַד מֵהֶם! מַה מְאֻשָּׁר אֲנִי בְּטוֹבָתָם, בִּכְבוֹדָם, בִּשְׁלֵוָתָם, בְּעָנְגָם וְנַחַת שֶׁהֵם מוֹצְאִים בְּחַיֵּיהֶם! מַה לִי יוֹתֵר נִשְׂגָּב מִלִּהְיוֹת מִשְׁתַּתֵּף,

5. Rav Kook has enumerated the *Ten Sefirot* proceeding downward. In this reckoning, *Keter* (Crown) is absent, replaced instead by *Da'at* (Knowledge). Also absent, for some unexplained reason, are the *sefirot* of *Ḥesed* (Lovingkindness) and *Gevurah* (Strength).

I love all. It is impossible for me not to love the creations, all the peoples. In all the depths of my heart, I want the glory of all, the correction of all. My love for Israel is more enthusiastic, is deeper, but the inner desire, the mighty love, extends literally to all. I have no need to suppress this emotion of love. It flows directly from the depth of holiness – the wisdom of the godly soul.

~

How much the heart hankers to love all, all the creations, all the works, all the creatures, all the multitudinous works of the Creator, the roots of the works, the life, the might, the power – the Wisdom (*Hokhmah*), the Understanding (*Binah*), the Knowledge (*Da'at*), the Glory (*Tif'eret*), the Eternity (*Netsah*), the Majesty (*Hod*), the Foundation (*Yesod*), and the Kingdom (*Malkhut*).[5]

"How dear to me are Your friends, God."[6]

How my heart desires the love of all the souls, and the beauty of the best and most accomplished among them! How pleasant, how sweet are the delicate souls of the philanthropists, of the thinkers, of the saints, of the Torah scholars, of the mighty men of faith, of the brave spirits, of the logicians and the poets, of the sanctifiers, of those who improve life and the world!

"How powerful are their heads!"[7]

How pleasant are the pious of the world, brains filled with transcendence and the glory of holiness! How much I love all of them together! How powerful is my friendship to each and every one of them! How happy I am at their good fortune, at their honor, at their tranquility, at the joy and satisfaction that they find in their lives! What could

---

6. Psalms 139:17.
7. Ibid.

עוֹזֵר, עוֹבֵד וּפוֹעֵל, לְהַרְבּוֹת אֶת אוֹר הַחַיִּים, לְהַרְחִיב אֶת הַמַּשְׂכִּיּוֹת, שֶׁיֵּרָאֶה
הַהוֹד וְהֶהָדָר, הַזִּיו הָאֱלֹהִי שֶׁל נֹעַם הָאַהֲבָה, שֶׁל אַהֲבַת עוֹלָמִים, הַמִּשְׂתָּרֶגֶת
בַּעֲנָפֶיהָ הָרַבִּים, מִתְנַשֵּׂאת מִמַּעַל כָּל הַיֵּשׁ, וּמִתְמַשֶּׁכֶת עַל כָּל הַיְצוּר, מַבְלֶטֶת אֶת
הַפַּרְצוּפִים הַנֶּאֱהָבִים, מַגְדֶּלֶת אֶת הַיְדִיעָה, מְחַדֶּדֶת אֶת הַהַרְגָּשָׁה, מַגְבֶּרֶת אֶת
הַחַיִּים, מַגְבֶּרֶת אֶת הָעִדּוּן וּמַלְהִיבָה אֶת הַגְּבוּרָה, מְמַלֵּאת אֶת כָּל רַחֲבֵי הַנְּשָׁמָה
בְּעֹז עֶלְיוֹן, בְּעֹז אֱלֹהִים, בְּעֹזּוֹ הָאֱמֶת וְהָאוֹרָה!

be more exalted for me than participating, helping, working to increase the light of life; "to widen the apertures" that there might be seen the majesty and the beauty, the divine splendor of love, of love of the worlds, that ramifies in numerous branches, that transcends all of existence and stretches over all the creation, that makes pronounced the beloved profiles (*partsufim*),[8] that expands knowledge, that sharpens emotion, that strengthens life, that strengthens delicacy and enlightens strength, that fills all the expanses of the soul with a higher might, with the might of God, the might of truth and light!

---

8. Rav Kook most likely alludes to the five *partsufim* (personae) of Lurianic Kabbalah: *Arikh Anpin* (Long Face), *Abba* (Father), *Imma* (Mother), *Ze'ir Anpin* (Short Face) and *Nukva* (Female).

    In Halakhah, on the other hand, it is forbidden to make a relief sculpture of the human face (*partsuf bolet*). See Rosh Hashanah 24b, quoted by Rav Kook in his famous letter to the Bezalel Art Academy in Jerusalem (*Iggerot ha-RAYaH*, vol. 1, p. 206 [Letter 158]).

שִׁמְעוּ אֵלַי עַמִּי

שִׁמְעוּ אֵלַי עַמִּי: מִתּוֹךְ נִשְׁמָתִי אֲנִי מְדַבֵּר עִמָּכֶם, מִתּוֹךְ נִשְׁמַת נִשְׁמָתִי, מִתּוֹךְ
קֶשֶׁר הַחַיִּים שֶׁאֲנִי קָשׁוּר בְּכֻלְּכֶם, וְאַתֶּם כֻּלְּכֶם קְשׁוּרִים בִּי. מִתּוֹךְ אוֹתָהּ הַהַרְגָּשָׁה
שֶׁאֲנִי חָשׁ אוֹתָהּ עָמֹק יוֹתֵר מִכָּל הָרְגָּשׁוֹת הַחַיִּים שֶׁלִּי, שֶׁאַתֶּם, רַק אַתֶּם, רַק
כֻּלְּכֶם, כֻּלְּכֶם, כָּל נִשְׁמוֹתֵיכֶם, כָּל דּוֹרוֹתֵיכֶם, רַק אַתֶּם הִנְּכֶם תֹּכֶן חַיַּי. בָּכֶם אֲנִי
חַי, בָּכֶם, בַּחֲטִיבָה הַכּוֹלֶלֶת שֶׁל כֻּלְּכֶם יֵשׁ לְחַיַּי אוֹתוֹ הַתֹּכֶן שֶׁהוּא קָרוּי חַיִּים.
מִבַּלְעֲדֵיכֶם אֵין לִי כְּלוּם. כָּל הַתִּקְווֹת, כָּל הַשְּׁאִיפוֹת, כָּל הָעֵרֶךְ שֶׁל שִׁוּוּי הַחַיִּים,
הַכֹּל אֲנִי מוֹצֵא בְּקִרְבִּי רַק עִמָּכֶם, וַאֲנִי זָקוּק לְהִתְקַשֵּׁר עִם נִשְׁמוֹתֵיכֶם כֻּלְּכֶם.
אֲנִי מֻכְרָח לְאַהֲבָה אֶתְכֶם אַהֲבָה אֵין־קֵץ. אִי־אֶפְשָׁר לִי לְהַרְגִּישׁ שׁוּם הַרְגָּשָׁה
אַחֶרֶת. כָּל הָאַהֲבוֹת, הַקְּטַנּוֹת עִם הַגְּדוֹלוֹת, שֶׁבְּכָל תַּהֲלוּכוֹת חַיַּי, הַכֹּל אֲצוּרוֹת
הֵן בְּאַהֲבַתְכֶם, בְּאַהֲבַת כְּלָלוּתְכֶם – הַכְּלָל שֶׁכָּל הַפְּרָטִים שֶׁלָּכֶם בּוֹ הֹוִים וְחַיִּים.
כָּל אֶחָד מִכֶּם, כָּל נְשָׁמָה בּוֹדֶדֶת שֶׁמִּכְּלָל כֻּלְּכֶם, הוּא נִיצוֹץ גָּדוֹל וְחָשׁוּב מֵאֲבוּקַת
אוֹר עוֹלָמִים, הַמְּאִירָה לִי אֶת אוֹר הַחַיִּים. אַתֶּם, נוֹתְנִים אַתֶּם לִי תֹּכֶן לַחַיִּים,
לָעֲבוֹדָה, לַתּוֹרָה, לַתְּפִלָּה, לַשִּׁירָה, לַתִּקְוָה. דֶּרֶךְ הַצִּנּוֹר שֶׁל הֲוָיַתְכֶם אֲנִי חָשׁ
אֶת הַכֹּל, אֲנִי אוֹהֵב אֶת הַכֹּל. עַל כַּנְפֵי הָרוּחַ שֶׁל חֲבַרְתְּכֶם אֲנִי מִתְנַשֵּׂא לְאַהֲבַת

Listen to Me, My People!

Listen to me, my people. I speak to you from within my soul, from within my soul of souls, out of the lifeline by which I am connected to all of you, and all of you are connected to me; out of the feeling that I sense deeper than all of the feelings of my life – that you, only you, only your entirety, your collective, all of your souls, all of your generations, only you are the contents of my life. In you, I live; in the collectivity of all of you, I have the content called "life." Without you, I have nothing. All the hopes, all the aspirations, all that makes life worthwhile, I find everything within me only with you. And I need to connect with the souls of all of you. I must love you with an unending love. I cannot feel any other way. All the loves, small and large, on all life's ways – all are stored in your love, in your collective love – the collective in which all of you individuals exist and live. Every one of you, every individual soul, is a great and important spark of a cosmic torch that enlightens my life. You give me content for life, for [spiritual] service, for Torah, for prayer, for song, for hope. Through the channel of your existence I sense all, I love all. On the wings of your love I soar to the love of God,

הָאֱלֹהִים, וְהִיא מִתְחַוֶּרֶת לִי, מִתְבָּרֶרֶת אֶצְלִי, מִשְׁתַּלְהֶבֶת בִּלְבָבִי, מִצְטַחְצַחַת בְּרַעְיוֹנַי. עִמָּכֶם עַמִּי, אָמָתִי, אִמִּי, מְקוֹר חַיַּי, עִמָּכֶם אֲנִי מְעוֹפֵף לְמֶרְחֲבֵי עוֹלָם. עִם נִצְחְכֶם אֲנִי חַי חַיֵּי נֶצַח, עִם פְּאֶרְכֶם אֲנִי מָלֵא הוֹד וְתִפְאֶרֶת, עִם עֲנוּתְכֶם אֲנִי מָלֵא עֲנָוָה, עִם הַצַּעַר שֶׁבְּנִשְׁמַתְכֶם אֲנִי מָלֵא מְרוֹרוֹת. עִם הַדַּעַת וְהַתְּבוּנָה שֶׁבְּקִרְבְּכֶם הִנְנִי מָלֵא דֵעָה וּתְבוּנָה. אוֹצַר חַיִּים הוּא לִי כָּל קֶצֶב, כָּל חֹק, שֶׁל מַעֲמַד רַגְלֵיכֶם. אַרְצְכֶם, אֶרֶץ תִּקְוַתְכֶם, קֹדֶשׁ הִיא לִי; שָׁמֶיהָ לִי מְקוֹר הַחֵן, מְקוֹר פְּאֵר הָעוֹלָמִים. כַּרְמֶלָהּ וְשָׁרוֹנָהּ – מְקוֹר הַתִּקְוָה, מְקוֹר הַבְּרָכָה, מְקוֹר שְׂשׂוֹן הַחַיִּים. שִׁיתָהּ וּשְׁמִירָהּ – עוֹטִים לְפָנַי הוֹד וְיִפְעַת-עַד.

∽

אֵלִיָּהוּ יוֹשֵׁב בְּכָל מוֹצָאֵי שַׁבַּת-קֹדֶשׁ תַּחַת עֵץ הַחַיִּים, וְכוֹתֵב זְכֻיּוֹתֵיהֶם שֶׁל יִשְׂרָאֵל. עַל-כֵּן רָאוּי לְכָל מִי שֶׁיֵּשׁ שַׁיָּכוּת שֶׁל תְּשׁוּקָה לְרָזֵי תוֹרָה, שֶׁהִיא מִדַּת גִּלּוּי אֵלִיָּהוּ בְּאֵיזֶה דַרְגָּא, אֲפִלּוּ אִם הוּא רַק בְּדֶרֶךְ דִּמְיוֹן אוֹ הַרְגָּשָׁה אוֹ הַשָּׂגַת הַשֵּׂכֶל הָאֱנוֹשִׁי, וְקַל-וָחֹמֶר אִם עָלָה בְּחֶסֶד עֶלְיוֹן לַמַּדְרֵגוֹת יוֹתֵר גְּבוֹהוֹת, שֶׁבְּכָל מוֹצָאֵי שַׁבַּת-קֹדֶשׁ יַעֲשֶׂה גַם הוּא כְּמַעֲשָׂיו שֶׁל אֵלִיָּהוּ, וְיַעֲסֹק בִּזְכֻיּוֹתֵיהֶם שֶׁל יִשְׂרָאֵל. וְיַכִּיר בְּהַכָּרָה שִׂכְלִית, וּבְהַשָּׂגָה בְּהִירָה וּבְרוּרָה, אֶת קְדֻשַּׁת יִשְׂרָאֵל וְיָקְרַת מַעֲלָתָן, וִידַבֵּק עַצְמוֹ בִּכְלָלוּת עַם קָדוֹשׁ, עַם ד' וּסְגֻלַּת נַחֲלָתוֹ, שֶׁאֵין קֵץ וְתַכְלִית לְהוֹפָעַת אוֹר קָדְשׁוֹ שֶׁל כָּל יָחִיד וְיָחִיד שֶׁבָּהֶם, שֶׁגַּם עַל הָרֵיקָנִים שֶׁבְּיִשְׂרָאֵל כָּל הָעוֹלָם כֻּלּוֹ מֻשְׁתָּת עֲלֵיהֶן. וְיֵשׁ לְהִתְרָעֵד בְּיִרְאָה קְדוֹשָׁה מִקְּדֻשַּׁת הַנְּשָׁמָה הָאֱלֹהִית הָעֶלְיוֹנָה שֶׁל כָּל נֶפֶשׁ מִיִּשְׂרָאֵל, וְלִהְיוֹת מָלֵא שׁוֹקְקוּת וְחֶמְדַּת

1. *'Ummati-'immi.* This play on words occurs in Numbers Rabbah 12:8 regarding the verse in Song of Songs 3:11: "the crown that *his mother* crowned him." "His mother (*'immo*) = his nation (*'ummato*)."

2. Rabbi Isaac Tyrnau, *Sefer ha-Minhagim* (Warsaw, 1869), 2a, n. 4 (Rabbi Shalom of Neustadt quoting Midrash).

   In Ḥagigah 15a, Metatron writes the merits of Israel. In Rabbi Joseph Karo's *Maggid* and it becomes crystal-clear for me, inflamed in my heart, clarified in my conception. Together with you, my people, my nation (*'ummati*), my mother (*'immi*),[1] source of my life – I fly to the expanses of the world. With your eternity, I live eternal life; with your glory, I am full of majesty and glory; with your suffering, I am full of woe; with the pain in your soul, I am full of bitterness. With the knowledge and understanding that is inside you, I am full of knowledge and understanding. Every beat of your feet is a storehouse of life for me. Your land, the land of your hope, is holy to me. Her skies are for me the source of charm, the source of glory of the worlds. Her Carmel and her Sharon – the source of hope, the source of blessing, the source of *joie de vivre*. Her briers and her thorns appear to me dressed in eternal beauty.

~

At the departure of the holy Sabbath (*Motsa'ei Shabbat Kodesh*), Elijah sits under the Tree of Life and writes down the merits of Israel.[2] Therefore, it befits whoever is at all desirous of the mysteries of the Torah (*razei Torah*) – which require the "revelation of Elijah" (*gilui Eliyahu*) on some level, even if it be only by way of imagination, or feeling, or the attainment of human intellect,[3] and all the more so if [the individual] by divine lovingkindness has ascended to higher levels – to do every *Motsa'ei Shabbat Kodesh* as does Elijah, and engage with the merits of Israel. Let one recognize intellectually, cogently, and lucidly, the holiness of Israel and their precious level, and cleave to the collective of a holy people, the people of the Lord, His peculiar inheritance. There is no end to the manifestation of His holy light upon each and every one of [Israel]; even upon "the empty of Israel"[4] the whole world rests. One should tremble in holy fear at the sanctity of the godly soul of every individual of Israel, and be full of passion and eternal delight at the sanctity of the exalted state of Israel

---

Meisharim (Vilna, 1875), *Mikkets, Mahadura Batra*, 15c, Elijah is identified with Metatron. (The passage in *Maggid Meisharim* was pointed out to me by Daniel Matt.)

3. Beginning of *Hakdamat Tikkunei Zohar*. See ibid., *Be'ur ha-GRA*, s.v. *Be-'itkasya u-be-'orah sekhel*.

4. Sanhedrin 37a.

עוֹלָמִים לִקְדֻשַּׁת רוֹמְמוּת קֶרֶן יִשְׂרָאֵל בִּכְלָל, וּלְהַצְלָחָתוֹ שֶׁל כָּל יָחִיד מִיִּשְׂרָאֵל בְּכָל מַעֲשֵׂה יָדָיו, בְּחָמְרִיּוּת וּבְרוּחָנִיּוּת וּבְכָל טוֹב. אַשְׁרֵיכֶם יִשְׂרָאֵל! "אַשְׁרֶיךָ יִשְׂרָאֵל, מִי כָמוֹךָ עַם נוֹשַׁע בַּד'". אֲהַבְתִּיךָ עַמִּי וּלְאֻמִּי, אִוִּיתִיךָ בְּכָל לִבִּי וּבְכָל נַפְשִׁי, אֲחַמֶּדְךָ בְּכָל חֹם לֵב, בְּכָל אֵשׁ עַצְמוֹתַי. אֶשְׁתּוֹקֵק לִרְאוֹת כְּבוֹדְךָ, יָפְיֶךָ וַהֲדָרֶךָ, עֵת תְּרוֹמַם וְתִנָּשֵׂא, עֵת תַּגְדִּיל בִּיפִי צִבְיוֹנֶךָ, וְיֵצְאוּ כָּל סְגֻלּוֹתֶיךָ הַנִּפְלָאוֹת הַכְּמוּסוֹת בְּךָ מִן הַכֹּחַ אֶל הַפֹּעַל, עֵת תִּנָּטַע וְתִתְאַזְרַח בְּאֶרֶץ צִבְיוֹנֶךָ, בָּאָרֶץ פְּאֵרֶךָ, וְיִגָּלוּ לְצָפוֹן וּלְיָם, לְקֶדֶם וּלְמַעֲרָב, תִּפְאֶרֶת עֻזֶּךָ וְגֹבַהּ קַרְנֶךָ. "וְרָאוּ גוֹיִם צִדְקֵךְ וְכָל־מְלָכִים כְּבוֹדֵךְ, וְקֹרָא לָךְ שֵׁם חָדָשׁ אֲשֶׁר פִּי ד' יִקֳּבֶנּוּ. וְהָיִית עֲטֶרֶת תִּפְאֶרֶת בְּיַד־ד', וּצְנִיף מְלוּכָה בְּכַף־אֱלֹהָיִךְ".

☙

מִי יוּכַל לְשַׁעֵר עָרְכּוּ הַגָּדוֹל שֶׁל עַם קָדוֹשׁ בְּמוֹצָאֵי שַׁבַּת־קֹדֶשׁ! מִי יוּכַל לְפָאֵר כָּרָאוּי אֶת זִיו רוֹמְמוּת קְדֻשַּׁת הַנְּשָׁמָה הַיִּשְׂרְאֵלִית, אֲשֶׁר כְּבָר הִתְנַשְּׂאָה בְּזִיו פְּאֵרָהּ מִקְּדֻשַּׁת הַיּוֹם הַקָּדוֹשׁ, חֶמְדַּת כָּל יָמִים! מִי יַעֲצֹר כֹּחַ לְשׁוֹרֵר, לְצַיֵּר, לַחֲזוֹת חָזוֹן, עַל יְקַר הֲדַר הַגּוֹי הַנִּפְלָא, הָעוֹלֶה עַל בָּמֳתֵי עוֹלָם, הָעוֹנֵק חַמָּה בִּקוֹמָתוֹ, הַמִּשְׂתָּרֵעַ לַשְּׁחָקִים, הַמִּתְנַשֵּׂא בִּקְדֻשַּׁת חֶפְצוֹ לִמְרוֹמֵי שְׁפִירֵי שַׁחֲקֵי־שְׁחָקִים, אֲשֶׁר בְּכָל יוֹם הַשַּׁבָּת אוֹר ד' זָרַח עָלָיו, הוֹפִיעַ וַיָּאִיר בִּסְעוּדוֹתָיו, בִּתְפִלּוֹתָיו, בְּהַרְגָּשׁוֹתָיו, בְּתַעֲנוּגָיו, בִּשְׁלָוָתוֹ וְהוֹדוֹ! וּמִי יְדַבֵּר עוֹד עַל־דְּבַר הָעֵרֶךְ הַגָּדוֹל שֶׁל הַקְּדוֹשִׁים וְהַצַּדִּיקִים, הַיּוֹדְעִים לְפָאֵר אֶת הַשַּׁבָּת

5. Mishna Yoma 8:9.
6. Deuteronomy 33:29.

as a collective, and at the success of every individual of Israel in whatever the endeavor, be it material or spiritual. "Fortunate are you, Israel!"[5] "Fortunate are you, Israel. Who is like you, a people saved by the Lord?"[6]

I loved you, my people, my nation; I desired you with all my heart and all my soul. I coveted you with all the heat of [my] heart, with all the fire of my bones. I yearn to see your honor, your beauty, when you will be uplifted; when you will grow in the beauty of your character, and all your wonderful hidden gifts will be actualized; when you will be planted and permanent in the land of your character, in the land of your glory, and there will be revealed to the north and to the south, to the east and to the west, your glorious might and height.

"And the nations shall see your righteousness, and all kings your honor; and you shall be called by a new name which the mouth of the Lord shall designate. And you shall be a crown of glory in the hand of the Lord and a royal miter in the palm of your God."[7]

～

Who is capable of estimating the great value of a holy people at the departure of the holy Sabbath (*Motsa'ei Shabbat Kodesh*)? Who is capable of glorifying sufficiently the exalted splendor, the holiness of the Israelite soul that has already soared from the sanctity of the holy day, the delight of all the days? Who has the power to sing, to portray, to envision the precious beauty of the wonderful nation that transcends the high places of the world; that shrinks the sun with its height;[8] that sprawls to the skies; that, with the holiness of its will, lifts off to the heights of halcyon skies? The entire Sabbath day the light of the Lord shone on [the nation], enlightened its banquets, its prayers, its feelings, its pleasures, its calm, and its majesty! And who can speak further about the great value of the holy ones and the saints (*tsaddikim*) who know [how] to glorify the Sabbath and accord her honor

7. Isaiah 62:2–3.
8. Cf. Sotah 34b.

וּלְכַבְּדָהּ בַּכָּבוֹד הָרָאוּי לָהּ, בְּרוֹמְמוּת קְדֻשָּׁתָהּ, וְהֵם מְחַלְּקִים שָׁלָל לְכָל עַמָּם, שְׁלַל שָׁמַיִם, שִׁפְעַת בִּרְכוֹת קֹדֶשׁ שֶׁל הַרְגָּשׁוֹת נַעֲלוֹת וַחֲפָצִים כַּבִּירִים. מַה יָּקְרוּ מַה "וְלִי מַה-יָּקְרוּ רֵעֶיךָ אֵל, מֶה עָצְמוּ רָאשֵׁיהֶם." נָעַמְתֶּם לִי תַּלְמִידַי חֲכָמִים שֶׁבְּיִשְׂרָאֵל, חַכְמֵי תוֹרָה, אַנְשֵׁי סְגֻלָּה וּמַעֲלָה. נָעַמְתֶּם לִי צַדִּיקִים, יִשְׁרֵי לֵבָב, נֶאֱמָנֵי רוּחַ, אֱמוּנֵי עַם סְגֻלָּה. יָקַרְתֶּם לִי כֻּלְּכֶם, כָּל הֲמוֹנְכֶם, כֻּלּוֹ קֹדֶשׁ הוּא. בִּפְנִימִיּוּת נִשְׁמַתְכֶם אֵשׁ קֹדֶשׁ יוֹקֶדֶת. רוֹאֶה אֲנִי אֶת כְּבוֹדְכֶם, מִתְעַטֵּר וּמִתְפָּאֵר אֲנִי בִּיפִי זֹהַר רוּחֲכֶם – חֲבִיבֵי לֵב, יַלְדֵי קֹדֶשׁ, לִבְרָכָה תִּהְיוּ בָאָרֶץ, בְּאֶרֶץ חֶמְדָּה תִּתְבָּרְכוּ, עַל אַדְמַת הַקֹּדֶשׁ תִּתְפַּשְּׁטוּ לְעַנְפֵיכֶם. כָּל הַגּוֹיִים בָּכֶם יִתְהַלָּלוּ, מְלָכִים מִכְּבוֹדְכֶם יִירָאוּ, וְאַתֶּם כֻּּהֲנֵי ד' תִּקָּרֵאוּ, מְשָׁרְתֵי אֱלֹהֵינוּ. כָּל מַחֲשָׁבָה טְהוֹרָה מִכֶּם תֵּצֵא, כָּל רַעְיוֹן בָּהִיר עַל-יֶדְכֶם יִתְעַלֶּה וְיִתַּקֵּן, כָּל נְשָׁמָה בְּעָזְכֶם תִּתְעַנֵּג, הַכֹּל בָּכֶם יְפֹאַר, בָּכֶם יִתְגַּדֵּל.

کمَّה אֲנִי צָרִיךְ לַעֲמֹל וְלַעֲמֹל, לַעֲבֹד וּלְבָרֵר פְּנִימִיּוּת הַשְׁקָפָתִי עַל הַתֹּכֶן הַמַּהוּתִי שֶׁל הָאִישִׁיּוּת הַיִּשְׂרְאֵלִית, אֵיךְ שֶׁבֶּאֱמֶת אֵינָהּ נֶעֱרֶכֶת לְפִי מַעֲשֶׂיהָ, לְפִי הַצַּד הַמְגֻלֶּה שֶׁל אָרְחוֹת חַיֶּיהָ, כִּי-אִם לְפִי אוֹתָהּ הַפְּנִימִיּוּת הָאֲמִיצָה שֶׁהִיא נַחֲלַת יַעֲקֹב, שֶׁהוּא תֹכֶן קָדוֹשׁ וְנִשְׂגָּב, הַמְנַצֵּחַ אֶת כָּל מַה שֶׁהוּא מְנֻגָּד אוֹתוֹ, וְיֵשׁ בּוֹ כֹּחַ שֶׁל תְּסִיסָה וְהַכְשָׁרָה לַהֲפֹךְ אֶת כָּל מַה שֶׁיָּבוֹא בְּמַגָּעוֹ, אֲפִלּוּ דֶּרֶךְ הַתְנַגְּדוּת, אֶל תָּכְנוֹ הַנַּעֲלֶה הָעַצְמִי. וּבְכָל-זֹאת, הַשְׁקָפָה עֶלְיוֹנָה צְנוּעָה זוֹ לֹא תַחֲלִישׁ אֲפִלּוּ בְּכָל-שֶׁהוּא אֶת הָעֵרֶךְ הַמּוּסָרִי הַגָּלוּי, הַמּוֹרֶה אֶת כָּל הָאֹשֶׁר הַזְּמַנִּי וְהַנִּצְחִי בְּיִשְׂרָאֵל מִצַּד הַהַכְרָעָה הַמַּעֲשִׂית הַטּוֹבָה, וְאֶת כָּל הָאָסוֹן וְהִירִידָה מִצַּד הַדֶּרֶךְ הֶהָרוּס שֶׁל הַהַכְרָעָה הַמַּעֲשִׂית כְּפִי הַגִּלְגַּלְמָתָהּ הַחִיצוֹנָה, הַמִּתְבַּטֵּאת בְּמַעֲשִׂים וְהַנְהָגוֹת, בְּמִדּוֹת וּבְדֵעוֹת, הַכֹּל עַל-פִּי הָעֲרָכָתָהּ שֶׁל הַתּוֹרָה.

---

9. Mishna Sanhedrin 10:6.

10. Psalms 139:17.

as befits her exalted holiness? They share the spoils – "spoils of heaven,"[9] a flow of holy blessings, exalted emotions and powerful desires – with all their people. How dear you are to me!

"How dear to me are Your friends, God. How powerful are their heads!"[10] You are pleasing to me, Torah scholars of Israel, sages of Torah, members of a spiritual elite. You are pleasing to me, saints, straight-hearted, steadfast of spirit, faithful of a peculiar people.

You are all dear to me; all your masses are holy. In their inner soul a holy fire burns. I see your honor; I am adorned by the beautiful splendor of your spirit. Beloved; holy children, you will be a blessing in the land. In the Land of Delight you shall be blessed; on the holy soil you shall spread your branches. All the nations will praise you; kings will be in awe of your honor. "And you will be called 'priests of the Lord,' 'servants of our God.'"[11] Every pure thought will issue from you; every clear concept will be uplifted and perfected by you; every soul will delight in your might; everything will be glorified by you, magnified by you.

～

How much I need to toil, to work on clarifying my inner perspective regarding the essential content of the Israelite personality, which truly is not to be evaluated by its deeds, the revealed aspect of its lifeways – but by the firm inwardness which is the "inheritance of Jacob,"[12] the holy and exalted content that triumphs over all opposition, and which has a [spiritual] ferment to transform whatever comes in contact with it – even as opposition – into its exalted essential content. Nevertheless, this higher, hidden perspective will not weaken in the slightest the value of revealed morality that teaches [us] the fortune of Israel – temporal and eternal – that accrues from good action, and [the contrary,] all the tragedy and downfall that result from the destruction of the external embodiment of action, expressed in deeds and behavior, in traits and in opinions – all in consonance with the evaluation of the Torah.

～

11. Isaiah 61:6.
12. Ibid., 58:14.

עִם לְבָבִי אֲשִׂיחָה, וַיְחַפֵּשׂ רוּחִי, יַחְפֵּשׂ וְיִמְצָא, בְּנֵר ד' נִשְׁמַת אָדָם יַחְפֵּשׂ, וּמַחֲשַׁבְתָּן שֶׁל יִשְׂרָאֵל הַקּוֹדֶמֶת לַכֹּל תָּאִיר בְּרֵאשִׁית עֹז מְקוֹרָהּ עַל כָּל אוֹתִיוֹתֶיהָ שֶׁל תּוֹרָה. "הֶן־עַם כְּלָבִיא יָקוּם וְכַאֲרִי יִתְנַשָּׂא", "הִנֵּה אֲנִי פֹתֵחַ אֶת־קִבְרוֹתֵיכֶם וְהַעֲלֵיתִי אֶתְכֶם מִקִּבְרוֹתֵיכֶם עַמִּי, וְהֵבֵאתִי אֶתְכֶם אֶל־אַדְמַת יִשְׂרָאֵל", "וְנָתַתִּי רוּחִי בָכֶם וִחְיִיתֶם", "לְשֶׁעָבַר תּוֹרָה נָתַתִּי בָכֶם, לֶעָתִיד חַיִּים אֲנִי נוֹתֵן לָכֶם". נִשְׁמַת יִשְׂרָאֵל, מְקוֹרָהּ שֶׁל תּוֹרָה, תִּמָּצֵא אֶת עַצְמָהּ, וּבִמְצָאָהּ אֶת עַצְמִיּוּתָהּ, יִתְנוֹצְצוּ לְפָנֶיהָ כָּל אוֹתִיוֹתֶיהָ שֶׁל תּוֹרָה בְּתִפְאֶרֶת זִיו הַחַיִּים שֶׁלָּהֶם, וְיִקָּרֵא בָהֶם שֵׁם עוֹלָם, שֵׁם חָדָשׁ אֲשֶׁר פִּי ד' יִקֳּבֶנּוּ. מִזֹּהַר צִפִיַּת יְשׁוּעַת הַכֹּל יָאִיר אוֹר הַפְּרָט, שֶׁאֵין בּוֹ אֶלָּא מַה שֶּׁבַּכְּלָל. "וְהָיָה הַנִּשְׁאָר בְּצִיּוֹן וְהַנּוֹתָר בִּירוּשָׁלַ͏ִם קָדוֹשׁ יֵאָמֶר לוֹ, כָּל־הַכָּתוּב לַחַיִּים בִּירוּשָׁלָ͏ִם".

~

הַנְּשָׁמָה שֶׁלָּנוּ גְּדוֹלָה הִיא, חֲזָקָה וְאַדִּירָה. חוֹמוֹת בַּרְזֶל הִיא מְשַׁבֶּרֶת, הָרִים וּגְבָעוֹת הִיא מְפוֹצֶצֶת. רְחָבָה הִיא מֶרְחָב אֵין־קֵץ, מְכַרַחַת הִיא לְהִתְפַּשֵּׁט. אִי־אֶפְשָׁר לָהּ לְהִתְכַּוֵּץ. עַל כָּל שְׁנֵים־עָשָׂר מִלְיוֹנֵי הַנֶּפֶשׁ הַיִשְׂרָאֵלִיּוֹת שֶׁלָּנוּ, בְּכָל דַּרְגוֹתֵיהֶן, בְּכָל עֶלְיוֹתֵיהֶן וִירִידוֹתֵיהֶן, בְּכָל הֶהָרִים שֶׁעָלוּ שָׁמָּה וּבְכָל הָעֲמָקִים שֶׁיָּרְדוּ שָׁמָּה, בְּכָל

13. Proverbs 20:27.
14. Genesis Rabbah 1:4.
15. Numbers 23:24.
16. Ezekiel 37:12.
17. Ibid., 37:14.

In my heart I speak, and my spirit searches, searches and will find; with the "lamp of the Lord" it searches "the soul of man,"[13] and "the thought of Israel that precedes all"[14] will illuminate with its primordiality all the letters of the Torah.

"Behold a people that rises up as a lion and as a lion lifts itself up."[15]

"Behold, I am opening your graves and I shall raise you out of your graves, my people; and I shall bring you to the soil of Israel."[16]

"And I shall put my spirit in you, and you shall live."[17]

"In the past, I gave you Torah; in the future, I shall give you life."[18]

The soul of Israel, the source of Torah, will find itself, and when it finds its essence, then all the letters of the Torah will shine before [the soul] with the glorious splendor of their life, and they will be called by "an eternal name";[19] "a new name which the mouth of the Lord shall designate."[20]

From the splendor of seeing the salvation of the collective, the individual light will shine, for the individual has nothing that is not in the collective.

"And the one that is left in Zion, and the one that remains in Jerusalem, shall be said to be holy; everyone that is written unto life in Jerusalem."[21]

~

Our soul is great, strong and mighty. It breaks down iron walls; it explodes mountains. It is infinitely broad; it must expand. It is impossible for it to be compressed. To all our twelve million Jews – in all their levels; in all their ascents and descents; in all the mountains they

---

18. Cf. Exodus Rabbah 48:4.
19. Isaiah 56:5.
20. Ibid., 62:2.
21. Ibid., 4:3.

מְרוֹמֵי קֶרֶת שֶׁהֵם עוֹמְדִים שָׁמָּה בְּרֹאשׁ מוּרָם, בְּכָל הַחוֹרִים אֲשֶׁר הִתְחַבְּאוּ שָׁמָּה מֵעֵצֶר בּוּז וְקָלוֹן, עָמָל וְיָגוֹן, בְּכֻלָּם, בְּכֻלָּם נִשְׁמָתֵנוּ תִתְפַּשֵּׁט, אֶת כֻּלָּם תְּחַבֵּק, אֶת כֻּלָּם תְּחַיֶּה וּתְעוֹדֵד, אֶת כֻּלָּם תָּשִׁיב לִמְקוֹם בֵּית חַיֵּינוּ. "מִי־אֵלֶּה כָּעָב תְּעוּפֶינָה וְכַיּוֹנִים אֶל־אֲרֻבֹּתֵיהֶם".

---

22. Hebrew, *beit hayyenu*. Literally, "the house of our life."

ascended to and in all the depths they descended to; in all the lofty cities where they stood with a head lifted high; in all the holes where they hid in shame and disgrace – to all of them, our soul will extend. [Our soul] will hug them all; revive and encourage them all; return all of them to our homeland.[22]

    "Who are these who fly as a cloud and as doves to their cotes?"[23]

---

23. Isaiah 60:8.

בְּחַבְלֵי גְאֻלָה

חֹסֶר הָאֵמוּן בַּכֹּחוֹת הָרוּחָנִיִּים הַמְיֻחָדִים לִי, זֶהוּ הַגּוֹרֵם אֶת הָאִבּוּד שֶׁל הוֹן רַב רוּחָנִי, שֶׁהָיָה יָכוֹל לִהְיוֹת מוֹפִיעַ בָּעוֹלָם, לְהָאִיר אֲפָקִים רַבִּים, וּלְרוֹמֵם אֶת עֵרֶךְ הַחַיִּים לְאָדָם רַב, וּלְהַעֲדִין בְּיִחוּד אֶת הַכֹּחַ הַכְּלָלִי שֶׁל הַתְּחִיָּה הַלְאֻמִּית, הַהוֹלֶכֶת וּמִתְהַוָּה בְּיָמֵינוּ בְּאֶרֶץ־יִשְׂרָאֵל בְּפֹעַל, וּבְחוּץ־לָאָרֶץ בְּרַעְיוֹן וּבִשְׁאִיפָה. הִנְנִי צָרִיךְ לְהִתְנַגֵּד וּלְהִתְגַּבֵּר, עַל־יְדֵי הִתְעוֹרְרוּת נַפְשִׁית תְּדִירָה, נֶגֶד הַמְּנִיעָה הַגְּדוֹלָה הַזֹּאת, הַמְסַבֶּבֶת שִׁפְלוּת יָדַיִם.

♪

מַה יֵּשׁ עַכְשָׁו בָּעוֹלָם? וְכִי מִפְּנֵי שֶׁאֵין שׁוּם אִישׁ, וְשׁוּם לַמְדָן בְּיִחוּד, רוֹצֶה לְהַבִּיט מַה שֶּׁיֵּשׁ עַתָּה בָּעוֹלָם, וְכִי בִּשְׁבִיל כָּךְ גַּם אָנֹכִי לֹא אַבִּיט? לֹא! אֲנִי אֵינֶנִּי מְשֻׁעְבָּד לָהַרַבִּים, הִנְנִי הוֹלֵךְ בְּמַסְלָתִי, בַּדֶּרֶךְ הַיְשָׁרָה. יָשָׁר אַבִּיט, עַל מַה שֶּׁצָּרִיךְ לְהַשְׁקִיף – עָלָיו אַשְׁקִיף, בְּלֹא שׁוּם נִדְנוּד שֶׁל רִפְיוֹן מִפְּנֵי הֶהָמוֹן הָרַב, הַחוֹשֵׁב לוֹ לִתְמִימוּת לְאַטֵּם אֶת עֵינָיו מִכָּל מַה שֶּׁמִּתְהַוֶּה. תָּמֵהַּ אֲנִי עַל הָאָזְנַיִם הָאֲטוּמוֹת, שֶׁאֵינָן

The Birth Pangs of Redemption

Lack of belief in my special spiritual powers is what causes the loss of great spiritual wealth that could appear in the world to enlighten broad horizons, to uplift the quality of life for many people, and especially to sublimate the general power of the national renascence that is taking place in our days – in the Land of Israel in actuality, and in the Diaspora in thought and aspiration. Here I need to vociferously oppose – by virtue of a constant soulful arousal – this great obstacle that produces laziness.[1]

❧

What is going on now in the world? If no one, especially no learned Torah scholar (*lamdan*), wishes to look at what is going on in the world, should I, for this reason, also not look? No! I am not indentured to the masses; here I go on my own path, on the straight way. I will look straight. What needs to be observed, I shall observe, without capitulating in the least to the masses, who deem it simplicity (*temimut*) to close one's eyes to all

---

1. Hebrew, *shiflut yadayim*, a term that occurs in Ecclesiastes 10:18.

שׁוֹמְעוֹת אֶת קוֹל הָרַעַשׁ הַגָּדוֹל שֶׁל הָעוֹלָם, רַעַשׁ הַמֵּבִיא חַיִּים חֲדָשִׁים, רַעַשׁ שֶׁל
תְּחִיָּה, רַעַשׁ שֶׁל גְּאֻלָּה, רַעַשׁ שֶׁל חִדּוּשׁ עוֹלָם.

هـ

הוֹמֶה הַלֵּב וְהַנְּשָׁמָה מִשְׁתּוֹמֶמֶת, אֵיךְ בְּנֵי אָדָם מִתְרַחֲקִים מֵאֱלֹהִים, הַנְּשָׁמָה
דּוֹאֶבֶת וְכוֹאֶבֶת וְלֹא תוּכַל לְהִשְׁתַּחְרֵר מִכְּלָאָהּ, כְּאֵבָהּ. כָּל הַתְּכוּנָה הַדָּתִית
שֶׁבָּעוֹלָם כֻּלּוֹ, מִשֵּׁפֶל מַעֲמַקֵּיהָ עַד רוּמֵי שָׁמֶיהָ, הֲרֵי הִיא, עִם כָּל אַמְרָתָהּ הַתְּדִירָה
לְקִרְבַת אֱלֹהִים, הוֹלֶכֶת וּמִתְרַחֶקֶת מִמֶּנּוּ, לְאַשְׁמַת הָעָם, מוֹרָיו, מְנַדְּלָיו וּמַנְהִיגָיו,
מְפָרְשֵׁי הַדָּתוֹת וְתוֹפְשֵׁי הַתּוֹרוֹת. וּמִי יְרַחֵם עַל הָאֱנוֹשִׁיּוּת הָאֻמְלָלָה, מִי יָסוּר
לִשְׁאוֹל לְשָׁלוֹם לָהּ? גָּדוֹל הַכְּאֵב וּגְדוֹלָה הַחֶרְפָּה. אוֹצִיא אֶת אַנְחָתִי בַּחֹפֶשׁ, לֹא
אֵדַע חָנֵף. אֲדַבְּרָה וְיִרְוַח לִי. אַגַּב שִׁבְרֵי פְּסוּקִים אִם אֵין לִי כֹּחַ לְבַטֵּא בְּבִטּוּי
בָּרוּר אֶת מַחְשְׁבוֹתַי הַנּוּגוֹת עַל גּוֹרָל הָאָדָם וְנִשְׁמָתוֹ. אֲבָל הַדְּאָגָה בְּעַצְמָהּ שָׁשׁוֹן
תַּשְׁמִיעֵנִי. אִם יֵשׁ כּוֹאֵב וְחוֹלֶה עַל הַשֶּׁבֶר הֲרֵי הוּא כְּבָר עוֹמֵד לְהִתְרַפְּאוֹת.
וּמֵהַמַּעֲמַקִּים נִדְלָה מֵי יְשׁוּעָה וְנִשְׁתַּל בְּחַצְרוֹת ד׳ וּבְבֵיתוֹ, אַחֲרֵי אֲשֶׁר כָּל־כָּךְ
הַרְבֵּה תָּעִינוּ וְתִעְתַּעְנוּ. הָבוּ גֹדֶל! הָבוּ חֵפֶשׁ וִיקָר לְנִשְׁמַת הָאָדָם, הַמְּבַקֶּשֶׁת אֶת
הָאֲשֶׁר הַמָּלֵא, מַה שֶּׁצָּפוּן מִכֹּל וּמַה שֶּׁהוּא יוֹתֵר גָּלוּי מִכֹּל! שָׁמַיִם וָאָרֶץ חֻרְדוּ
מִגַּעֲרָתִי! הֲיָדַעְתֶּם אֶת גְּבוּרַת חֶפְצִי? הֲיָדַעְתֶּם אֶת קִצְפִּי וְאֶת נַהַם הַכְּפִיר שֶׁל
נִשְׁמָתִי? וְנָהֲמַת לִבִּי הֲלָעַד תִּהְיֶה סְגוּרָה? לֹא! הִיא תִּתְפָּרֵץ בְּכָל עֻזָּהּ וְגַם תַּעֲשֶׂה
אֶת מִפְעָלָהּ הַכַּבִּיר.

هـ

מַהוּ סוֹד צַעֲרִי הַגָּדוֹל, שֶׁבִּשְׁבִילוֹ אֲנִי סוֹבֵל כָּל־כָּךְ מַכְאוֹבֵי נֶפֶשׁ וָגוּף, שֶׁבִּגְלֵלוֹ הִנְנִי
מוּזָר לְאֶחָי, וְנָכְרִי לִבְנֵי אִמִּי? זֶהוּ הַצַּעַר הַגָּדוֹל שֶׁל מְעוּט כְּבוֹד שָׁמַיִם, שֶׁל שִׁכְחַת

---

2. Psalms 69:9.

that is happening. I am amazed by the stopped-up ears that do not hear the loud sound of the world – a sound that heralds new life, a sound of renascence, a sound of redemption, a sound of world renewal.

❧

The heart sighs and the soul is devastated: How people are becoming distant from God! The soul is deeply pained and cannot be freed from her prison of pain. The entire religious apparatus that is in the world at large – from its lowest depths to its highest heavens – as much as it constantly calls for closeness to God, is going farther away from Him. The guilt lies in the people, its teachers, its administrators and its leaders, the theologians and the theoreticians. And who will take pity on wretched humanity? Who will bother to inquire about [humanity's] well-being? Great is the pain. Great is the shame. I will express freely my sigh. I don't know how to flatter. By speaking, I will unburden myself. If I lack the power of expression to enunciate clearly my morose thoughts concerning man's spiritual lot, then I shall string together fragments of verses.

But from the worry itself, a joy is audible. If there be one who is pained and sickened by the breakdown – then it is already on its way to being healed. And from the depths we will draw waters of salvation and be planted in the courtyards of the Lord and in His house – after having strayed and erred for so long. Give greatness! Give freedom and honor to man's soul that seeks full fortune – that which is most hidden and most revealed! Heaven and earth, tremble at my rebuke! Do you know the strength of my desire? Do you know my fury, the lion's roar of my soul? Will the roar of my heart be confined forever? No! It will break out in all its might and also accomplish its mighty deed.

❧

What is the secret of my great pain, for which I suffer so spiritually and physically; on account of which I am "strange to my brothers and foreign to my mother's sons"[2]? This is the great pain of the diminishing of the honor

שֵׁם ד׳. וְיוֹתֵר מִכֹּל, מַדְאִיבֵנִי הָעִנְיָן שֶׁל שִׁכְחַת שֵׁם ד׳ אֱלֹהֵי יִשְׂרָאֵל אָבִינוּ מֵעוֹלָם
עַד עוֹלָם, בְּעַצְמוּתָהּ שֶׁל הַהִתְעוֹרְרוּת הַגְּדוֹלָה שֶׁל הַתְּחִיָּה הָאֲמִתִּית. אֵינִי יָכוֹל
לִדְרֹשׁ וְלִטְעֹן בִּמְלִיצוֹת מְגֻבָּלוֹת עַל־דְּבַר שְׁמִירַת הַדָּת וְכַיּוֹצֵא בָזֶה. נִשְׁמָתִי
צוֹעֶקֶת בְּקִרְבִּי, רוּחִי נוֹחֵם כְּאָרִי – "אוֹי לַבָּנִים הַשּׁוֹכְחִים אֶת אֲבִיהֶם". וְקוֹל קוֹרֵא
מִמְּרוֹמִים – "אוֹי לוֹ לָאָב שֶׁבָּנָיו שְׁכַחוּהוּ". מִמַּעֲמַקֵּי סֵתֶר חֶבְיוֹן רוּחַ צַח נוֹשֵׁב,
וְקוֹל דְּמָמָה דַקָּה נִשְׁמָע: "הֲבֵן יַקִּיר לִי אֶפְרַיִם אִם יֶלֶד שַׁעֲשׁוּעִים, כִּי־מִדֵּי דַבְּרִי
בּוֹ זָכֹר אֶזְכְּרֶנּוּ עוֹד, עַל־כֵּן הָמוּ מֵעַי לוֹ, רַחֵם אֲרַחֲמֶנּוּ נְאֻם־ד׳". וּבִטָּחוֹן אַדִּיר הוֹלֵךְ
וּמִתְגַּבֵּר בְּקִרְבִּי, שֶׁכָּל אֵלֶּה הַכּוֹנֲנִיּוֹת, הַהוֹלְכוֹת וְנַעֲשׂוֹת בָּעוֹלָם וּבְעוֹלָמֵנוּ הַפְּנִימִי,
כֻּלָּן הִנָּן הָאֶרֶת מוֹפִיעוֹת לִכְבוֹד ד׳ בְּשַׂגּוּב שְׁמוֹ, שֶׁיִּזְרַח בָּאוֹרוֹ, וְיִגָּלֶה וְיֵרָאֶה עָלֵינוּ
בְּכָל הֲדָרַת קָדְשׁוֹ. "וּבָאוּ הָאֹבְדִים בְּאֶרֶץ אַשּׁוּר וְהַנִּדָּחִים בְּאֶרֶץ מִצְרַיִם, וְהִשְׁתַּחֲווּ
לַד׳ בְּהַר הַקֹּדֶשׁ בִּירוּשָׁלָ͏ִם", בִּמְהֵרָה בְיָמֵינוּ אָמֵן.

෴

אֱכוֹל קִנְאָה אֲנִי הוֹלֵךְ, קִנְאַת הַחֹל תֹּאכְלֵנִי. הֲיִתָּכֵן לִהְיוֹת שֶׁכְּבָר פַּס כֹּחַ הַיְצִירָה
מִן הַקֹּדֶשׁ, וּמִכָּל הַמַּחֲזִיקִים בִּכְנַף מְעִילוֹ וְהָלַךְ כֻּלּוֹ אֶל הַחֹל וְכָל מַחֲזִיקָיו, הֲיִתָּכֵן?!
אָמְנָם אֲנַחְנוּ צְרִיכִים לִפְתֹּר אֶת הַחִידָה הַזֹּאת מִצְּדָדֶיהָ הַשּׁוֹנִים, בְּפִשְׁפּוּשׁ שֶׁל
מַעֲשִׂים וְשֶׁל דֵּעוֹת מִצִּדֵּנוּ, וּבְבִקֹּרֶת נֶאֱמָנָה, חִיּוּבִית וּשְׁלִילִית, עַל כָּל חוּגֵי הַמִּפְעָל
וְהַחַיִּים הָרוּחָנִיִּים שֶׁלָּנוּ.

෴

<hr/>

3. Cf. Berakhot 3a.

4. Jeremiah 31:20.

5. It is likely that Rav Kook is referencing Luzzatto's image of *konaniyot*, giant cogs of a
   clock, or interlocking wheels of time that proceed to the final redemption. See Rabbi

of heaven, of the forgetting of the name of the Lord. And more than all, there depresses me the forgetting of the name of the Lord – the God of Israel, our Father, from eternity to eternity – in the essence of the great arousal of the national renascence. I cannot lobby for religious observance *et cetera* employing circumlocutions. My soul shouts within me; my spirit roars like a lion: "Woe to children who forget their father!" And a voice calls from above: "Woe to a father whose children have forgotten him!"[3]

From hidden depths, a pure wind blows, and a soft, still voice is heard: "Is Ephraim a darling son unto Me? Is he an amusing child? For as often as I speak of him, I yet remember him. Therefore, my viscera yearn for him. I will surely have compassion upon him, says the Lord."[4] And a great surety grows strong within me that all these preparations (*konenuyot*)[5] which are coming about in the world and in our inner world – behold, they are all illuminations that appear for the honor of the Lord, so that His name will shine and be revealed upon us in all of its beautiful holiness.

"And the lost in the land of Assyria and the dispersed in the land of Egypt shall come, and they shall bow to the Lord on the holy mountain, in Jerusalem,"[6] speedily in our days. Amen!

⌐

I am consumed by envy, envy of the secular. Is it possible that the creativity of the sacred and its adherents has already come to an end and [creativity] has totally gone over to the secular and its adherents? Is it possible?! Truthfully, we need to solve this riddle from its different aspects, by an inspection of the deeds and opinions on our side, and by faithful criticism – positive and negative – of all the orbits of our endeavor and spiritual life.

⌐

Moshe Ḥayyim Luzzatto, *Da'at Tevunot*, par. 124, ed. Rabbi Ḥayyim Friedlander (B'nei Berak, 1975), p. 101; ed. Rabbi Yosef Spinner (Jerusalem, 2012), p. 155; and the section entitled, *"Konaniyot ha-'Olam el ha-Shelemut,"* in Rabbi David Cohen (the "Nazir"), *Kol ha-Nevu'ah*, pp. 306–307.

צַעֲרִי הַתְּדִירִי הוּא קִנְאַת הַקֹּדֶשׁ. מַכְאוֹב דּוֹקֵר חוֹדֵר בְּנִשְׁמָתִי בִּהְיוֹתִי רוֹאֶה,
שֶׁהַמַּחֲשָׁבוֹת הַחִלּוֹנִיּוֹת וְהַשְּׁאִיפוֹת הַחִלּוֹנִיּוֹת מִתְפַּשְּׁטוֹת בָּעוֹלָם, לוֹקְחוֹת לְבָבוֹת,
קוֹנוֹת נְפָשׁוֹת וּמִתְגַּשְּׁמוֹת בְּמַעֲשִׂים, וּשְׁאִיפוֹת הַקֹּדֶשׁ וְרַעְיוֹנוֹת הַקְּדֻשָּׁה מוּנָחִים
כְּאֶבֶן שֶׁאֵין לָהּ הוֹפְכִין, אֵין מְטַפֵּל בָּהֶם וְאֵין מִי שֶׁיַּסְבִּיר אוֹתָם, שֶׁיְּחַבְּבֵם
עַל הַקָּהָל הָרָחָב, וְשֶׁיִּתֵּן לָהֶם מַהֲלָכִים בְּפֹעַל וּבְמַעֲשֶׂה. עַל זֶה הִנְנִי חוֹלֶה, וְהִנְנִי
סוֹבֵל עִנּוּיֵי נֶפֶשׁ נוֹרָאִים, שֶׁהֵם הֵם יִסּוּרִים שֶׁל אַהֲבָה שֶׁלִּי, הַמְּבִיאִים אוֹתִי לִקְרֹא
בְּקוֹל אֶת הַכָּרוּזִים עַל־דְּבַר תְּחִיַּת הַקֹּדֶשׁ וְעַל־דְּבַר דֶּגֶל יְרוּשָׁלָיִם.

⁓

צָרִיךְ אֲנִי לְבָאֵר הֵיטֵב, יָפֶה יָפֶה, אֶת הַמְּבֻקָּשׁ שֶׁל תְּחִיַּת הַקֹּדֶשׁ, שֶׁאֲנַחְנוּ חַיָּבִים
לְהַסְמִיכָהּ עַכְשָׁיו לְהִתְחִיָּה הַחִלּוֹנִית שֶׁלָּנוּ, הַהוֹלֶכֶת וְצוֹעֶדֶת בְּגָאוֹן לְרַנֵּן לֵב כָּל
צָמֵא יְשׁוּעָה הֶחָפֵץ לִרְאוֹת בְּתִפְאֶרֶת יִשְׂרָאֵל.

⁓

מָה אֲנִי רוֹצֶה, לְמָה אֲנִי שׁוֹאֵף, זֶה הַדָּבָר שֶׁצָּרִיךְ לְהִתְבַּהֵר לִי בְּאֹפֶן בָּהִיר וּמֻבְלָט.
אֲנִי רוֹצֶה לְהָאִיר אוֹר אֱמוּנָה, אוֹר קְדֻשָּׁה, בְּאֶרֶץ־יִשְׂרָאֵל, בְּאֶרֶץ־יִשְׂרָאֵל הָעִבְרִית,
בְּאֶרֶץ־יִשְׂרָאֵל הַהוֹלֶכֶת וְנִגְאֶלֶת, בְּאוֹתָהּ אֶרֶץ־יִשְׂרָאֵל הַהוֹלֶכֶת וּמִתְנַעֶרֶת
מֵעַפְרוּרִיּוּת הַגָּלוּת הַמְנֻוֶּלֶת וְהַמְדֻכְּאַת. אִם־כֵּן, הָאֱמוּנָה וְהַקְּדֻשָּׁה בְּכָל עֲנָפֵיהֶן,
בְּכָל מַעֲמַקֵּי שָׁרָשֵׁיהֶן, צְרִיכוֹת לִהְיוֹת בָּרִאשׁוֹנָה נִגְאָלוֹת גַּם הֵן, מִכָּל מְאֵרָה
גָּלוּתִית. אֲנַחְנוּ חַיָּבִים לִגְאֹל אֶת הַשְּׁכִינָה הַשּׁוֹרָה בְּתוֹכֵנוּ מִתּוֹךְ גָּלוּתָהּ, וּלְהָאִיר
בְּאֶרֶץ־יִשְׂרָאֵל אוֹרָה שֶׁל אֱמוּנָה נִגְאֶלֶת, קְדֻשָּׁה שֶׁל עַם חַי בְּאַרְצוֹ. וְהָעָם הַזֶּה

6. Isaiah 27:13.

7. Berakhot 5a.

8. Hebrew, *Degel Yerushalayim*. This was an organization founded by Rav Kook in London in the aftermath of World War I to promote spiritual rebirth in the Holy Land as a response to secular Zionism. The organization continued in Jerusalem into the 1920s. The reason usually given for its ceasing to exist is that its immediate goals – the founding of the Yeshiva Merkaz Harav and the establishment of the Chief

My constant pain is my zeal for the sacred. Pain stabs my soul when I see secular thoughts and secular aspirations spreading through the world, captivating hearts, acquiring souls, and translating into deeds, while holy aspirations and thoughts are of no interest. No one tends to them; there is none to explain them, to expand on them, to endear them to the broad audience, and to put them into action. For this reason, I am sick and suffer terrible spiritual afflictions. These are my "tribulations of love"[7] that bring me to publish the announcements regarding the renascence of the holy and regarding the Banner of Jerusalem.[8]

✧

I need to explain very well the objective of the "renascence of the holy" which we must juxtapose now to our secular renascence that proudly proceeds – to the joy of all who thirst for salvation, who desire to see the glory of Israel.

✧

What do I want? To what do I aspire? This is the thing that must become clear to me, pellucid. I want to shine a light of faith, of holiness, in the Land of Israel, in the Hebrew Land of Israel, in the Land of Israel that is being redeemed, in that Land of Israel that is shaking off the dust of the ugly and depressing exile.

If so, faith and holiness – in all their branches, in all the depths of their roots – must also first be redeemed of any exilic curse. We are obligated to redeem the divine presence (*Shekhinah*) that rests in our midst from her exile and shine in the Land of Israel the light of faith redeemed,

---

Rabbinate – were realized at that time. For a brief history of the organization, see Yosi Avneri, *"Degel Yerushalayim,"* in *Bi-Shevilei ha-Teḥiyah; Meḥkarim ba-Tsiyonut ha-Datit (In the Paths of Renewal: Studies in Religious Zionism)*, vol. 3 (Jerusalem: Bar-Ilan University, 1988), pp. 39–58.

הוּא הָעָם שֶׁמְּקוֹר הַקְּדֻשָּׁה בְּכָל רוֹמְמוּתָהּ, תִּפְאַרְתָּהּ, גְּבוּרָתָהּ, הָעֲתִידָה לְהוֹפִיעַ בָּעוֹלָם בִּישׁוּעַת כָּל יְצוּר – שֶׁלּוֹ הוּא. הוּא נוֹצַר וּבָא בִּשְׁבִיל כָּל הַתֵּבֵל לְהַכְשָׁרַת עֲתִידָהּ. הֲלֹא כָּל הַבַּטְלָנוּת הַמְעַכֶּרֶת אֶת הוֹד הַקֹּדֶשׁ! הֲלֹא כָּל הָרְשָׁעוּת הַמְבַלְּעָה אֶת נַחֲלַת הַקֹּדֶשׁ שֶׁהִיא מִתְגַּנֶּבֶת בְּתוֹךְ חַגֵּי הַקְּדֻשָּׁה הַגָּלוּתִית! אֱמוּנָה וּקְדֻשָּׁה טְהוֹרָה, יִשְׂרְאֵלִית, הָרְאוּיָה לִהְיוֹת גַּם עוֹבֶרֶת לַסּוֹחֵר, לְהַחֲיוֹת עַמִּים רַבִּים, לְהָסִיר כָּל רִכְסֵי הַחַיִּים שֶׁל הַיְּחִידִים וְשֶׁל הַצִּבּוּרִים, לְעַטֵּר אֶת כָּל הַנְּשָׁמוֹת בְּעַטְרוֹת הוֹד נִצְחִיּוֹת וּלְחַסֵּן אֶת כָּל הָרוּחוֹת וְאֶת כָּל הַגְּוִיּוֹת בְּחֹסֶן יְשׁוּעוֹת חָכְמַת וָדַעַת – זֶהוּ הַתֹּכֶן שֶׁל מַעְיַן הַיְשׁוּעָה, שֶׁיֵּצֵא מִגְּלוּיָהּ שֶׁל הַגְּאֻלָּה הָאֶרֶצִישְׂרְאֵלִית, הַהוֹלֶכֶת וְצוֹעֶדֶת לְפָנֵינוּ. אַשְׁרֵי מִי שֶׁיַּכִּיר בָּהּ אֶת עֹז ד', אֶת רוּחַ קָדְשָׁהּ, וְאֶת רַעַם גְּבוּרַת אֵל חַי אֲשֶׁר בְּקִרְבָּהּ. הוֹי, זֹאת הִיא מְגַמָּתִי, אֲבָל מַה כְּבֵדָה הִיא הַמַּעֲמָסָה הַזֹּאת אֲשֶׁר בְּנִשְׁמָתִי! כַּמָּה תְּשׁוּעַת מְרוֹמִים אֲנִי צָרִיךְ לְהָרִימָהּ וּלְשַׂאתָהּ! "אָנָּא ד' הוֹשִׁיעָה נָּא, אָנָּא ד' הַצְלִיחָה נָּא".

❧

מְגַמָּתֵנוּ הִיא תָמִיד מְכֻוֶּנֶת לֹא רַק לְהִגָּאֵל מִתּוֹךְ מִצְרַיִם, לֹא אַךְ לְהִתְרַפְּאוֹת מִמַּכּוֹת וּלְהִנָּצֵל מִמַּדְוִים, לֹא רַק לָצֵאת מִמִּסְגְּרוֹת הָעֳנִי וּמֵחֶשְׁכֵי הָעִוָּרוֹן. לֹא! הַשְּׁקִיקָה הַשְּׁלִילִית לְבַדָּהּ הִיא מְדַכְּאָה אֶת הַנֶּפֶשׁ, וְאֵינָה נוֹתֶנֶת סִפּוּק לַחַיִּים. לֹא בִשְׁבִיל כָּךְ יְצָרָנוּ יוֹצֵר־כֹּל, הַטּוֹב וְהַמֵּטִיב, הָאָב הָרַחוּם, מְקוֹר כָּל הַחֶסֶד, כָּל הָאַהֲבָה וְכָל הָרַחֲמִים. רַק הִנְנוּ שׁוֹאֲפִים לִהְיוֹת מְלֵאִים גְּדֻלּוֹת, אֲשֶׁר גָּדוֹל בַּנְּשָׁמָה, חַיִּים רַעֲנַנִּים מְלֵאִים זֹהֲרָה בְּכָל פִּנּוֹת שֶׁאָנוּ פוֹנִים, עֵדֶן וְעֹנֶג אֵין־קֵץ בְּכָל נְשִׁימָה שֶׁאָנוּ נוֹשְׁמִים, עֶדְנַת אֵין־דַי מִמְּקוֹר חַיֵּי כָּל הָעוֹלָמִים. אֵלֶיךָ, רַק

---

9. Isaiah 33:6.

194

the holiness of a people living in its land. And this people is the people that the source of sanctity – in all its height, its glory, its strength, which in the future will manifest in the world for the salvation of every creation – is its own. [This people] was created for the entire earth, to prepare its future. Away all the inaction that spoils the majesty of the holy! Away all the wickedness that swallows up the holy inheritance as it insinuates itself in crevices of the exilic holiness! Pure Israelite faith that is also capable of being cosmopolitan, of giving life to many peoples, to remove the hurdles in the lives of individuals and communities, to adorn all the souls with eternal crowns of majesty, and to invigorate all the spirits and all the bodies with "a storehouse of salvations, wisdom, and knowledge."⁹ This is the contents of the wellspring of salvation that will issue from the revelation of the redemption of the Land of Israel that marches before us.

Fortunate is the one who recognizes in [the redemption] the might of the Lord; [who recognizes the redemption's] holy spirit, and the thunder of the Living God in [the redemption's] midst. Oh, this is my purpose! But how heavy is this burden that is in my soul! How much I need salvation from above in order to lift it up and carry it!

"Please, O Lord, save now!

Please, O Lord, succeed now!"¹⁰

⁓

Always, our objective is directed not only to be redeemed from straits, not only to be healed of wounds and spared malaise, not only to emerge from the confines of poverty and the darkness of blindness. No! The negative passion alone is depressing and does not yield satisfaction. Not for this were we created by the Creator of all, the Good, the Benefactor, the merciful Father, the Source of all kindness, all love, and all compassion. Rather, we aspire to be full of greatness, [to] great contentment of the soul, [to] fresh life full of splendor wherever we turn, [to] unceasing pleasure with every breath, [to] limitless enjoyment from the source of

---

10. Psalms 118:25.

אֵלֶיךָ ד', רַק לְגָדְלְךָ אֶדְרֹשׁ, אוֹחִיל וַאֲצַפֶּה. וּלְאֶרֶץ־יִשְׂרָאֵל הִנְנוּ בָאִים, וְלִגְאֻלָּה
אָנוּ מְיַחֲלִים, וְלִפְדוּת נִשְׁמָה אָנוּ עוֹרְגִים, לֹא לְהִנָּצֵל מִכַּבְלֵי הַגָּלוּת, וְלֹא לְהִמָּלֵט
מִמְּעוּרֵי מַכְאוֹבֶיהָ הַמְּנַבְּלִים. לֹא! לְיוֹתֵר מִזֶּה בְּאֵין־עָרוֹךְ, לְשֵׁם הַחֲשָׂפַת הָאוֹרָה
כֻּלָּהּ, לְשֵׁם הַזְרָמַת וְרִמֵּי חַיֵּי־עַד מִמְּקוֹר קֹדֶשׁ־הַקֳּדָשִׁים, מִמְּקוֹר יִשְׂרָאֵל, מִמְּקוֹר
נִשְׁמָתוֹ הָעֶלְיוֹנָה, מִמְּקוֹר אַהֲבַת עֹנֶג צוּר־עוֹלָמִים, אֲשֶׁר מֵאִיר הוּא לָנוּ בְּקַרְנֵי
הוֹד אֶרֶץ חֶמְדָּה, אֶרֶץ הַקֹּדֶשׁ, אֶרֶץ הַחַיִּים וְאֶרֶץ הָאוֹרָה. "נִכְסְפָה וְגַם־כָּלְתָה
נַפְשִׁי לְחַצְרוֹת ד', לִבִּי וּבְשָׂרִי יְרַנְּנוּ אֶל אֵל חָי". אַשְׁרֵינוּ, בְּרוּכִים אָנוּ וּמְאֻשָּׁרִים
אֲשֶׁר עוֹלָמִים וְגָאוֹן נֵצַח־נְצָחִים. "אַשְׁרֶיךָ יִשְׂרָאֵל, מִי כָמוֹךָ עַם נוֹשַׁע בַּד'". אַשְׁרֶיךָ
יִשְׂרָאֵל, אַשְׁרֶיךָ, אַשְׁרֶיךָ.

☙

הִנְנִי רוֹאֶה בְּעֵינֵי אוֹר חַיֵּי אֱלֹיהוּ עוֹלֶה, כֹּחוֹ לֵאלֹהוּ הוֹלֵךְ וּמִתְגַּלֶּה. הַקֹּדֶשׁ שֶׁבַּטֶּבַע
פּוֹרֵץ גְּדָרָיו, הוֹלֵךְ הוּא בְּעָצְמָה לְהִתְאַחֵד עִם הַקֹּדֶשׁ שֶׁלְּמַעְלָה מִן הַטֶּבַע, עִם
הַקֹּדֶשׁ הַלּוֹחֵם עִם הַטֶּבַע. לָחַמְנוּ עִם הַטֶּבַע וְיָצָאנוּ בְּנִצָּחוֹן. הַטֶּבַע עָשָׂה אוֹתָנוּ
לְבַעֲלֵי מוּמִין, נָגַע כַּף יְרֵכֵנוּ. אֲבָל הַשֶּׁמֶשׁ הֲלֹא לָנוּ זָרְחָה לְרַפְּאוֹתֵנוּ מִצְּלִיעָתֵנוּ.
הַיַּהֲדוּת שֶׁל הֶעָבָר, מִמִּצְרַיִם וְעַד הֵנָּה, מִלְחָמָה אֲרֻכָּה הִיא נֶגֶד הַטֶּבַע; נֶגֶד טֶבַע
הָעוֹלָם, נֶגֶד טֶבַע הָאֱנוֹשִׁי הַכְּלָלִי – אֲפִלּוּ נֶגֶד טֶבַע הָאֻמָּה, וְנֶגֶד טִבְעוֹ שֶׁל כָּל יָחִיד.
לָחַמְנוּ עַל הַטֶּבַע כְּדֵי לְנַצְּחוֹ, כְּדֵי לִרְדוֹתוֹ בְּתוֹךְ בֵּיתוֹ. הוּא נִכְנַע בְּפָנֵינוּ, הָעוֹלָמוֹת

---

11. Ibid., 84:3.
12. Deuteronomy 33:29.

196

the Life of all the worlds. To You; only to You, Lord; only Your greatness do I seek, do I await. And to the Land of Israel we come, and for liberation we hope, and for redemption of the soul we pine – not to be released from the fetters of exile, nor to escape from her ugly, disfiguring wounds. No! For inestimably more: for the unleashing of all the light; for streaming eternal life from the source of the Holy of Holies, from the source of Israel, from the source of [Israel's] lofty soul, from the source of the love of the joy of the Rock of worlds, Who lights up for us the Land of Delight, the Holy Land, the Land of Life and the Land of Light.

"My soul yearns, even pines for the courts of the Lord; my heart and my flesh shall sing unto the Living God."[11]

How fortunate are we. We are blessed and our good fortune is eternal, an eternal pride.

"Fortunate are you, Israel. Who is like you, a people saved by the Lord?"[12]

Fortunate are you, Israel.

Fortunate are you.

Fortunate are you.

❧

I see with my eyes the light of Elijah's life rising, his power for his God being revealed. The holiness in nature breaks forth, uniting with the holiness that is above nature, with the holiness that combats nature. We fought nature and emerged victorious. Nature crippled us, struck us in our thigh, but the sun shone for us to cure us of our limping.[13] Judaism of the past, from Egypt until now, is a long war against nature: against the nature of the world, against human nature in general – even against the nature of the nation and against the nature of every individual. We fought nature in order to subdue it, in order to subjugate it within its house.

---

13. Cf. Genesis 32:26, 32, and Genesis Rabbah 78:5 (quoted in *Rashi* ad loc.).

הוֹלְכִים וּמִתְבַּסְּמִים, בְּעֶצֶם עֹמֶק הַטֶּבַע תְּבִיעָה גְדוֹלָה מִתְגַּבֶּרֶת לִקְדֻשָּׁה וּלְטָהֳרָה, לַעֲדִינוּת נֶפֶשׁ וּלְזִכּוּךְ הַחַיִּים. אֵלִיָּהוּ בָּא לִבַשֵּׂר שָׁלוֹם, וּבְנִשְׁמָתָהּ הַפְּנִימִית שֶׁל הָאֻמָּה זֶרֶם חַיִּים שֶׁל טֶבַע מִתְפָּרֵץ, וְהוּא הוֹלֵךְ וּמִתְקָרֵב אֶל הַקֹּדֶשׁ. זְכִירַת יְצִיאַת מִצְרַיִם הוֹלֶכֶת וְנַעֲשֵׂית לִזְכִירַת יְצִיאַת שֶׁעֲבוּד מַלְכֻיּוֹת, הַהוֹלֶכֶת וּמִתְרַקֶּמֶת, וְהִנְנוּ כֻלָּנוּ הוֹלְכִים וּמִתְקָרְבִים אֶל הַטֶּבַע, וְהוּא מִתְקָרֵב אֵלֵינוּ, הוֹלֵךְ הוּא וְנִכְבָּשׁ לְפָנֵינוּ, וּדְרִישׁוֹתָיו הוֹלְכוֹת וּמִתְאַמּוֹת עִם דְּרִישׁוֹתֵינוּ הָאֲצִילוֹת, מִמְּקוֹר הַקֹּדֶשׁ. הַדּוֹר הַצָּעִיר, הַתּוֹבֵעַ אַרְצוֹ, שְׂפָתוֹ, חֵרוּתוֹ וּכְבוֹדוֹ, סִפְרוּתוֹ וְכֹחוֹ, רְכוּשׁוֹ וְרִגְשׁוֹתָיו, נִזְרָמִים הֵם עַל־יְדֵי שֶׁטֶף שֶׁל טֶבַע, שֶׁבְּתוֹכִיּוּתוֹ מָלֵא אֵשׁ קֹדֶשׁ הוּא.

---

14. Mishna Eduyot 8:7.

It succumbs before us; the worlds are increasingly refined. At the essential depth of nature a great demand wells up for holiness and for purity, for delicacy of soul and for refinement of life. Elijah comes to herald peace,[14] and in the inner soul of the nation a life-stream of nature breaks forth and approaches holiness. The remembrance of the Exodus from Egypt becomes increasingly a remembrance of the delivery from nations, which is taking shape.[15] We are all approaching nature and it approaches us. [Nature] is conquered before us and its demands are increasingly consonant with our noble demands from the source of holiness. The young generation that demands its land, its language, its freedom and its honor, its literature and its strength, its wealth and its feelings, is flooded with a flow of nature, which within is full of holy fire.

---

15. Jeremiah 23:7–8; Berakhot 12b.

הַשְׁלָמוֹת

פסקאות אישיות
מאיגרותיו ומדברים שבעל־פה

וַאֲנִי בְּעֶנְיֵי אֵינִי רָאוּי לְשֵׁם צַדִּיק, וְהַלְוַאי שֶׁיְּזַכֵּנִי הַשֵּׁם יִתְבָּרַךְ, שֶׁאוּכַל בְּלֵב שָׁלֵם לוֹמַר: "כְּגוֹן אֲנָא בֵּינוֹנִי". אֲבָל הָאֹרַח שֶׁאֲנִי מִתְאַמֵּץ לָלֶכֶת בָּהּ הוּא, בָּרוּךְ ד', אֹרַח צַדִּיקִים בְּאֵין שׁוּם סָפֵק. וְכָל מִי שֶׁיִּתְנַהֵג כְּמִנְהָגִי, וְיִתְחַבֵּר עִמִּי בַּתּוֹרָה וּבַעֲבוֹדַת הַשֵּׁם יִתְבָּרַךְ בְּחֵפֶץ־לֵב וּבֶאֱמוּנַת חֲכָמִים אֲמִתִּית, יִזְכֶּה לִרְאוֹת אֶת הָאוֹר וְאֶת הָאֱמֶת שֶׁיֵּשׁ בְּדֶרֶךְ־יְשָׁרִים סְלוּלָה זוֹ, הַמּוּאָרָה מֵאוֹר חֶסֶד עֶלְיוֹן.

---

1. Berakhot 61b. In context, the *beinoni* is the middle class between the *tsaddik* (righteous) and the *rasha'* (wicked).

Supplements

Personal Passages
from the Rav's Letters and Spoken Word

I, in my poor [spiritual] state, am not worthy of the label *"tsaddik"* (righteous man), and if only the Lord, blessed be He, would grant me the merit to be able to say wholeheartedly, "I am a *beinoni* (middle-class person)."[1] But the way that I strive to go on is – blessed is the Lord – undoubtedly the way of the righteous. And whoever adopts my behavior and will bond with me in Torah and service of the Lord, blessed be He, with passion and with true faith in the sages, will merit to see the light and the truth that are in this paved way of the just, which is illuminated by the light of supernal lovingkindness. "Lovingkindness (*Ḥesed*) to Abraham'[2] – a

---

2. Micah 7:20.

"חֶסֶד לְאַבְרָהָם – יוֹמָא דְּאָזֵיל בְּכֻלְּהוּ יוֹמִין". וְהַחְכְמָה הָעֶלְיוֹנָה דַּוְקָא בְּאוֹר
הַחֶסֶד הִיא מְאִירָה.

[איגרות הראיה, איגרת תקנה]

מִי שֶׁאָמַר עָלַי כִּי נִשְׁמָתִי קְרוּעָה – יָפֶה אָמַר. בְּוַדַּאי הִיא קְרוּעָה! אִי־אֶפְשָׁר לָנוּ
לְתָאֵר בְּשִׂכְלֵנוּ, אִישׁ שֶׁאֵין נִשְׁמָתוֹ קְרוּעָה. רַק הַדּוֹמֵם הוּא שָׁלֵם. אֲבָל הָאָדָם הוּא
בַּעַל שְׁאִיפוֹת הָפְכִּיּוֹת, וּמִלְחָמָה פְּנִימִית תָּמִיד בְּקִרְבּוֹ. וְכָל עֲבוֹדַת הָאָדָם הִיא
לְאַחֵד אֶת הַקְּרָעִים שֶׁבְּנַפְשׁוֹ עַל־יְדֵי רַעְיוֹן כְּלָלִי, שֶׁבְּגָדְלוּתוֹ וְרוֹמְמוּתוֹ הַכֹּל נִכְלָל
וּבָא לִידֵי הַרְמוֹנְיָה.

[דברים שבעל פה בעקבות מאמר ביקורת. המחשבה הישראלית, יג]

וּבָרוּךְ ד' אֲשֶׁר עָשָׂה לִי אֶת הַנֶּפֶשׁ הַזֹּאת, שָׂרוּחַ וּנְשָׁמָה חַיָּה וּמַרְגֶּשֶׁת אֶת כָּל
הַתְּנוּעוֹת וְהַזַּעֲזוּעִים הַשּׁוֹנִים עִם כָּל צִיּוּרֵיהֶם וְחֶבְלֵיהֶם בְּקִרְבָּה, אֲבָל גַּם עִם כָּל
תֹּקֶף עֹז חַיֵּיהֶם וֶאֱמוּנַת יִשְׁעָם. וְהַדְּבָרִים כֻּלָּם פּוֹגְשִׁים בִּי פְּגִישָׁה מוּחָשִׁית, וַאֲנִי
מֻכְרָח לְטַפֵּל בָּהֶם בְּפֹעַל וּבְמַעֲשֶׂה, וְלִסְבֹּל אֶת כָּל הַמַּשְׁבֵּרִים שֶׁל הַזְּרָמִים הַשּׁוֹנִים
וְשִׂיא דָכְיָם, וּלְהַקְשִׁיב אֶל הַקּוֹל הַגָּלוּי וְהַנִּסְתָּר שֶׁבָּהֶם.

[איגרות הראיה, איגרת קפד]

---

3. Cf. *Zohar* III, 191b.

The meaning of the statement is that the *sefirah* of Ḥesed (Lovingkindness) –
synonymous with Abraham – accompanies the other *sefirot*.

4. The way the Kabbalistic tree is structured, the *sefirah* of Ḥesed (Lovingkindness) is a
"branch" of Ḥokhmah (Wisdom) on the right or "masculine" side. (Conversely, on the
left or "feminine" side, *Gevurah*, or Strength, is aligned with *Binah*, or Understanding.)
See *Zohar* I, 94a; and Rabbi Ya'akov Moshe Ḥarlap, *Mei Marom: Razi Li* (vol. 18 of
Mei Marom series) (Jerusalem: Beit Zevul, 2012), s.v. *Seder 'Avodat ha-Tsaddikim*, pp.

day that goes with all days."[3] And the higher wisdom (*Ḥokhmah*) shines precisely in the light of lovingkindness (*Ḥesed*).[4]

(*Iggerot ha-RAYaH*, vol. 2, pp. 196–197 [Letter 555 to Rabbi Yaʿakov David Wilovsky, "Ridbaz," of Tsefat])

❦

Whoever said about me that my soul is torn – said well. Certainly it is torn! It is impossible to conceive of a person whose soul is not torn. Only the mineral is whole. But a human being possesses opposing aspirations, and within, a war is waged constantly. And man's entire work is to unite the fragments of his soul by a general idea so grand that all is included and achieves harmony.

(Reported by Alexander Ziskind Rabinowitz; quoted in *Ha-Maḥshavah ha-Yisraelit*, ed. Elḥanan Kalmanson [Jerusalem, 1920], p. 13)

❦

Blessed be the Lord Who made for me this soul (*nefesh*), a spirit (*ru'aḥ*) and a soul (*neshamah*), alive (*ḥayyah*)[5] and feeling inwardly all the different movements and shocks, with all their birth pangs – but also their *élan vital* and faith in their salvation. And all the things encounter me in a tangible manner, and I must deal with them in action and deed, and suffer all the crashes of the various streams and their crises, and listen to the revealed and the hidden voice that is in them.

(*Iggerot ha-RAYaH*, vol. 1, p. 240 [Letter 184 to Rabbi Pinḥas Hakohen Lintop of Birzh, Lithuania])

❦

249–250. Rabbi Yoḥai Yemini has sourced Rav Kook's statement in Lurianic Kabbalah. See *Shaʿar ha-Kavvanot, 'Inyan Yom ha-Kippurim, derush* 3; *Peri 'Ets Ḥayyim, Shaʿar Yom ha-Kippurim*, chap. 3. Cf. RAYaH Kook, *Shemonah Kevatsim* 1:526.

5. Rav Kook alludes to Kabbalistic psychology, whereby *nefesh, ru'aḥ, neshamah,* and *ḥayyah* are four levels of the soul in ascending order. Missing is the fifth and highest level of *yeḥidah*. The reason for this glaring omission is open to speculation.

בָּרוּךְ ד׳ אֲשֶׁר עָשָׂה לִי אֶת הַנֶּפֶשׁ הַזֹּאת, וַאֲשֶׁר הֱבִיאַנִי בִּמְסִבּוֹתָיו הָעֶלְיוֹנוֹת לַעֲבֹד
בְּכֹחִי הַמִּצְעָר עַל הָרֲרֵי יִשְׂרָאֵל בָּעֵת הַמְאֻשָּׁרָה הַזֹּאת, שֶׁשִּׁפְעַת חַיִּים לְעַם־ד׳ עַל
אַדְמָתוֹ הוֹלֶכֶת וּמִתְקַבֶּצֶת, לִהְיוֹת מִמַּסַּיְעִים לִמְלֶאכֶת שָׁמַיִם, לִהְיוֹת מֵהַמְנַצְּחִים
עַל הַמְּלָאכָה הַקְּדוֹשָׁה לְיַסֵּד בְּצִיּוֹן אֶבֶן בֹּחַן, פִּנַּת יְקָרַת, לִהְיוֹת מָכוֹן לִתְקוּמַת דּוֹר־
דּוֹרִים לְעַם נוֹרָא, לְגוֹי קַו קָו אֲשֶׁר בָּזְאוּ נְהָרִים אַרְצוֹ.

[אֶרֶץ חֵפֶץ, עֲרֶךְ רִבִּי יְשַׁעְיָהוּ שַׁפִּירָא, יְרוּשָׁלַיִם תר״ץ, פֶּרֶק ח, סְעִיף ח,
עמ׳ מג]

---

6. Hebrew *mesibotav*. Cf. Job 37:12.
7. Isaiah 28:16.

Blessed is the Lord who made for me this soul, and through His supernal maneuverings[6] brought me to work – with my limited power – on the mountains of Israel at this fortunate time that the flow of life for the people of the Lord upon its soil is being gathered in; to be one of those aiding in the work of Heaven; to be one of those orchestrating the holy work, to "establish in Zion a fortress, a costly cornerstone,"[7] a foundation for the centuries-old hope of "an awesome people, a hopeful nation, whose land the rivers divide."[8]

(*Erets Ḥefets*, ed. Rabbi Yeshayahu Shapira [Jerusalem, 1930], 8:8 [p. 43])

---

8. Ibid., 18:7.

שִׁירַת הָרַב

הרב צבי יהודה קוק זצ״ל

הרבה גאונים כתבו שירים, כגון ה׳חתם-סופר׳ וה׳מלבי״ם. אבא זכרונו לברכה
חיבר הרבה שירים, שירים כלליים ושירים לאומיים, שירים על כלל-ישראל,
על התחייה, על קיבוץ גלויות. החלק הראשון של ׳אורות הראיה׳ כולל שירים
שנכתבו בחוץ-לארץ, וחלק מהם אף נדפסו עוד בהיותו שם, והחלק השני –
שירים שנכתבו בארץ-ישראל. יש שירים בחרוזים ועם כותרות כגון – ״סובו
ציון והקיפוה״ מראשית תקופת הציונות, והוא האחרון שנכתב בחוץ-לארץ, ויש
מהם שמרוב השטף נכתבו בלי כותרת. באופן כללי היה צורך בהרבה תיקונים
ובירורים.

206

The Poetry of the Rav

by Rav Tsevi Yehudah Hakohen Kook

Many Torah geniuses (*ge'onim*) wrote poems, such as the *HaTaM Sofer* (i.e., Rabbi Moshe Schreiber) and MaLBIM (i.e., Rabbi Meir Leibush ben Yehiel Mikhel Wisser). Father, of blessed memory, composed many poems: universal and nationalistic; poems about *Kelal Yisrael* (i.e., the Jewish People), about the renascence, about the ingathering of exiles.

The first part of *Orot ha-RAYaH* includes poems written in the Diaspora; some were even published while he was yet there. The second part [consists of] poems written in the Land of Israel.

There are rhymed poems with titles, such as *"Sobu Zion ve-haki-fuha"* ("Surround Zion round about"),[1] from the beginning of the Zionist era. That was the last poem written outside the Land. There are others that because of the flow [of inspiration] were untitled. In general, many [editorial] corrections were required.

---

1. The title of the poem is a quote from Psalms 48:13.

בפרקים אישיים כלל-ישראליים ובשירים אלו יש כמה מדרגות. בהיכל
הפנימי יש דברים נוראים ומזעזעים בבחינת "נורא אלהים ממקדשיך", ואי-
אפשר לגשת אליהם מיד. רק בכרך השלישי או הרביעי נגיע אליהם. יש ללמוד
מן הקל אל הכבד, כעין מה שנאמר בגמרא שפתחו "בבדיחותא", והכוונה היא
לדבר קל ביחס לדברים יותר עמוקים. קודם, יש ללמוד חלק א' בהדרגה, עד
שנגיע לאט לאט פנימה, כי הפנים נורא מדי.

בחלק ד' יש דברים מרעישים השייכים לגדלות המדרגות, למשל: "...הכאב
הגדול שלי, הצער הגדול שלי, שאיני יכול להגות את השם באותיותיו...". זהו כאב
נורא ואיום על דבר החסר. לאנשים גדולים זה חסר! והוא מסיים בפסוק מתהילים:
"נאלמתי דומיה". בדומה לזה נמצא אצל ה"אור-החיים" הקדוש, שחוסר הנבואה
מורגש אצלו בתור כאב על דבר שחסר לו. אפשר להכיר זאת מדבריו: "על זה
ידוו הדוויים ויכאבו הכאב, על החוסר הנבואי". הכאב מורגש ככאב פרטי. וכן
לאבא זכרונו לברכה היה כאב של חסרון אפשרות להגות את השם באותיותיו.
כשסיפרתי זאת לרב ברומברג הוא הגיב: "לגדולי ישראל אחרים, יש 'אנדערע
דאגות' – דאגות אחרות, ולא זה". מדרגות!

2. Subtitle of *Orot ha-RAYaH*.
3. Psalms 68:36.
4. Shabbat 30b.
5. The reference is unclear.

In these *"Perakim Ishiyim-Kelal Yisraeliyim"* ("Personal-Collective Chapters")² and in these poems there are several levels. In the inner sanctum, there are awful, shocking things – "God is awful from your Temple"³ – and it is not possible to approach them immediately. Only in a later volume will we get to them. One should proceed from the light to the grave, reminiscent of the practice of the sages of the Talmud, who would open with a *"bedihuta"* (joke).⁴ This meant a light matter in relation to more profound matters. Before, one should study the first part [of the book, *Orot ha-RAYaH*], proceeding gradually until one arrives at the interior, because the interior is too awful.

In the fourth part,⁵ there are sensational things that pertain to a lofty level. For example: "My great pain is ... that I am unable to utter the Name with its letters."⁶ This is a terrible, frightening pain at the lack of something. [Only] to great people is it lacking! And he concludes with a verse from Psalms: "I was struck speechless."⁷ Similarly, we find in the commentary *'Or ha-Hayyim* that the lack of prophecy is perceived by [the holy author] as pain on account of something that he is lacking. It is possible to recognize this from his words regarding the lack of prophecy: "For [this] our eyes pine and our soul is much grieved. Woe is to us!"⁸ The pain is perceived as a personal pain. And so Father, of blessed memory, was pained by the inability to pronounce the Name as it is written.

When I told this to Rabbi Bromberg,⁹ he reacted: "Other great men of Israel (*gedolei Yisrael*) have other worries (in Yiddish, *andere daagos*), not this." Levels!

(Appended to *Sihot Harav Tsevi Yehudah – Ish ve-Isha*)

6. See the chapter "Thirst for the Living God."
7. Psalms 39:3.
8. Rabbi Hayyim ibn Attar, *'Or ha-Hayyim*, Leviticus 26:30.
9. Rabbi Avraham Yitzhak Bromberg (1898–1975), a prolific Torah scholar in his own right, is most remembered for his numerous biographies of *Gedolei Yisrael*.

הֶעָרוֹת וּמְקוֹרוֹת

הערות נוסח

מְקוֹרוֹת

לכל המקורות המופיעים כאן ישנם שני מקורות ראשיים: שמונת יומני הרב
הידועים בשם "שמונה קבצים", וקבוצת פסקאות אישיות שהוענקו ורוכזו על-
ידי רבנו הרצי"ה זצ"ל, בנו של מרן הרב. הרצי"ה ציין לעתים בצד הפסקאות את
תאריך ומקום כתיבתן ואת מקורן ביומני הרב השונים. מקום כתיבת כל פסקה
ותאריך כתיבתה צוינו כאן בסוגריים מרובעים. כדי לשער באילו שנים נרשם
כל קובץ משמונת הקבצים, נעשתה עבודת השוואה מקיפה ממקורות שונים.
יש לראות את התאריכים כהשערה הקרובה לוודאות, אך לא כוודאות גמורה.

יש להעיר, שבין המקורות השונים קיימים לעתים הבדלי נוסח. הנוסח
המופיע בספר זה הוגה לאור שני המקורות הראשיים הנ"ל.

פסקאות שנוספו במהדורה השנייה סומנו בכוכבית אחת (*).

פסקאות שנוספו במהדורה השלישית סומנו בשתי כוכביות (**).

רקע להבנת התאריכים שיוזכרו להלן:

- תרס"ד – תרע"ד: הרב עולה לארץ-ישראל, ומכהן כרבן של העיר יפו ושל
  המושבות.

- תרע"ד – תרע"ו: הרב יוצא לשליחות רבנית לאירופה, ובעקבות מלחמת
  העולם הראשונה נאלץ לשהות בסט. גלן שבשווייץ.

- תרע"ו – תרע"ט: הרב נענה לבקשת קהל "מחזיקי הדת" בלונדון ומשמש
  שם ברבנות.

- תרע"ט – תרצ"ה: עם סיום המלחמה שב הרב לארץ-ישראל ומכהן כרבה
  של ירושלים ולאחר מכן כרבה הראשי של ארץ-ישראל כולה, עד לעלייתו
  לגנזי מרומים.

212

מִתּוֹךְ חַדְרֵי הַפְּנִימִיִּים

מִתּוֹכִי [ירושלים, תרפ״א-תרפ״ד] כתבי הרצי״ה; בשדה הראיה עמ' 48.

אֲנִי צָרִיךְ* [ירושלים, תרע״ט-תר״פ] שמונה קבצים ז, קפט.

הִנְנִי מְחַפֵּשׂ [ירושלים, תרפ״א-תרפ״ד] בשדה הראיה עמ' 48.

אֵיךְ אֹמַר [יפו, תרס״ד-תרע״ד] מכתי״ק; בשדה הראיה עמ' 47.

נַפְשִׁי שׁוֹאֶפֶת [יפו, תרס״ד-תרע״ד] מכתי״ק; בשדה הראיה עמ' 47; מראה כהן עמ' 50.

אֵינִי צָרִיךְ [סט. גלן, תרע״ה-תרע״ו] שמונה קבצים ו, קמ; בשדה הראיה עמ' 47; מראה כהן עמ' 71.

אֲנִי מְשַׁעְבֵּד [ירושלים, תר״פ-תרפ״ה] כתבי הרצי״ה.

הֲיִתָּכֵן שֶׁלֹּא* [ירושלים, תרפ״ד-תרפ״ה] כתבי הרצי״ה.

אֵין הָאָדָם** [יפו, תרס״ד-תרע״ד] מכתי״ק; בשדה הראיה עמ' 47.

צִמָּאוֹן לְאֵל חַי

אֵשׁ קֹדֶשׁ [יפו, תרע״ב-תרע״ג] שמונה קבצים ג, רנו; בשדה הראיה עמ' 51; אורות מרן הרב 19.

מִי יוּכַל [יפו, עד שנת תרע״ד] כתבי הרצי״ה; אורות מרן הרב 38.

נַפְשִׁי כְּמֵהָה [ירושלים, תרצ״ג] בשדה הראיה עמ' 51; שירת הרב עמ' יח; אורות מרן הרב 18.

וְכִי רֵיק [ירושלים, תר״פ-תרפ״ה] כתבי הרצי״ה; אורות מרן הרב 14.

אֲנִי מָלֵא [יפו, תר״ע-תרע״ב] שמונה קבצים א, קסד; אורות הקודש ד עמ' ת; שירת הרב עמ' ח.

הַאֲזִנֵ֯ח אֵת [ירושלים, תרפ״ד-תרפ״ה] כתבי הרצי״ה; שירת הרב עמ' יז.

צָמְאָה נַפְשִׁי [סט. גלן, תרע״ה-תרע״ו] כתבי הרצי״ה.

מַה זֶּה [ירושלים, תרפ״ו] כתבי הרצי״ה; אורות מרן הרב 39.

צָמֵאתִי [יפו, תרע״ב-תרע״ג] שמונה קבצים ג, רפ; שירת הרב עמ' יד-טו; מראה כהן עמ' 62-63.

213

כְּאֵבֵי הַנְּשָׁמָה בְּהִגָּלוֹתָהּ

אֶשְׁאַל אֶת**	[ירושלים תרפ״ד-תרפ״ה] כת״י הרצי״ה.
אֵין לְהִתְנַגֵּד*	[לונדון, תרע״ו-תרע״ט] שמונה קבצים ח, מח; אורות הקודש א עמ' קעג.
אֱמוּנָתִי	[סט. גלן, תרע״ה-תרע״ו] כת״י הרצי״ה; אורות מרן הרב 27.
אֲמִתַּת מַהוּתִי	[יפו, תרע״ב-תרע״ג] שמונה קבצים ג, רלו; מראה כהן עמ' 93.
כַּמָּה גָדוֹל	[יפו, תרס״ד-תרע״ד] מכתי״ק; בשדה הראיה עמ' 48.
גָּדוֹל הוּא*	[ירושלים, תרפ״א-תרפ״ד] כת״י הרצי״ה.
הֲיִתָּכֵן שֶׁלֹּא	[ירושלים, תר״פ-תרפ״ה] כת״י הרצי״ה.
לֵב נִשְׁבָּר*	[סט. גלן, תרע״ה-תרע״ו] שמונה קבצים ו, עב, מראה כהן עמ' 44.
מִי יוֹדֵעַ	[יפו, תרע״ב-תרע״ג] שמונה קבצים ג, רכב; בשדה הראיה עמ' 50; מראה כהן עמ' 35.
מֶרְחָבִים	[יפו, תרע״ב-תרע״ג] שמונה קבצים ג, רעט; בשדה הראיה עמ' 51; שירת הרב עמ' יג-יד; מראה כהן עמ' 34.
הַנְּשָׁמָה שֶׁלִּי	[לונדון, תרע״ו-תרע״ט] שמונה קבצים ח, רח; בשדה הראיה עמ' 51; מראה כהן עמ' 40.
צְעָקָה גְּדוֹלָה	[סט. גלן, תרע״ה-תרע״ו] שמונה קבצים ו, צח; מראה כהן עמ' 36.
נִבְרְחָה*	[ירושלים, תרפ״א-תרפ״ד] כת״י הרצי״ה.
הִנְנִי מְבַקֵּשׁ*	[ירושלים, תרפ״א-תרפ״ד] כת״י הרצי״ה.
בַּמֶּה נִסְבַּכְתִּי*	[ירושלים, תרפ״א-תרפ״ד] כת״י הרצי״ה.
כַּמָּה הַפְסֵדִים*	[סט. גלן, תרע״ה-תרע״ו] כת״י הרצי״ה.
אִי-אֶפְשָׁר*	[סט. גלן, תרע״ה-תרע״ו] כת״י הרצי״ה.
הֶאֶחְדַּל לַחְפֵּשׂ**	[ירושלים, תרפ״א-תרצ״ה?] כת״י הרצי״ה.
וְאִם אֲנִי*	[ירושלים, תרע״ט-תר״פ] שמונה קבצים ז, קצו.

לָמָּה זֶה	[לונדון, תרע״ו-תרע״ט] שמונה קבצים ח, רטז; מראה כהן עמ׳ 41.
אִם נִתְאַכְזַרְתִּי*	[ירושלים, תר״פ-תרפ״ה] כתי״ר הרצי״ה.
הִתְעוֹרְרִי נַפְשִׁי	[לונדון, תרע״ו-תרע״ט] שמונה קבצים ח, סט.
נִשְׁמָתִי רְחָבָה	[יפו, תר״ע-תרע״ב] שמונה קבצים א, רצה; מראה כהן עמ׳ 57.
בָּרָק אַחַר בָּרָק	[יפו, תרע״ב-תרע״ג] שמונה קבצים ג, רח; מראה כהן עמ׳ 25.

מִתְאַוֶּה לְהַגִּיד מִלָּה

צְרִיכִים לְהַרְחִיב	[לונדון, תרע״ו-תרע״ט] שמונה קבצים ח, קצא; אורות הקודש א עמ׳ עט.
מַרְגִּישִׁים אָנוּ	[יפו, תרע״ב-תרע״ג] שמונה קבצים ב, קסא; (ערפלי טוהר עמ׳ נח).
כְּשֶׁאֲנִי מִתְאַוֶּה	[יפו, תרע״ב-תרע״ג] שמונה קבצים ג, רצא; שירת הרב עמ׳ יא; אורות מרן הרב 5.
מַרְגִּישׁ אֲנִי	[סט. גלן, תרע״ה-תרע״ו] כתי״ר הרצי״ה; אורות מרן הרב 11.
אֲנִי מֻכְרָח	[סט. גלן, תרע״ה-תרע״ו] שמונה קבצים ו, קז; שנה בשנה תשמ״ח עמ׳ 157א.
עֵרֶךְ הַדִּבּוּר	[לונדון, תרע״ו-תרע״ט] שמונה קבצים ח, קלו.

מְשׁוֹרֵר שִׁירַת אֵין-סוֹף

הֶגְיוֹנוֹתַי הֵנָּם	מכתי״ק; בשדה הראיה עמ׳ 56; שירת הרב עמ׳ ו.
יְצִירָתִי זוֹרֶמֶת	[יפו, תרע״ב-תרע״ג] שמונה קבצים ג, רמד; בשדה הראיה עמ׳ 56; שנה בשנה תשמ״ח עמ׳ 157ב; מראה כהן עמ׳ 55.
הַלֵּב הוֹמֶה	בשדה הראיה עמ׳ 53.
כַּמָּה מַחֲשָׁבוֹת	[ירושלים, תר״פ-תרפ״ה] כתי״ר הרצי״ה; בשדה הראיה עמ׳ 52.
זְמַן רַב	[יפו, תרס״ד-תרע״ד] מכתי״ק; בשדה הראיה עמ׳ 53.
לִבִּי הוֹמֶה	[ירושלים, תרפ״ה-תרפ״ז] כתי״ר הרצי״ה; בשדה הראיה עמ׳ 52.

הָאַכְזָרִיּוֹת [ירושלים, תרפ״ה-תרפ״ז] כתי״ הראי״ה; בשדה הראיה עמ׳ 53.

מַה אוֹכַל בשדה הראיה עמ׳ 52.

מִי זֶה יַעֲצֹר [ירושלים, תרצ״ג] בשדה הראיה עמ׳ 54; שירת הרב עמ׳ יח-יט; אורות מרן הרב 18.

הִנְנִי צָרִיךְ [יפו, תרע״ב-תרע״ג] שמונה קבצים ג, רלז; בשדה הראיה עמ׳ 54; מראה כהן עמ׳ 61.

לִפְעָמִים יֵשׁ [סט. גלן, תרע״ה-תרע״ו] כתי״ הראי״ה; בשדה הראיה עמ׳ 55.

צָרִיךְ אֲנִי [סט. גלן, תרע״ה-תרע״ו] שמונה קבצים ו, ריט; בשדה הראיה עמ׳ 55-56.

יוֹתֵר טוֹב [ירושלים, תרפ״א-תרפ״ד] כתי״ הראי״ה; בשדה הראיה עמ׳ 56.

יוּכַל לִהְיוֹת* [ירושלים, תרפ״א-תרפ״ד] כתי״ הראי״ה.

אִי-אֶפְשָׁר [ירושלים, תרפ״א-תרצ״ד] כתי״ הראי״ה; בשדה הראיה עמ׳ 55.

מַעְיַן הַקֹּדֶשׁ

אֲנִי מֵבִין* [יפו, תרע״ב-תרע״ג] שמונה קבצים ב, רכא; (ערפלי טהר עמ׳ עו).

נְחָלִים גְּדוֹלִים [יפו, תרעב-תרע״ג] שמונה קבצים ג, רלד; בשדה הראיה עמ׳ 50-51; מראה כהן עמ׳ 54.

נָשִׁיר נְזַמֵּר [סט. גלן, תרע״ה-תרע״ו] כתי״ הראי״ה.

מָלֵא שִׂמְחָה [יפו, תרע״ב-תרע״ג] שמונה קבצים ג, רלה.

מַבְרִיק בָּרָק* [סט. גלן, תרע״ה-תרע״ו] שמונה קבצים ו, קב; מראה כהן עמ׳ 78.

תּוֹרָה לִשְׁמָהּ [סט. גלן, תרע״ה-תרע״ו] כתי״ הראי״ה.

אֲנִי צָרִיךְ לְהַאֲמִין [סט. גלן, תרע״ד-תרע״ו] כתי״ הראי״ה; אורות מרן הרב 34.

אַף-עַל-פִּי [ירושלים, תרצ״ה?] כתי״ הראי״ה; מועדי הראיה עמ׳ תנב; אורות מרן הרב 23.

אֲנִי צָרִיךְ לְהִתְנַהֵג [סט. גלן, תרע״ד-תרע״ו] כתי״ הראי״ה; אורות מרן הרב 35.

מַזְהִירָה הִיא [יפו, תרע״ב-תרע״ג] שמונה קבצים ג, שכט; אורות הקודש ב עמ׳ שמז; שירת הרב עמ׳ יא-יב; אורות מרן הרב 4.

מקורות

אֵינִי יָכוֹל	[יפו, תרע״ב-תרע״ג] שמונה קבצים ב, קכו; (ערפלי טהר עמ׳ מז); אורות הקודש ב עמ׳ שצג; מראה כהן עמ׳ 117.

וָאַקְשִׁיב וָאֶשְׁמַע

מָה אֲנִי	[יפו, תר״ע-תרע״ב] שמונה קבצים א, שטו; אורות הקודש ב עמ׳ תמו.
וְרוֹאֶה אֲנִי	[יפו, תרע״ב-תרע״ג] שמונה קבצים ג, קד; אורות הקודש ב עמ׳ שנא; אורות מרן הרב 15.
רוֹאֶה אֲנִי	[יפו, תרע״ב-תרע״ג] שמונה קבצים ג, רנח; מראה כהן עמ׳ 60; אורות מרן הרב 24.
אֲנִי רוֹאֶה	[יפו, תרע״ב-תרע״ג] שמונה קבצים ג, טו; אורות הקודש ג עמ׳ שסח; אורות מרן הרב 8.
וָאַקְשִׁיב וָאֶשְׁמַע	[יפו, תרע״ג-תרע״ד] שמונה קבצים ד, י; אורות הקודש א עמ׳ קנו.

לָדַעַת כָּל רָז סוֹדֶךָ

לֹא לְחִנָּם	[יפו, תרע״ב-תרע״ג] שמונה קבצים ג, רנט; ליקוטי הראיה ב, עמ׳ 7; מראה כהן עמ׳ 49.
לֹא מִקְרֶה	[יפו, תרע״ב-תרע״ג] שמונה קבצים ב, עז; (ערפלי טהר עמ׳ לא); מראה כהן עמ׳ 82.
אֲנִי צָרִיךְ לִתֵּן*	[ירושלים, תר״פ-תרפ״ה] כתי״י הרצי״ה.
וּמַה שֶּׁאֲנִי	[ירושלים, תרפ״א-תרפ״ד] כתי״י הרצי״ה; אורות מרן הרב 32.
לֹא יַעֲשֶׂה	[לונדון, תרע״ו-תרע״ט] שמונה קבצים ח, כד.
אִם אֲנִי*	[סט. גלן, תרע״ה-תרע״ז] שמונה קבצים ו, סט.
אֶת הַהַרְגָּשׁוֹת*	[סט. גלן, תרע״ה-תרע״ז] שמונה קבצים ו, מה.
מִפְּנֵי הַכָּבוֹד	[סט. גלן, תרע״ה-תרע״ז] כתי״י הרצי״ה; אורות מרן הרב 36.
מָה אֲנִי	[יפו, תר״ע-תרע״ב] שמונה קבצים א, רפג.
אֲנִי מַרְגִּישׁ	אורות מרן הרב 13.

אֵין לַעֲצֹר* [ירושלים, תרע״ט-תר״פ] שמונה קבצים ז, קצב.

מָה אֶתְבַּהֵל [ירושלים, תרע״ט-תר״פ] שמונה קבצים ז, קצז; אורות הקודש א עמ׳ קי.

אִם אֶטְעַם* [סט. גלן, תרע״ה-תרע״ו] שמונה קבצים ו, ריו; מראה כהן עמ׳ 84.

אַל יִפֹּל* [סט. גלן, תרע״ה-תרע״ו] שמונה קבצים ו, נב; מראה כהן עמ׳ 66.

וְאִם אֲנִי* [ירושלים, תרע״ט-תר״פ] שמונה קבצים ז, קצה; מראה כהן עמ׳ 67.

שְׁאֵלָה הִיא [ירושלים, תרפ״א-תרפ״ד] כתי״ הרצי״ה.

יֵשׁ עִצָּבוֹן [סט. גלן, תרע״ה-תרע״ו] שמונה קבצים ה, קפג; אורות הקודש א עמ׳ רג.

לֹא מֵהִתְרַשְׁלוּת* [סט. גלן, תרע״ה-תרע״ו] שמונה קבצים ו, ו.

שְׁאִיפָתִי גְדוֹלָה הִיא לְחַבֵּר

צָרִיךְ אֲנִי** [סט. גלן, תרע״ד-תרע״ה] כתי״ הרצי״ה.

שְׁאִיפָתִי [יפו, תר״ע-תרע״ב] שמונה קבצים א, תתלד; טל הראיה עמ׳ רפג; מראה כהן עמ׳ 72.

קָשֶׁה לִי [יפו, תרע״ב-תרע״ג] שמונה קבצים ג, רלג; מראה כהן עמ׳ 27 ועמ׳ 80.

אֵינִי יָכוֹל* [סט. גלן, תרע״ה-תרע״ו] שמונה קבצים ו, א.

מָה אֶעֱשֶׂה [ירושלים, תרפ״א-תרפ״ד] כתי״ הרצי״ה.

צָרִיךְ אֲנִי** [סט. גלן, תרע״ד-תרע״ו] כתי״ הרצי״ה.

וּמָה הִיא [ירושלים, תרפ״א-תרפ״ד] כתי״ הרצי״ה.

אֵין לִי [סט. גלן, תרע״ה-תרע״ו] כתי״ הרצי״ה; בשדה הראיה עמ׳ 49.

עַל-יָדֵי* [סט. גלן, תרע״ה-תרע״ו] כתי״ הרצי״ה.

כַּמָּה אֲנִי [לונדון, תרע״ו-תרע״ט] שמונה קבצים ח, קב; מראה כהן עמ׳ 92.

כַּמָּה גְדוֹלָה   [יפו, תרע״ב-תרע״ג] שמונה קבצים ג, רצ; אורות הקודש ד
עמ' תב; שירת הרב עמ' יב-יג; אורות מרן הרב 25.

כַּמָּה דְקְדּוּק   [יפו, תרע״ב-תרע״ג] שמונה קבצים ג, רכח.

הַכְּלָל הָאִידֵאָלִי   [ירושלים, תרפ״א-תרפ״ד] כת״י הרצי״ה.

לִפְעָמִים**   [יפו, תרע״ב-תרע״ג] כת״י הרצי״ה.

צָרִיךְ אֲנִי   [סט. גלן, תרע״ה-תרע״ו] שמונה קבצים ו, כד; מראה כהן עמ' 101.

אֲנִי צָרִיךְ לְהַמְשִׁיךְ   [סט. גלן, תרע״ה-תרע״ו] שמונה קבצים ו, קה; בשדה הראיה
עמ' 49; מראה כהן עמ' 74.

אֵינִי יָכוֹל   [יפו, תר״ע-תרע״ב] שמונה קבצים א, תתכא; אורות הקודש
ד עמ' תסח; בשדה הראיה עמ' 49.

אֲנִי צָרִיךְ*   [סט. גלן, תרע״ה-תרע״ו] כת״י הרצי״ה.

יֵשׁ שֶׁקֶּשָׁה   [סט. גלן, תרע״ה-תרע״ו] כת״י הרצי״ה.

אֲנִי צָרִיךְ לְהִתְאַמֵּץ   [לונדון, תרע״ו-תרע״ט] שמונה קבצים ח, קלג.

אָנֹכִי*   [ירושלים, תרפ״א-תרצ״ה?] כת״י הרצי״ה.

אֲנִי נִתְבָּע   [לונדון, תרע״ו-תרע״ט] שמונה קבצים ח, קעא; מראה כהן עמ' 37.

אָנֹכִי חֲסֵרָה לִי**   [יפו, תרע״ב-תרע״ג] כת״י הרצי״ה.

תַּלְמִידֵי חֲכָמִים**   [יפו, תרע״ב-תרע״ג] כת״י הרצי״ה.

לַעֲבֹד עֲבוֹדַת ד'

דַּקָּה הִיא**   [סט. גלן, תרע״ד-תרע״ו] כת״י הרצי״ה.

הַבּוּשָׁה הַגְּדוֹלָה**   [סט. גלן, תרע״ד-תרע״ו] כת״י הרצי״ה.

לֹא דָבָר   [סט. גלן, תרע״ה-תרע״ו] כת״י הרצי״ה.

אַף-עַל-פִּי**   [סט. גלן, תרע״ה-תרע״ו] כת״י הרצי״ה (במהדורה זו נוסף
חלקה האחרון של הפסקה).

חָפֵץ אֲנִי   [לונדון, תרע״ו-תרע״ט] שמונה קבצים ח, קכו; אורות הקודש
ג עמ' רכח; בשדה הראיה עמ' 50.

לֹא אוּכַל	[לונדון, תרע״ו-תרע״ט] שמונה קבצים ח, קעה; מועדי הראיה עמ׳ שסג; מראה כהן עמ׳ 42.
מִפְּנֵי שֶׁאֲנִי**	[סט. גלן, תרע״ד-תרע״ו] כת״י הרצי״ה.
אֵינִי יָכוֹל*	[לונדון, תרע״ו-תרע״ט] שמונה קבצים ח, קכב; בשדה הראיה עמ׳ 48; מראה כהן עמ׳ 39.
מִטִּבְעִי אֲנִי	[יפו, תרע״ב-תרע״ג] שמונה קבצים ג, רכט; מראה כהן עמ׳ 56.
צָרִיךְ אֲנִי**	[יפו, תרע״ב-תרע״ג] כת״י הרצי״ה.
אִם אֲנִי	[ירושלים, תרפ״א-תרפ״ד] כת״י הרצי״ה; אורות מרן הרב 20.
בְּיַלְדוּתִי הָיִיתִי	[יפו, תרע״ב-תרע״ג] שמונה קבצים ב, נח; (ערפלי טוהר עמ׳ כג).
שׂוֹנֵא אֲנִי	[יפו, תרע״ב-תרע״ג] שמונה קבצים ב, שיד; (ערפלי טוהר עמ׳ קיט); מראה כהן עמ׳ 105.
הַנְּקֻדָּה הַפְּנִימִית**	[יפו, תרע״ב-תרע״ג] כת״י הרצי״ה.
בְּוַדַּאי**	[יפו, תרע״ב-תרע״ג] כת״י הרצי״ה.
צָרִיךְ אֲנִי**	[יפו, תרע״ב-תרע״ג] כת״י הרצי״ה.
עַל־פִּי*	[סט. גלן, תרע״ה-תרע״ו] שמונה קבצים ו, נג; מראה כהן עמ׳ 103.
דְּבָרִים בְּטֵלִים*	[סט. גלן, תרע״ה-תרע״ו] שמונה קבצים ו, קפב; מראה כהן עמ׳ 104.
קְדֻשָּׁה גְדוֹלָה**	[סט. גלן, תרע״ד-תרע״ו?] כת״י הרצי״ה.
לֹא לְחִנָּם**	[סט. גלן, תרע״ד-תרע״ו?] כת״י הרצי״ה.
מִכָּל אָדָם**	[סט. גלן, תרע״ד-תרע״ו?] כת״י הרצי״ה.
לִי חֶסְרָה	[סט. גלן, תרע״ה-תרע״ו] כת״י הרצי״ה.
נָבוֹךְ אֲנִי	[סט. גלן, תרע״ה-תרע״ו] כת״י הרצי״ה.
לָשׁוּב**	[סט. גלן, תרע״ד-תרע״ו?] כת״י הרצי״ה.
עִקַּר חֶסְרוֹנִי	[סט. גלן, תרע״ה-תרע״ו] כת״י הרצי״ה.

אֲקַוֶּה לִשְׁפָלוֹת* [סט. גלן, תרע״ה-תרע״ו] שמונה קבצים ו, רטו; מראה כהן עמ׳ 100.

לְהַגְבִּיר הָרָצוֹן [סט. גלן, תרע״ה-תרע״ו] כתי״ הרצי״ה.

בִּגְבוּרָה גְדוֹלָה** [סט. גלן, תרע״ד-תרע״ו?] כתי״ הרצי״ה.

הַזְּבוּכִים שֶׁאֲנִי [יפו, תרע״ב-תרע״ג] שמונה קבצים ב, עח; (ערפלי טוהר עמ׳ לב); מראה כהן עמ׳ 97.

הוֹשִׁיעֵנִי ד׳ [סט. גלן, תרע״ה-תרע״ו] כתי״ הרצי״ה; אורות מרן הרב 8.

לְפָנֶיךָ שִׂיחִי ברן יחד עמ׳ רכה; אורות מרן הרב 16.

לָשׁוּב לְפָנָיו בִּתְשׁוּבָה

מִלְחָמָה פְּנִימִית [יפו, תרס״ד-תרע״ד] מכתי״ק (חלקי, מצילום המופיע ב בשדה הראיה׳ עמ׳ 60); הקדמה לאורות התשובה.

הִנְנִי רוֹאֶה [יפו, תר״ע-תרע״ב] שמונה קבצים א, שלח; אורות התשובה פרק ז, ה.

רוֹאֶה אֲנִי* [סט. גלן, תרע״ה-תרע״ו] שמונה קבצים ו, ל; אורות הקודש ג עמ׳ רמו.

לֹא יִסּוֹג [סט. גלן, תרע״ה-תרע״ו] שמונה קבצים ו, רטו; מראה כהן עמ׳ 102.

אֲנִי לֹא אֵפֹל* [סט. גלן, תרע״ה-תרע״ו] שמונה קבצים ו, ט; מראה כהן עמ׳ 95.

אִם מִתְגַּבֵּר* [סט. גלן, תרע״ה-תרע״ו] שמונה קבצים ו, ריח; מראה כהן עמ׳ 94.

סוֹף-כָּל-סוֹף [סט. גלן, תרע״ה-תרע״ו] כתי״ הרצי״ה; אורות מרן הרב 10.

הֶעָבַר חֶרְפָּתִי [סט. גלן, תרע״ה-תרע״ו] כתי״ הרצי״ה; שירת הרב עמ׳ טז; אורות מרן הרב 31.

הַשִּׂמְחָה שֶׁל אֶרֶץ-יִשְׂרָאֵל

מִמְּנוּחַת הַנֶּפֶשׁ [סט. גלן, תרע״ה-תרע״ו] כתי״ הרצי״ה; אורות מרן הרב 9.

אֲוִירָא דְּאֶרֶץ־יִשְׂרָאֵל

אֲוִירָא דְּאֶרֶץ־יִשְׂרָאֵל   [סט. גלן, תרע״ה-תרע״ו] כת״י הרצי״ה; אורות מרן הרב 28.

אַף־עַל־פִּי   [סט. גלן, תרע״ה-תרע״ו] כת״י הרצי״ה; אורות מרן הרב 30.

הַלֵּב מִתְגַּעְגֵּעַ   [סט. גלן, תרע״ה-תרע״ו] שמונה קבצים ו, עא; ארץ חפץ פרק ה, יא; מראה כהן עמ׳ 124.

גְּדוֹלָה הִיא אַהֲבָתִי

פִּגְמֵי הַמְרֻבִּים   [סט. גלן, תרע״ה-תרע״ו] כת״י הרצי״ה; שנה בשנה עמ׳ 158 ה; אורות מרן הרב 26.

אוֹהֵב אֲנִי   [סט. גלן, תרע״ה-תרע״ו] כת״י הרצי״ה; שנה בשנה עמ׳ 158 ד; אורות מרן הרב 37.

הַנְּשָׁמוֹת   [סט. גלן, תרע״ה-תרע״ו] שמונה קבצים ו, פו; מראה כהן עמ׳ 121; אורות מרן הרב 3.

גְּדוֹלָה הִיא   [לונדון, תרע״ט-תרע״ט] שמונה קבצים ח, קטז; שנה בשנה עמ׳ 158 ו; מראה כהן עמ׳ 116.

אֲנִי אוֹהֵב   [יפו, תרע״ב-תרע״ג] שמונה קבצים ב, עו; (ערפלי טוהר עמ׳ לא); מראה כהן עמ׳ 113.

כַּמָּה הוֹמָה*   [יפו, תרע״ב-תרע״ג] שמונה קבצים ג, כ; אורות הקודש ד עמ׳ תיב.

שִׁמְעוּ אֵלַי עַמִּי

שִׁמְעוּ אֵלַי   [יפו, תר״ע-תרע״ב] שמונה קבצים א, קסג; אורות הראיה עמ׳ נד; אוצרות הראיה ב עמ׳ 1096; ברן יחד עמ׳ רכו.

אֵלִיָּהוּ יוֹשֵׁב   [סט. גלן, תרע״ה-תרע״ו] שמונה קבצים ו, קכ; אורות הקודש א עמ׳ קלו; עולת ראיה ב עמ׳ ריא.

מִי יוּכַל   [סט. גלן, תרע״ה-תרע״ו] שמונה קבצים ו, קכא; אורות הראיה עמ׳ נה.

כַּמָּה אֲנִי	[לונדון, תרע"ו-תרע"ט] שמונה קבצים ח, קכא; שנה בשנה עמ' 157-158 ג.
עִם לְבָבִי*	[סט. גלן, תרע"ה-תרע"ו] שמונה קבצים ו, קצח; אורות הקודש ג עמ' קלח.
הַנְּשָׁמָה שֶׁלָּנוּ	[יפו, תרע"ב-תרע"ג] שמונה קבצים ג, רט; אורות עמ' קמח.

בְּחֶבְלֵי גְאֻלָּה

חֹסֶר הָאֵמוּן*	[ירושלים, תרפ"ה-תרפ"ז] כת"י הרצי"ה.
מַה יֵּשׁ*	[ירושלים, תרפ"א-תרפ"ד] כת"י הרצי"ה.
הוֹמֶה הַלֵּב**	[ירושלים, תרצ"ג] כת"י הרצי"ה.
מַהוּ סוֹד	[ירושלים, תר"צ-תרצ"ה] אורות מרן הרב 12.
אֱכוֹל קִנְאָה	אורות מרן הרב 22.
צַעֲרֵי הַתְּדִירִי	[ירושלים, תר"צ-תרצ"ה] אורות מרן הרב 12.
צָרִיךְ אֲנִי*	[ירושלים, תרפ"א-תרפ"ד] כת"י הרצי"ה.
מָה אֲנִי	[ירושלים, תרצ"ג] כת"י הרצי"ה – בחלקו השני; אורות מרן הרב 40.
מְגַמָּתֵנוּ הִיא	אורות הראיה עמ' סג; אורות מרן הרב 17.
הִנְנִי רוֹאֶה	[יפו, תרע"ב-תרע"ג] שמונה קבצים ג, רכג; אורות עמ' עח.

223

פרטים ביבליוגרפיים
של המקורות

שמונה קבצים, ירושלים תשנ"ט

פנקס התשובה מכתי"ק

העתקת הרב צבי יהודה בכת"י קדשו

אורות הקודש א-ד, ירושלים תשנ"ב

אורות, ירושלים תשנ"ב

אורות התשובה, ירושלים תשנ"ב

אורות הראיה, ירושלים תשנ"ד

ערפלי טוהר, ירושלים תשמ"ג

עולת ראיה, ירושלים תשנ"ב

שירת הרב, א"מ הברמן, סיני, תש"ה

ברן יחד, א"מ הברמן, ירושלים תש"ה (פרסומי א"מ הברמן מופיעים באוצרות
הראיה ב, הרב משה צוריאל, תשמ"ה עמ' 1101-1111)

שנה בשנה (אורות האהבה), היכל שלמה, ירושלים תשמ"ח

בשדה הראיה, הרב משה צבי נריה, בני ברק תשנ"א

טל הראיה, הרב משה צבי נריה, בני ברק תשנ"א

מועדי הראיה, הרב משה צבי נריה, בני ברק תשנ"א

ליקוטי הראיה ב, הרב משה צבי נריה, בני ברק תשנ"א

ארץ חפץ, הרב ישעיהו שפירא, תר"ץ

מראה כהן, הרב יעקב הלוי פילבר, ירושלים תשס"ב

אורות מרן הרב (שכתוב שיחות הרצי"ה), שיחות הרב צבי יהודה, עיטורי כהנים,
אלול תשנ"ז

The English fonts used in this book are from the Arno family

Maggid Books
The best of contemporary Jewish thought from
Koren Publishers Jerusalem Ltd.